新时代教育丛书

XINSHIDAI
JIAOYU
CONGSHU

MINGXIAO
XILIE

名校系列

U0676282

二外扬帆
千里追梦

洛阳市第二外国语学校十九年办学探索

白帆 等◎著

北京出版集团
北京教育出版社

图书在版编目(CIP)数据

二外扬帆　千里追梦:洛阳市第二外国语学校十九
年办学探索 / 白帆等著. —北京:北京教育出版社,
2021.3
(新时代教育丛书. 名校系列)
ISBN 978－7－5704－3119－9

Ⅰ.①二… Ⅱ.①白… Ⅲ.①中小学—办学经验—洛
阳 Ⅳ.①G637

中国版本图书馆 CIP 数据核字(2021)第 044945 号

二外扬帆　千里追梦
—— 洛阳市第二外国语学校十九年办学探索

白帆 等 著

*

北 京 出 版 集 团
北 京 教 育 出 版 社　出版
(北京北三环中路 6 号)
邮政编码:100120
网址:www.bph.com.cn
京版北教文化传媒股份有限公司总发行
全 国 各 地 书 店 经 销
河北宝昌佳彩印刷有限公司印刷

*

787 mm×1 092 mm　16 开本　18.5 印张　240 千字
2021 年 3 月第 1 版　　2021 年 3 月第 1 次印刷
ISBN 978－7－5704－3119－9
定价:98.00 元

版权所有　翻印必究

质量监督电话:(010)58572393　58572787　58572750
北京教育出版社天猫旗舰店:https://bjjycbs.tmall.com
购书电话:13381217910　(010)58572911

《二外扬帆 千里追梦》
编辑委员会

主　任：白　帆

副主任：赵忠义　张振波　黄根平　薛　莲

成　员：何　晓　刘艳静　翟冠军　李彩霞

　　　　　赵爱红　韩伟芳　庞俊雅　姚臻臻

办好新时代教育

随着社会现代发展进程的推进，尤其是改革开放以来，中国教育事业加速发展，中国已建成世界最大规模的教育体系，教育总体发展水平进入世界中上行列，中国教育发展进入新时代，中国基础教育改革进入实质性的根本转型时期，处在一个走自主创新道路的关键转折点。

新时代呼唤新的教育。习近平总书记在全国教育大会上强调："立足基本国情，遵循教育规律，坚持改革创新。"面向未来的教育才有未来，新时代的教育，重在破解传统、旧有范式。基于此，面对新时代教育，与教育工作相关的所有主体都需要从思想和行动上做出努力和改变，并围绕主体价值、文化情境、智慧情怀、系统生态等关键词全面开展教育活动。

首先，新时代教育强调主体价值。

"教育同国家命运紧密相连"，点明了教育在国家建设和民族复兴中的地位和作用，强调了教育改革发展的价值取向，为我们今天准确把握办学的总体方向和人才培养的根本目标提供了思想遵循。

教育现代化的终极价值判断标准是人的发展，是人的解放和主体性的跃升。自古以来，中国的教育传统既强调教育的人文性，也强调教育的社会性，相应地，在人才培养目标上既强调完善自我，也强调服务社会和国家，更强调在服务社会和国家中达到自我的充分实现。新时代更要坚守教育本质，重视教育的价值观建设，坚持以社会主义核心价值观为引领，回答好"培养什么人、怎样培养人、为谁培养人"这些根本问题，从而培养有历史责任感、志存高远的时代新人。

其次，新时代教育强调文化情境。

学校不仅是传播知识、文化、智慧的地方，更是生产知识、文化、智慧的场所。学校无文化，则办学无活力。学校是文化传承的主阵地，学生文化、教师文化、课程文化、网络文化和制度文化等现代学校文化建设，引领了学校发展，呈现了学校办学气质。

更重要的是，文化创设情境。"为学生一生发展奠基"，统整科学与人文，优化学生生存环境，借由"境中思""境中做""境中学"，实现学生主动学习与发展、个性化成长及德育渗透。

增进文化认同，是学校管理者的重要使命。政策制定者、执行者和教育管理者，一定要从为国家和民族培养优秀人才的角度关爱引导师生，让每位教育工作者深刻认识到"教育"二字蕴含的国家使命，真正将为国家和民族培养人才、培养爱国奉献的人才这一价值追求切实贯穿于办学育人全过程，一代一代坚持下去。

再次，新时代教育强调智慧情怀。

国之兴衰，系于教育。教育兴衰，系于教师。教育同国家的前途命运紧密相连。这当中，智慧型教师和教育家尤其为新时代教育所期待。他们目光远，不局限于学校和学生眼前的发展，而是着眼于未来；他们站位高，回归教育的本体，努力把握并尊重、敬畏教育的共识、规律，他们姿态低，默默耕耘，淡泊明志，宁静致远；他们步伐实，总能紧紧围绕学生、教学、课程、教师发展等思考自己的职责和使命。

总而言之，教育家顺应时代潮流，立足现实，展望未来。在把握办学方向和时代发展脉搏的基础上，他们勇立潮头，担当时代先锋，他们对历史和未来负责，超越现实、超越时空、超越功利，用教育的力量塑造未来，解放学生的个性、想象力和创造力，共同推动和引领中国基础教育改革和创新，愿意为共同探索中国未来教育之道而做出巨大的努力。

最后，新时代教育强调系统生态。

观古今，知兴替，明得失。关于未来的认识是选择性的，未来"未"来，新时代的教育人需要根据某种线索去把握超出现在的想象并做出价值选择。这种价值选择的关键还在于，教育人真切明晰，未来学校是面向未来的学校，是为未来做准备的。教育中的新与旧、过去与未来，不是对立的，而是连续的，从而能够让教育者基于教育的本质和规律守正创新，坚守立德树人的初心。

各级各类学校之间是相互依赖的，单一的学校不能构建成一个完整的教育系统，唯有每个学校都致力于体现自身的教育特性，努力实现自己所承担的教育任务，发挥出自己的教育作用，才能共同构成一个完整的教育系统。加强基础教育改革设计的整体性、系统性和长期性，把"办好每一所学校"作为基础教育改革发展的主要目标，是共同构建良性教育生态，发挥整个教育系统功能的最优选择。

在这种情境下，"新时代教育丛书"的策划出版具备极强的现实意义。丛书通过考察和认识各地名校教育实践，寻找新时代教育的实践样本，清晰梳理了新时代教育中名校、名校长、名师、名班主任等的发展脉络，记录了新时代教育正在逐渐从被动依附性转向自主引导性，并在与现代技术的融合中彰显出其对于经济和社会生活的主导价值。

丛书提供了不同类型、不同地区的中小学名校、名校长及名师、名班主任在探索、构建新时代教育过程中鲜活的实践案例及创新理念。从中可以看到有深厚历史积淀的传统名校和新时代教育发展浪潮中的新兴学校，其中有对外开放探索中国本土化教育的小学，也有站在教育改革潮头的中学；还可以看到开拓创新引领时代风气之先的名校校长、专注各自领域的优秀教师，以及新时代教育变革下的全国各地不同的班主任的德育之思。

更难能可贵的是，丛书不仅包括一般情境下的"案例"，也包括了特殊情境下的思考，不同系列注重了从"现象"到"本质"的过程，进而升华到方法论。丛书的每一本著作既是独立完整、自成体系的，也是相互呼应的，剖析问题深入透彻，对策和建议切实可行，弥补了教育理论和学校实践之间的差距，搭起了一座供全国教育研究者、学校管理者了解新时代教育及未来学校落地实践的桥梁。

未来学校不是对今天学校的推倒重来，而是对今天学校的逐步变革。这不仅仅是对学生提出的挑战，更是对学校发展建设提出的挑战。我们始终强调，理论不能彼此代替、相互移植，中国基础教育的改革与发展，必须靠中国的教育学家和广大教育工作者来研究和解释，从而构建立于世界之林的新时代中国基础教育的改革和发展的当代形态，实现理论创新和方法创新。

期待丛书能给更多的中小学校以启发，给教育工作者以有益的思考，供他们参考借鉴，帮助他们寻找到新时代教育的钥匙，进而在新时代教育的理论指导和教育改革实践带动下，因地制宜、因校制宜地落实到新时代教育工作中，引领学校新样态发展，助力更多学校在新时代背景、新教育形势下落地生花，实现特色、优质与转型发展，快速提升基础教育水平，推动教育改革发展，实现立德树人的根本任务，办好人民满意的教育。

新时代教育丛书编委会

2021 年 1 月

A Few Words for Erwai

Almost 25 years ago, in spring 1997, Mr. Tom Sandvick, a Chinese language teacher at two high schools in La Crosse, Wisconsin, wrote to me about the sister city relationship between La Crosse and Luoyang, Henan, and the possibility of joining the U.S.–China Teachers Exchange Program. I was then directing the program, which invited Chinese secondary school teachers of English to teach Chinese language and culture at American K–12 schools and sent American K–12 teachers to China to teach English at Chinese secondary schools. At the time, the first exchange teachers to participate in the program — the "pioneers" — were in place; we had not thought about expansion yet. Nonetheless, I had a soft spot in my heart for Henan, having spent two and a half years teaching there (from 1979 to 1981), and was open to exploring the possibility.

After corresponding with Tom and with school and district administrators, I visited La Crosse in October 1997, and was impressed by what I saw. The district was clearly prepared to welcome Chinese exchange teachers professionally, and the La Crosse–Luoyang Friendship Association, the sister city group, was eager to make them feel at home personally. I introduced the idea of adding Luoyang and La Crosse to our roster to my Chinese counterpart at the China Education Association for International Exchange, Mr. Cao Siping, and by December we had a green light.

It then came time for teachers from both sides to apply to the program. By

January 1998, Tom's application had arrived in New York, where I am based, and the following month found me and Mr. Cao in Luoyang interviewing teachers at the Luoyang Foreign Language School. Mr. Bai Fan and Mr. Zhai Guanjun made very positive impressions. Not only did they have a strong command of English, but they demonstrated liveliness in the classroom, and great curiosity about the world around them, all of which would be crucial for adjusting well and functioning effectively in a very different, and in many ways surprising, cultural and educational setting.

After pre-departure orientations in China and the United States, the teachers began their one-year adventures in the host country. There are many stories — funny, touching, sad, delightful — and much learned by participants, their students, colleagues, families, and members of the communities on both sides of the Pacific.

Some time after his return to China, I learned from Bai Fan that he was planning to establish a new school, the Luoyang No. 2 Foreign Language School (Erwai). As anyone who has spent time in the education world knows, creating a school is a challenging task, not for the faint of heart or the self-doubter. Fortunately, Principal Bai is neither: he approached each potential obstacle as a reason to try harder, to be more creative, to march ahead with determination. And in spring 2002 a new school was born.

Teachers from Erwai continued to go to La Crosse, where they enriched the lives of all they met. It is extremely gratifying to me that even after the Teachers Exchange Program ended in 2014, eighteen years after it began, teachers from Erwai have continued going to La Crosse with the support of the Friendship Association and others in the community.

Americans from a variety of locations across the United States also continued to travel to Erwai, where they were extremely warmly received. As you will see in the following pages, one of those teachers, Ms. Gail Chou of Arlington, Texas, was so taken by her experience that she did not want to leave. She, in fact, stayed in Luoyang for 12 years. She only returned to the United States when Chinese regulations deemed her too old to continue teaching. If she had had a choice, she would have stayed until she turned 100! About a year ago, several years after her return to the United States, she wrote to me saying, "I miss the kids and my colleagues."

What are the characteristics of a good school? From my perspective, learning can only take place if students feel encouraged, teachers feel supported, and administrators create a community safe for all. In a rapidly changing world, teachers, students, and administrators must be able to adapt to new conditions. It is not enough to impart knowledge, although knowledge is certainly important; it is imperative to teach how to use facts to gain an understanding of the major questions and challenges of today and tomorrow. We will not be able to address critical issues such as climate change and pandemic diseases if we continue to do things the way we have done them in the past. We must look to the future, prepared to live in new ways, to think in new ways, to learn and to teach in new ways.

It is an honor to add a few words to this book. I wish the school great success in the future, and look forward to visiting again when it is safe to travel.

Deputy Vice President for Programs

National Committee on U.S.–China Relations

* The views expressed are solely those of the author; affiliation is provided for identification purposes only.

写给二外的话

译者：翟冠军

1997 年春，威斯康星州拉克罗斯市两所高中的汉语老师汤姆·桑维克先生给我写信并告诉我，拉克罗斯－洛阳（河南）是友好城市的关系，同时还询问双方教师加入美中教师交换项目的可能性。我当时负责该项目——邀请中国中学英语老师到美国 K–12 学校教授汉语及中国文化；派送美国 K–12 学校老师到中国的中学教授英语。其时，该项目首批参与者——"先驱者"已经就位，我们还没有考虑过扩充人马。然而，我对河南有一些感情，因为 1979—1981 年间我曾在那里的一所高校从教，也愿意为之开创新的可能。

与汤姆、学校及学区的管理者沟通之后，我于 1997 年 10 月访问了拉克罗斯市，所见所闻给我留下了深刻的印象。学区已经充分做好了迎接交换教师的专业准备，拉克罗斯－洛阳友好协会——姊妹城市的一众人士企盼着让交换教师感到宾至如归。我把将洛阳和拉克罗斯添加到项目参与候选名单的想法告知了我的中方负责人——中国教育国际交流协会的曹思平先生。当年 12 月，我们得到了绿灯放行。

然后就是双方教师资格申请与考察。1998 年元月，汤姆的申请就递到了纽约——我工作的地方；次月，我和曹先生就来到洛阳外国语学校，面试该校的候选教师。白帆老师和翟冠军老师给我们留下了深刻印象。他们不仅英语能力强，而且展示的课堂教学生动有趣；此外，他们对外部世界保持着高度的求知欲。所有这些都是身处于非常不同且惊奇不断的文化、教育背景中能够适当调整和有效工作的重要特质。

中美各自举办了出发前的培训后，双方项目参与老师便开始了在东道国为期一年的探索经历。其间故事不断——滑稽的、感人的、伤心的、愉快的——项目参与者、他们的学生、同事、家人以及大洋两岸相关社区人士都受益匪浅。

白帆归国一段时间后，我得知他在计划创办一所学校——洛阳市第二外国语学校（洛阳二外）。在教育界干过的人都知道，创办学校极具挑战性，绝非胆小或缺乏自信者所能为之。所幸白校长不是这样的人。他把每个潜在的困难都化作前进的动力、革故鼎新的机遇，心怀抱负，砥砺前行。2002 年春，一所新学校诞生了！

二外的老师继续到拉克罗斯参与教师交流项目，他们丰富了拉克罗斯人的生活。尤其令我感叹的是，尽管该教师交流项目在延续了 18 年后的 2014 年结束了，二外的老师依然在两市友好协会和当地社区的支持下，到拉克罗斯进行交流。

全美多地的老师也源源不断地派往二外任教并受到盛情款待。在本书中你会看到，其中的一位老师——来自得克萨斯州艾灵顿的周格尔女士，她被在洛阳二外的经历感动而选择留下。她在洛阳一待就是 12 年！她最后不得不离开洛阳二外是由于外教管理条例规定的年龄问题。如果让她选择，她愿意在那里待到 100 岁！大约一年前——她归国数年后，给我写信说道："我想念我的学生和同事们。"

一所好学校的特质是什么？我的理解是：学生受到鼓励，教师得到支持，管理者为大家创设安全的环境，学习才会发生！在当今这个极速变化的世界，师生与管理者要学会适应新环境。仅仅传授知识远远不够，尽管知识极其重要；但更重要的是要教会学生如何用知识去解决问题并迎接现在与未来的挑战。如果我们还用过去的方法，仍将无法解决现在面临的问题，诸如全球变暖和疫情暴发。我们必须展望未来，以新的方式生活、思考、学习和教育。

很荣幸能为本书写几句话。诚愿贵校宏图大展！期待着能在疫情过后，旅行安全时再访二外。

马格·E.兰德曼

美中关系全国委员会助理副会长

* 所述观点为作者个人之见；隶属关系仅为身份证明。

　　回首洛阳市第二外国语学校（以下简称洛阳二外）19 年办学之路，感慨万千。

　　这是一条摸着石头过河的路。2002 年 2 月，在全国教育改革的大潮中，洛阳二外作为洛阳基础教育改革的试点学校，上级教育主管部门用四句话、十六个字锁定学校的办学改革定位——"学校国有，校长承办，经费自筹，办学自主"，面向全市招聘校长、筹办学校。

　　当时的我，作为首批访美学者，刚从美国威斯康星州拉克罗斯市娄根高中访学归国，迫切想要把自己看到的、听到的、学到的、想到的东西"带"回来并用于教育中，于是报名应聘，成为"第一个吃螃蟹的人"。

　　这是一条孤独却又温暖的路。躬身入局民办教育，身处教育改革的大潮中，我很荣幸被誉为"有情怀、有思想、有胆识的弄潮儿"，并成为民办教育办学探索、自我迭代与进化的见证者和参与者。尽管包括我在内的校长都是"孤独"的，在一个个鲜活的生命背后，夹杂着脆弱的成长与理想的攀升，但二外同仁能齐心协力，共克时艰。也正因此，我们格外珍视开拓进取、矢志不渝、呕心沥血、敢为人先的"二外精神"，并将永远坚守这一财富与瑰宝。

　　这是一条被梦想、使命和担当驱动的路。我们遭遇过困难和质疑，我们也有过艰难和困苦，但我们坚持了下来，并很早就确立了学校十年"三步走"的战略目标，制定了学校短、中、长期发展规划：2~4 年，立足洛阳，叫响品牌；5~7 年，冲出洛阳，走向河南；8~10 年，雄踞中原，面向全国。时至今日，变化是显著的，教职工数量从 27 人发展为 880 人，在校生人数从 270 人发展为9 800 人，并形成了涵盖幼儿园、小学、初中、国际高中一校五区的发展格局。

　　这是一条交流融合、传承弘扬之路。身为外国语学校，在以外语特色办校、强校的基础上，我们开创五环节教学模式以落实减负增效，开创连环体验的校园贸易节以增强德育实效，完善校本课程开发，强化特色班建设，坚持"走出去"与"引进来"。但无论走多远，我们始终坚守中华优秀传统文化是中华民族的"根"和"魂"这一根本道理，时刻谨记"立民族根、铸中华魂"，珍视并根植于脚踏的这方土地，实现以文化人、以文育人。

　　这更是一条改革创新、自我颠覆之路。凡是过往，皆是序章。面对新时代教育发展的新形势，无论是国家教育政策完善，还是教育改革新课题、国家中长期教育发展需要等，我们二外人将始终夕惕若厉，在审视过去、着眼未来中应对新挑战，实现新突破，从零起点中开启教育新征程，致力于培育更多的"通晓世界文化的中国人"！

　　《二外扬帆　千里追梦》所记录的，是洛阳二外一批拓荒者、耕耘者过往 19 年的求索，真实再现了我们心怀教育梦想一路走来的曲折办学历程。该历程有梦有痛。于洛阳二外发展的历史长河而言，书中所记述和表达的 19 年探索只是开始，若这一点儿探索可给教育同仁以借鉴、启迪，将是我莫大的欣慰与荣幸。

　　感谢全体二外同仁的不离不弃，这段风雨同舟、携手同行的日子我将永生铭记在心。更期待在新的征程上，与大家一起，不忘初心，执手一生，继续探索教育发展的新路径，共同寻觅教育事业的诗与远方。

　　以梦为马，联姻理想，成就幸福；扬帆二外，以爱航行，缔造未来。教育的发展是一个永恒的话题，教育改革永远在路上，没有止境，我们将秉持"立民族根，铸中华魂；培养领袖才能，造就世界公民"的办学追求，植根洛阳，立足中原，以河洛文化为起点，不忘本来、吸收外来、面向未来，以变化为创新动力，保持好奇、保持开放，继续构筑中国精神、中国价值、中国力量，为师生提供精神指引，为教育发光发热。

　　欢迎大家来洛阳二外看一看。

　　是为序。

白　帆

庚子年初冬于洛阳二外

目 录
CONTENTS

中篇　深度！创新成就特色

附　录

相约二外　敢为人先

2019 年 11 月初，洛阳市第二外国语学校校长白帆，相继收到来自西安交通大学的邀请函和西安交通大学招生办公室的喜报。

尊敬的洛阳市第二外国语学校校长：

贵校毕业生张若彤，现就读于我校电气工程及其自动化专业，因成绩优异，表现突出，于近日荣获西安交通大学"2017—2018 学年优秀学生标兵"的殊荣，特向贵校表示衷心的祝贺。

西安交通大学"优秀学生标兵"称号是学校授予学生个人的最高荣誉，每年评选一次，每次评选遴选 10 名本科生。评选条件为在思想品德、学业成绩、科技创新、体育锻炼及社会服务等方面表现特别突出，得到师生公认和好评，具有示范作用的优秀学子。

贵校为全国知名重点中学，为我校输送了多名优秀学生，他们在交大表现突出，发挥榜样引领作用。诚挚邀请您出席于 11 月 27 日（周三）下午 2：30，在西安交通大学宪梓堂隆重举行的"2018—2019 学年学生表彰奖励大会"，共同见证学生的精彩时刻。

如您能拨冗莅临，定会为本次表彰奖励大会增光添彩。

专此奉达，敬候光临。

西安交通大学

2019 年 11 月

附：获奖学生张若彤所获成就

1. 连续三年综合及智育成绩位列电气工程及其自动化专业第一，保研智德育成绩 98.43 分；

2. 曾获国家奖学金、西安交通大学特等奖学金、西安交通大学学术科研奖；

3. 曾获国家（际）竞赛奖项 6 项等共计 20 项奖项，其中 2 项打破交大记录；

4. 参加 15 项科研活动，已发表论文 3 篇，在审论文 2 篇，公布期发明专利 6 项；

5. 曾任南洋青协行政部部长，积极参加志愿活动，累计工时 100+。

洛阳市第二外国语学校：

贵校毕业生关键，2014 年考入我校少年班，目前就读于能源与动力工程专业。近日，他所在的团队在第十二届全国大学生节能减排社会实践与科技竞赛上以"基于新型表面设计与闪蒸喷雾的大功率芯片低温高效散热技术"项目获得全国一等奖，为交大争得了荣誉。特向贵校报喜，并感谢贵校及老师对他的辛勤培养！

全国大学生节能减排社会实践与科技竞赛由教育部高等教育司主办、为教育部确定的全国十大大学生学科竞赛之一，也是全国高校影响力最大的大学生科创竞赛之一。竞赛紧密围绕国家能源与环境政策，紧密结合国家重大需求，起点高、规模大、精品多，覆盖面广，是一项具有导向性、示范性和群众性的全国大学生竞赛。

愿贵我两校继续紧密合作，共同为祖国培养更多英才！盼贵校更多优秀学子进入西安交大学习深造，探索科学奥秘，丰富人生追求！祝贵校教育事业再创辉煌！

西安交通大学招生办公室

2019 年 11 月

好消息随即传遍整个校园，"张口便知二外人、落笔便知二外人、登台便知二外人"，张若彤、关键身为二外学子的代表，通过刻苦努力、勤奋求学，取得了令人瞩目的成绩，这对母校的学弟学妹们无疑是极大的激励！好消息也随即传遍整个城市，不仅引起媒体的关注，也成了街头巷尾热议的话题。

2019 年 11 月 27 日，张振波副校长从古都洛阳来到古城西安，代表学校、代表故乡，现场感受那激动人心的一刻。更令人激动的是，在西安交通大学2018—2019 学年学生表彰奖励大会上，作为被邀请的 9 所全国知名学校之一，洛阳市第二外国语学校荣获西安交通大学"卓越生源基地"称号！当授牌现场的照片传回来时，整个洛阳二外校园都沸腾了！

"卓越生源基地"是西安交通大学授予生源学校的最高奖项。授予洛阳二外这一荣誉，是对洛阳二外办学理念、亲和育人教育教学成果、创新能力培养的高度认可！

只管耕耘，不问收获，总有硕果挂满枝头的时候。仅仅 5 个月之后，2020 年 4 月底，白校长再次收到来自西安交通大学招生办的喜报：洛阳二外洛龙校区初三年级 3 班李柳鸣、4 班孔维艺、6 班师瑞博、11 班陶泽睿、18 班高畅、西校区肖奕宁 6 位同学，在 2020 年西安交通大学本硕连读少年班招生考试中，从全国优秀学生中脱颖而出，被该校录取。

卓越生源基地

与喜报同时到来的，还有一封"致洛阳市第二外国语学校的感谢信"：
……

贵校作为办学实力强、学生素质高、社会声誉好的全国知名中学，长期以来为国家培养了一批敢于挑战自我，综合素质突出又充满爱国情怀的栋梁之材，为我校输送了许多学业功底扎实、思维方式创新、心理素质优良的优秀学材……交大作为一所为救国而生、建国而迁、强国而兴的高等学府，时刻以开放的态度欢迎来自全国各地的优秀学子在这里创造奇迹，开创未来。希望未来

在交大的校园里，能看到更多贵校优秀学子拼搏奋斗的身影。

祝贵校教育事业再创辉煌，桃李满天下！

西安交通大学招生办公室

2020 年 4 月 22 日

西安交通大学从 1985 年开始招收"少年班"大学生，以"预科—本科—硕士"的模式贯通培养，目标是培养具有广博精深知识、良好思想品德与创新精神，能在未来跻身世界一流科学研究和创新发明行列的卓越人才。

加上本次录取的 6 位同学，洛阳市第二外国语学校已有 29 名学子以优异成绩考取了西安交通大学少年班。

收到喜报和感谢信，6 位同学拍照留念，不约而同都选择了学校大门口世界文化广场旁的"敢为人先"石刻作为背景……

一所学校，始终坚持先进的办学理念，始终贯彻执行党和国家的教育方针，坚持立德树人，为学生的个性发展提供广阔的空间，培养"中国情怀、民族根基、国际视野、领袖才能"兼具的卓越人才，自然会人才辈出；这样的人才即使走出校园，也将秉承母校"崇尚一流、追求卓越"的精神，在人生的道路上踏出坚实的步伐！

上 篇

速度！

专业造就传奇

"文明因多样而交流，因交流而互鉴，因互鉴而发展。"在这个世界上，能代表一种古老文明诠释这句话的城市并不多，集河洛文化、古都文化、丝路文化、大运河文化于一身的历史文化名城洛阳，毋庸置疑是其中之一：因其"一座城市的历史，就是一个民族的历史"；更因其作为丝绸之路的东方起点、"一带一路"的重要节点城市，近年来通过发起并主办世界古都论坛，以及举办"梦回布哈拉"文物特展、丝绸之路中原文物展，国际"朋友圈"越来越大，已经有17个国际"友好城市"，并与60多个国家和地区建立了经贸关系。

在背靠邙山、面对伊阙的洛龙区，有一座象征"交流、互鉴、发展"的雕塑位于伊洛路与龙和西街交界处的一所校园里。这座雕塑的主体是由一座桥梁连接的两个城市：一个是美国密西西比河畔的美丽小城拉克罗斯，另一个就是中国黄河之滨的历史文化名城洛阳。基座上刻着：

LUOYANG & LA CROSSE

Bridging friendship, cooperations and education for internationalization

架起洛阳 – 拉克罗斯友谊、合作及国际化教育之桥梁

拉克罗斯是洛阳的国际"友好城市"。而位于伊洛路与龙和西街交界处的这所学校，既是两个城市友好交往的受益者，更是两个城市友好交往的推动者。

这所学校，就是洛阳市第二外国语学校；这座雕塑，就在正对着洛阳二外校门的世界文化广场旁，是老师和同学们走进这所学校的必经之处。

在这个世界文化广场上，有一组气势恢宏的浮雕：正对大门的，是雄壮的万里长城；两边呈环状依次排开的是，英国大本钟、埃及狮身人面像、法国埃菲尔铁塔、希腊雅典巴特农神庙、意大利比萨斜塔、澳大利亚悉尼歌剧院、美国自由女神像。

校园的设计师似乎在用这样的方式告诉每一个与这所学校相关的人：我们从哪里来，要到哪里去……

第 1 章

一个梦想与两份军令状

2020年6月11日,星期四,古都洛阳天气预报有小雨。大清早,小雨没来,伴着凉风来的,是铺天盖地的各种资讯,其中最醒目的,要数本地唯一的经济生活类报纸头条刊发的新闻:洛阳获批设立国家级河洛文化生态保护实验区。多数洛阳人已经通过互联网知道了这个消息,但看到报纸上这20个拉长的宋体字,还是忍不住笑着多看几遍。这个初夏,繁花盛开、柔波荡漾的洛阳城显得宁静而温婉。"不忘本来才能开创未来,善于继承方能更好创新",这是唯有数千年历史的文化古城才有的范儿:水到处成渠、风起时扬帆。

下午3时左右,一场小雨过后,洛阳二外的李彩霞老师正经过世界文化广场前往办公大楼。突然手机响了,她放慢脚步打开手机,看刚刚发来的一条微信。看着看着,她的脚步更慢了,以至于停了下来,一个人,站在宽阔的世界文化广场上,面对着洛阳–拉克罗斯"友好城市"雕像,热泪盈眶地再看了一遍这条微信:

参加UWL进修项目对我来说是终生难忘的经历。

在进修期间,遇到了百年难遇的全球新冠肺炎疫情,为了保证大家的健康,人与人之间要保持安全的社交距离。大学的课程也都变成了网课。

在项目即将结束就要离开拉克罗斯之前,洛阳–拉克罗斯友好协会为我举办了一场别开生面的欢送仪式:在人人都需要保持距离戴口罩交流的情况下，大家决定以drive-by（开车经过）的形式欢送我。

芝加哥时间5月24日下午1时，朋友们带着礼物和poster（海报），依次开车经过学校。在我租住的公寓（2306 Pine Street），短暂与我亲切交谈并赠送礼物后，他们在社区绕了一圈又重新列队，向我鸣笛致意并挥手道别……

这是我感受过的最特别、最温暖也最欢乐的道别。告别是为了再一次美好的相见！

发送这条微信的，是李彩霞老师的徒弟、2020年1月19日从洛阳二外到美国威斯康星州立大学拉克罗斯分校（UWL）进行短期学术交流的赵珑珑老师。因为新冠肺炎疫情，她6月2日回国后在广州隔离。就在隔离期间，这位2012年入职洛阳二外的年轻教师，用这样的方式告诉她的师父：拉克罗斯之行，她有太多的收获；拉克罗斯的朋友以drive-by的形式为她送别，让她特别意外，也格外感动。

drive-by，一群人、一溜车，开车经过，远远地挥手道别、鸣笛致意。疫情期间，这是一道多么美丽的风景！

徒弟的情绪深深感染了师父，李彩霞甚至比徒弟更激动。作为洛阳二外的第一批老教师、作为洛阳二外建校19年来培养的数十位访问学者之一，她激动的原因是：从建校到今天，拉克罗斯和洛阳"交流、互鉴、发展"的薪火始终相传，又一批洛阳二外的年轻教师正在把我们优秀的东西传播出去、把外面优秀的东西带回来……

▌ La Crosse的傍晚：把这儿的一些好东西带回去

拉克罗斯。

1999年3月初的一天。晴。

傍晚，Mr. Zhai（音译：翟先生）和几位同事共进晚餐之后，骑着自行车回到"家"时，他那因为吃不惯当地饮食已经暴瘦如藤的舍友Mr. Bai（音译：白先生）正在洗碗。两人相视一笑，不约而同地问对方："出去走走？"

清冽的寒风中，两位远离故乡的中国人走在寂静的拉克罗斯街头，和往常一样，聊着各自的所见所闻所想。

他们来自洛阳的同一所学校且年龄相当，7个月前受教育部中国教育国际交流协会和美国人文学会的资助，经过层层笔试、面试，成为洛阳市第一批访美学者，分别到拉克罗斯的娄根高中和中心高中学习、工作。在这里，除教授汉语和国际事务，他们俩还不失时机地宣传中国文化、宣传他们的家乡洛阳。但因为身份不同，两人的关注点也有所不同：Mr. Zhai担任英语教师20年，重点关注教学；Mr. Bai出国前不仅任课还是学校的副校长，所以，他的关注面更宽，考虑问题也更深刻。

白帆校长在美国娄根高中

正因为如此，这一路，几乎都是Mr. Bai在说，Mr. Zhai在听。

"我看到Logan高中是caring，learning community，这段时间我一直在体会caring，learning的真正含义。

"我参与了他们学校的课程展示会，课程设置有一百多门，学生在课程选择上有充分的自主性，一切从兴趣出发，学习活动丰富多彩，富有动手能力和创新意识……我得认真研究他们课程设置的特点。

"我了解过了，Logan高中研究生学历的老师已经达到70%，这个真是了不得！我们走之前，洛阳的中小学教师里，还没有一个研究生吧？

"学生们邀请我参加了一个活动，经费居然是他们自己筹集来的，自己发明设计、制作手工艺品，在校园和社区推销。这个也挺有意思，既展示了才艺，培养了创新能力，又增强了理财意识，还了解了市场规律。

"学校，应该是汇聚美好事物的中心。也就是说，应该把人类各种美好的知识、美好的艺术等，都汇聚到这个地方，然后让学生和这些美好相遇。"

……

Mr. Zhai一路微笑着、倾听着，只是偶尔插话，回答Mr. Bai的问题。不知不觉中，天色已晚，Mr. Zhai建议往回走，并笑着问Mr. Bai："假如你以后当了校长，你打算怎么做？"

Mr. Bai想了想，举起右手，好像在空气中抓住了什么似的，紧紧地握成拳头，晃了晃，说："把这儿的一些好东西带回去！"

4个多月后，1999年7月下旬，Mr. Bai和Mr. Zhai完成了他们此行的访问讲学任务。在临别的欢送会上，Mr. Bai举着一个厚厚的笔记本，告诉他的异国朋友：这里面记录着他近一年来的观察和思考，"我们把中国的文化带到美国来，让更多的美国朋友了解中国、关注洛阳；现在，我们也把美

国学校的课程设置、教师培训、教学活动、学校文化、管理经验等带回洛阳，让中美学校建立起更加深厚的友谊和更加紧密的合作关系，共同谱写中美教育合作的新篇章"。

1999年1月22日拉克罗斯报纸对访美交流的报道

作为中美文化交流项目的直接受益者，Mr. Bai践行了他的承诺，在此后的20年间，他领导的那所被La Crosse人称为School No. 2的学校，始终延续着与拉克罗斯市的教育文化交流，双方互派校长、师生学习交流，架起了姊妹城市教育交流的桥梁，设立了有效的长、短期交流项目，培养了一批英文好、有见识的老师，带动了学校的英文教学，创造了学校的英语特色。

2002年至今，School No. 2三次接待拉克罗斯市友好协会代表团，两次

接待该市教育局的校长访华团，六次接待了该市师生代表团。2015年6月中旬，Mr. Bai当年工作和学习的拉克罗斯市娄根高中，有33名师生来到School No. 2，开启了为期10天的美国交换生中国文化体验旅程。他们居住在School No. 2学生家中，与中国学生亲密接触，了解中国同龄人的学习与生活，游览了龙门石窟、白马寺，参观了洛阳现代工业园区，目睹了牡丹瓷制陶工艺、神奇的针灸疗法，领略了中国武术、传统礼仪、特色饮食、茶艺表演、民风民俗等，感悟着中国文化的博大精深。

从Mr. Bai和Mr. Zhai到赵珑珑老师，20年过去，School No. 2不仅成为国内一所高规格、高品位的学校，也成为远在拉克罗斯的美国友人们的骄傲。多年来，School No. 2与拉克罗斯市之间频繁的交流互访，为学校师生搭建了一个放眼全球教育、汲取先进理念、丰富完善自我的广阔平台，促进了学校教育方式的转变，进一步提高了学校教育的国际化水平和办学的核心竞争力，也为洛阳这座美丽的城市带来了多元文明之美，加快了洛阳和拉克罗斯两个城市教育的共同发展和国际化进程。

20年过去，Mr. Bai和Mr. Zhai偶尔还会提起当年在拉克罗斯的那个傍晚，提起那个傍晚的一些对话——

"假如你以后当了校长，你打算怎么做？"

"把这儿的一些好东西带回去！"

然后相视一笑，一切尽在不言中。

梦想似乎已经实现了，但如果将时光倒回去，20年前在拉克罗斯那一年，却正是"万里长征第一步"。

从有梦想到实现梦想，这期间要经历些什么？他们当时并不知道……

▍顺风扬帆：三句话打动所有评委

纵观新中国71年教育事业的辉煌历程，我们国家发布和实施了很多具有重大意义和深远影响的政策，其中就包括《中共中央国务院关于深化教育改革全面推进素质教育的决定》。此决定提出，全面推进素质教育，培养适应二十一世纪现代化建设需要的社会主义新人；深化教育改革，为实施素质教育创造条件；优化结构，建设全面推进素质教育的高质量的教师队伍。以提高国民素质为根本宗旨，以培养学生的创新精神和实践能力为重点，将素质教育贯穿于教育各个领域和教育教学的各个环节——我们国家的素质教育由此进入全面实施阶段。

《中共中央国务院关于深化教育改革全面推进素质教育的决定》的颁布时间是1999年6月。

Mr. Bai和Mr. Zhai从拉克罗斯回国的时间，是1999年7月。

从拉克罗斯回到祖国，下了飞机住进西单北大街路口附近的招待所，Mr. Bai放下行李后干的第一件事，就是打开房间的电视看国内新闻。一年了，他比任何时候都渴望看到《新闻联播》，而当时电视里正在播放与全面推进素质教育相关的报道——事实上，自《中共中央国务院关于深化教育改革全面推进素质教育的决定》颁布后，相当长一段时间，全面推进素质教育都是全民关注的热门话题。

Mr. Bai换着台看了一会儿新闻报道，兴奋地对正在整理行李的Mr. Zhai说："我们所学的一切马上就能用上了！"

就这样，满怀憧憬，他们回到洛阳，回到他们当时工作的洛阳外国语学校，开始学以致用。而在仅仅半个学期之后，2000年年初，洛阳市教育局重新整合教育资源，把为另一所学校建造的教学楼和校园给洛阳外国语学校，成立了实验分校。Mr. Bai作为洛阳外国语学校的副校长走马上任，成为实验分校的校长，主管分校的工作。

这一年，经过艰苦的宣传动员，分校招生6个班，252人。

于是，Mr. Bai成了白校长，管理分校的300多名师生和一座教学楼，没有餐厅、没有运动场、没有实验室、没有宿舍楼、没有图书，更没有仪器，而且"学校地处偏僻，杂草丛生，道路泥泞，蛙鸣鸦叫，一片荒芜"。

正当分校的师生打算在这34亩荒地上"而今迈步从头越"时，洛阳市政府根据国家要求，又决定将原外国语学校实验分校作为教育体制改革的试点学校，更名为洛阳市第二外国语学校，为招生自主、经费自筹的公办民助性质，而且要在全市招聘校长。

这不是一次普通的拆分学校，这是洛阳市办学体制改革的第一板斧。教育局领导专门来学校给老师们开会稳定大家的情绪，告诉老师们，以后学校的性质就是公办民助，老师们保留事业编制，但工资由学校发。随后，两个学校开始"分家"。

曾在洛阳二外工作，后担任洛阳市十二中、北京师范大学石家庄附属学校、中国教育科学研究院实验学校校长，现任职教育部学校规划建设发展中心、教育部基础教育司的丁进庄老师，在他的《二外岁月》一文中这样形容那段日子："那时的二外，作为全市的改制单位，实行国有民助的体制。校长公开竞聘产生，教师面向全市公开选拔，采用民办学校管理办法，向市场要效益，我们形容为在校长的带领下，全校集体下海。崭新体制的二外就像一条鲶鱼，在长期实行单一公办教育的洛阳教育界激起波澜。社会各界都抱有担心、疑虑心态，一些教师因担心编制、工资，放弃了二外的工作，一些家长对学校发展、师资力量信不过，把孩子送到别的学校……一时间，二外被直接推到了改革的风口浪尖。"

这个时候，从校长到学生，分校的每一个人，都面临着一个共同的选择：走，还是留？

Mr. Bai打算留下来。支撑他做出这个决定的，不仅仅是他心里的"诗和远方"，还有两个外因：首先，有一批愿意和他一起"拓荒"、一起"探路"的同事，其中包括和他同时从拉克罗斯回来的Mr. Zhai；其次，虽然当时学校没有一分钱的经费，但市政府承诺给200万，说是要"扶上马、再送一程"。有政策、有人、有经费，虽然一切都还在纸上，却给人底气，让人满怀希望。

"体制改革"就意味着不再任命,意味着必须参加竞聘,意味着要参加考核、演讲和答辩。已过不惑之年的白校长经过认认真真的准备,一路过关斩将,终于在面试那天,用三句话打动了所有的评委:

他说:"我愿意做第一个吃螃蟹的人。"

走民办学校的办学之路,是一种巨大的挑战,而我愿意尝试。假如成功了,我会给后来的校长们留下宝贵经验。假如失败了,我为大家立块碑,叫"此路不通"。

他说:"我有能力办好它。"

教了20多年的书,也深知国内教育的优势和问题。这一年(1999年)在美国看到、听到、学到了大量东西,我有能力、有信心改变学校教育的现状、改变这所学校,闯出一条路子来。

他说:"在未来的日子里,我将视学校为我的恋人、爱人和老伴儿。"

假如我和这所学校结缘,第一个时期我会把学校看成我的恋人,第二时期我将把她看成我的爱人,第三个时期她将成为我的老伴儿。

这三句话与其背后的故事,在20年后的今天依然是洛阳教育界的传奇,可想而知在当时产生了多大的影响。据一位评委回忆:白校长话音刚落,现场就响起了热烈的掌声;几天后,《洛阳日报》报道此次招聘,标题便是《白帆是洛阳第一个吃螃蟹的人》——第一个吃螃蟹,就是敢为人先,后来洛阳二外主体校区搬迁到洛龙区,第一块竖起的石刻,就是"敢为人先"!

在掌声中,Mr. Bai成为洛阳市第二外国语学校校长。这掌声里,有鼓励,更有期待。

一所公立学校的校长,转眼成了一所"公办民助"性质学校的校长。而非公立学校的办学道路上有多少坎儿多少坡,岂是局外人能够想象?当明天的太阳升起,等待这位校长和这所学校的,仅仅是"招生自主、经费自筹"吗?

风有多大,翅膀就有多硬!

蓝天,名为"洛阳市第二外国语学校"的雏鹰来了!

▌ 16字承诺与5万押金

尽管起飞的雏鹰很清楚，未来会有很长一段时间都将在风雨中成长，但第一场大雨还是来得有些猝不及防。

2002年12月28日，《中华人民共和国民办教育促进法》颁布，首次在法律上明确了民办教育事业是社会主义教育事业的组成部分。

作为洛阳市第一所改制学校，直接面对市场、白手起家成了唯一的选择。说好的"独立校园、独立财务、独立师资、独立经费"，此时除了"独立校园"，其他都无从谈起。

顿时，正要起步的洛阳二外又陷入"四面楚歌"：一些专家、校长、学者说，没有政府的财力支持，这所学校是个死胡同，走不出去；还有一些家长和学生开始质疑教育教学质量……这时候，学校面临严重的危机，老师们的思想也特别矛盾，校长更是压力空前。

然而，就因为一句话，这个局面随即得以扭转：在评估这个项目时，尽管其他人都不看好，却有一位教育局副局长力挺白帆，说："他一定能行！"

这句话，让很多人抛开"物"的因素，开始从"人"的角度来审视这个项目；也让白校长静下心来思考自己的教育理念和教育理想。之后若干年，他始终感激这位副局长在关键时候给他的理解和支持，一遍遍在心里告诫自己：绝对不能辜负这份鼓励、这份信任！

责任重大、机不可失，白校长下决心破釜沉舟、拼力一搏。他向教育局立下军令状，承诺"学校国有、校长承办、经费自筹、办学自主"。

这一年，正是我们国家提出"实行经济结构的战略性调整、推动两个根本性转变"的起步之年！白校长这16个字的承诺，明确了洛阳二外的性质，也明确了洛阳二外未来的办学方向，更明确了洛阳二外包括校长在内每一位员工的身份。果然是"壁立千仞无欲则刚"，回望洛阳二外的发展历程就会发现，这16个字的承诺，为洛阳二外的发展奠定了多么深厚的根基！

正是有了这个深厚的根基，才有了洛阳二外若干年后的一校三区、一校五区……

根据当时教育局的要求，仅有军令状还不够，押金也不能少。5万元人民币在当时可不是小数目，能全款买下洛阳核心城区一套三室一厅的商品房。说起这笔钱，就不得不提在拉克罗斯那一年：受益于中美教育交流项目，美方会给参与老师发生活补贴，Mr. Bai除了买书，将大部分钱都存了下来。此时，这些钱正好派上用场。

军令状与押金的事儿，很快就在社会上传开了，一波接一波的嘲笑声和反对声接踵而来，有朋友说："这么多好学校你不挑，偏去这倒霉地儿！"有同学说："你外语那么好，不愿意干教育了，随便到哪个公司去做个翻译也行啊！"家人更是百思不解："你看你，干啥受这罪呀？"

是呀，除了一个杂草丛生的荒芜校园、一座设施不完备勉强能用的教学楼和300多名师生，又多了这16字的军令状、上交了5万元押金，从学校到家庭，白校长面临的都是同样的状态：一穷二白。

看起来，办学的路不是往前走了一步，而是在泥泞中深陷了一步。但这个时候，嘲笑也罢反对也罢，与洛阳二外相关的一切都已经是离弦的箭了，这位从美国归来不久的校长，带着20余年的一线教育经历，带着对中美教育的深度思考，带着"办一所理想学校"的渴望，义无反顾地决定和他的团队一起，走出泥泞！

因为他坚信，眼前这所几乎一穷二白的学校有着无限的可能。

作为"洛阳第一个吃螃蟹的人"，白校长当时并没有意识到，洛阳二外迈出这一步的重要意义。丁进庄在《二外岁月》一文中将其描述为："找到了教育事业发展新的生长点，既扩大了优质教育资源，促进了教育竞争机制的形成，也更好地满足了人民群众对优质和多样化教育的需求。从这个意义上来讲，洛阳二外深刻地改变了洛阳教育格局，为洛阳教育做出了不可磨灭的贡献，必将载入洛阳教育史册。"

▌ 一次重如泰山的托付

"若问古今兴废事，请君只看洛阳城。"洛阳是我国建都最早、历时最长、朝代最多的古城，是中华文明和中华民族的主要发源地。众所周知，传统文化在某种意义上就是"孝"文化，传统中国社会更是基于孝道之上的社会，从古至今，"孝"都是刻在中国人骨子里、融进中国人血脉的品质，在中原大地、在古都洛阳，更是如此。

所以，从接手洛阳外国语学校实验分校开始，当白帆意识到自己正面临人生最艰难的一段征程时，他最大的牵挂，就是他的老母亲。

白帆出生于教师之家：爸爸妈妈都是教师；对他影响最大的舅舅，也是教师；他在家排行第四，上面有三个姐姐，也全都是教师。这样的成长环境，也许就是他自小就有教育情怀的一个很重要的原因，更是他一路走来能得到家人理解和支持的重要原因。

老母亲姓肖，是一位历史老师。因为父亲去世得早，母亲退休后一直跟着唯一的儿子。可现在，儿子要"出征"了，没有那么多时间和精力照顾老母亲了，怎么办？2002年1月的一个晚上，白帆经母亲同意，召开了一次家庭会议，郑重地将老母亲托付给姐姐们：

"这两三年，也可能三四年，我恐怕顾不上家里。等我创业成功了，再把母亲接回来！"

君子一诺，重如泰山。那之后，白家的这个独子全身心扑在了工作上，真正做到了"三过家门而不入"，但他内心的愧疚和无奈，却只能压抑着，再化为动力：早一天创业成功，就能早一天接回母亲。

然而，让他最难受的，其实并不是过家门时的那一眼远望，或是电话接通时母亲的一声声叮嘱，而是周围朋友的不理解。他忙于四处招生时，曾因工作需要参加过一次聚会，席间有一位律师是老母亲的学生，这位律师当着满桌子朋友的面，丝毫不顾及大厅里还有很多客人，站起来，指着白帆说："你半年一年都不去看一次你老母亲，还配和我们坐一块儿？你这不孝之子，哪有朋友？！"

大庭广众之下被人指着鼻子骂不孝，在中原地区，几乎就是最让人难堪的事儿。白帆默默地忍了，转身离去时，已泪流满面……

那一刻，他彻底理解了什么是"自古忠孝不能两全"。一直到现在，他依然觉得，那一次遭遇是有生以来最让他难受的事。后来，偶尔也有那次在现场的朋友提起这事，每次，白帆都说："我非常难受。不过这也坚定了我的决心。路还得往前走，学校还得办下去。"

了解中原文化的人都明白，这话背后其实就四个字：忍辱负重！

把母亲托付给姐姐们几个月之后，2002年3月18日，洛阳市第二外国语学校正式挂牌成立了。这一天，洛阳市老城区柳林南街98号人头攒动，热闹得很。

鞭炮声中，有太多人还在猜测这所学校将何去何从，而白校长却已经拿出了学校的10年规划：2~4年之内，立足洛阳、叫响品牌；5~7年之内，冲出洛阳、走向河南；8~10年之内，雄踞中原、面向全国！在他的心里，早就画出了这所学校未来的样子：在这里，每一个学生都将获得更广阔的发展空间，每一个教师都将受到最诚挚的敬重；坚持突出外语特色，开设校本课程，全面落实素质教育；坚持以学生为主体，开展一系列德育体验式活动，为学生将来步入社会成为合格公民奠定良好的公民素养……

这是一个校长的教育理念，也是他的教育梦想。为了实现这个梦想，他立下了两份军令状，一份是看得见的，写在纸上；一份是看不见的，写在心里。

第 2 章

柳林南街 98 号

我们的校园坐落在十三朝古都、美丽的牡丹花城洛阳，与洛河仅一路之隔。

它温馨而美丽，安静而迷人。一进校门就是一条宽阔的道路，道路的右边是一排垂柳，左边是一排塔松，它们像卫士一样守护着校园。大门的右边是一个美丽的花园，花园里摆放着白色的铁艺桌椅供人小憩。花园里有蜿蜒曲折的小径，绿茵茵的草坪，争奇斗艳的月季和牡丹花，还有一个铜质雕塑。花园北侧建有一个古典雅致的长廊，上面爬满藤萝。春天，坐在长廊里，闻着沁人的花香，看着蜂飞蝶舞，是多么令人陶醉。花园的最西面是一个圆形水池，水池里有假山喷泉，一群群漂亮的小鱼儿游来游去，好不自在。水池周围有几棵粗壮的樱花树，春天来临的时候，樱花树上开满粉嘟嘟的花朵，微风吹来，花瓣飘雪一样纷纷落下，让我想起了《桃花源记》中落英缤纷的场景。

走出小花园就是塑胶操场了，它被分成两部分，东边是篮球场，西边是足球场。操场是我们上体育课和课间活动的地方，课间休息的时候我们也会三五成群地来到这里做我们喜欢的运动，它总是敞开热情的怀抱迎接我们。

操场南面就是我们学校最雄伟的建筑——L型教学楼，之前是四层，后来又加盖了一层，这五层楼从学校门口一直延伸到操场西南侧。教学楼是我们学校的心脏，在这里我们学习文化课，学习音乐、电脑、科学、美术等有趣的课程。每天都在知识的海洋里畅游，我们像一群快活的鱼儿。

在教学楼和操场之间有一条小路，沿着小路往里走，是我们的宿舍区和高年级教学楼，它们呈垂直分布，正好围成一个小广场，广场四周的墙上涂着各色的画报和标语，激励我们好好学习，天天向上。

这篇作文的作者叫兰子骁，2019年4月写这篇作文的时候，是洛阳市第二外国语学校东校区三年级2班的同学。在兰子骁同学笔下，东校区是多么美丽多么温馨啊！

然而，在兰子骁同学写这篇文章的19年之前，洛阳二外的东校区却是另一番样子……

▌ 不上课的老师请跟我去拔草

> 二万伍仟元，
>
> 一幢空楼房，
>
> 几块庄稼地，
>
> 一群拓荒人。

谈起当年的校园，从那段艰难岁月走过来的老教师们总会先说白校长的这四句"顺口溜"，然后感慨："当时，老校区就是一片荒地，有几块被附近的人开垦出来种上了菜，菜地旁还挖有小粪坑。满地都是砖块和杂草，到处都是青蛙、蚯蚓、虫子，还有苍蝇，哪儿都能见到。也没有路，一下雨我们就得穿胶鞋，一脚踩下去，泥能没到脚背。还总丢东西，你白天装个灯泡，一不留神晚上就丢了。有一次电缆被割走了好几十米，白校长到现在说起来都心疼……"

今天，这里已经是洛阳二外一校五区里的东校区了。东校区的闫英信副校长当年还是这里的体育老师，一提起当年上体育课，闫副校长就特别心疼最初那两届的学生："操场有啊，可就是不能上体育课，上面全是杂草和断砖。一到体育课、大课间，就带孩子们去拔草、捡砖，孩子们分工协作，干得也挺开心。不光是学生，不上课的老师也跟着去啊，包括翟老师，也一样去拔草、捡断砖。"

闫副校长说的这位翟老师，就是当年和白校长一起去拉克罗斯的Mr. Zhai。翟老师不仅去拔草、捡断砖，那年夏天，还随身带着个苍蝇拍——周围的环境太差了，有菜地有粪坑，就有蚊子有苍蝇，苍蝇乌泱泱地趴在墙壁上，一拍下去，能打死十几只。即使是这时候，Mr. Zhai也还惦记着他的英语口语教学，和老师同学们交流完全不用汉语。也就是在这个时候，Mr. Zhai萌生了一个念头：将来条件允许了，一定要在校园里给孩子们一个展示英语口才的舞台。

▌谁还记得那片绿油油的麦田？

2001年8月30日　星期四　阴转晴

作为洛阳外国语学校实验分校拓荒队伍的一名新成员，我今天终于一睹了新校区的芳容。

早饭后坐在校车上一路东进，内心的担忧与期待并存，因为早就听说分校的工作环境比较艰苦，暑假正在改善呢。

新校区位于柳林南路的西侧，坐西面东。向南百余米就是洛河，据说新近完工的洛浦公园让洛河北岸旧貌换新颜，这里便成了人们工作之余漫步的好去处。

跨进校门，映入眼帘的是一座倒7字型的教学楼。二层建筑的横画是办公区，四层楼的竖画是教学区，整体建筑身形瘦小而簇新。校园北侧是新修成的仅有200米跑道的水泥操场，规模虽小，倒是和教学楼挺般配的。

传说中的应急绿化麦田，已变身为名副其实的绿化草地。拓荒者首批队员曾经因为道路和操场没有硬化而"晴天一身土，雨天一身泥"的室外待遇，也永远成了记忆。

教室和办公室电扇未动却凉风习习，原来是新装的空调在默默地向新主人致意呢。这样的工作待遇还真是前所未有啊。和学校本部相比，分校就是一个可爱的迷你版，小巧而精致。太阳渐渐穿破乌云，又开始普照大地了。内心随着对新工作环境的全面了解也灿烂起来了。

这篇日记的作者赵爱红老师，现在是洛阳二外的语文高级教师，2001年8月30日，是她来柳林南街98号报到的日子。

赵老师1986年从洛阳师范专科学校中文专业毕业后，被分配到当时的洛阳地直中学，这所学校后来又陆续改名为洛阳市第十三中学、洛阳外国语学校，而柳林南街98号，即现在的洛阳二外东校区，那时候刚刚成为洛阳外国语学校的实验分校，所以被赵老师称为"新校区"。

赵老师是乐观而且极有才华的。在她的笔下，柳林南街98号"小巧而精致"，"校园北侧是新修成的仅有200米跑道的水泥操场，规模虽小，倒是和教学楼挺般配的"，"传说中的应急绿化麦田，已变身为名副其实的绿化草地"；她还说外部环境也挺好，"向南百余米就是洛河，据说新近完工的洛浦公园让洛河北岸旧貌换新颜，这里便成了人们工作之余漫步的好去处"……而"新修成的""新近完工的"等词语，又无一不是在述说此前校园环境的简陋、无一不是在向"拓荒者首批队员"致敬。

单是"传说中的应急绿化麦田"一句，就让人浮想联翩。的确，那片麦田，一直到今天都依然是个传说，无论以多么轻松的语气讲出来，都能让听这传说的人感觉到当年那批拓荒者的"革命浪漫主义情怀"。

眼看新学期就快要到了，学校大门右边的那一大块荒地看起来那么碍眼：如果就那么赤裸裸地荒着，学生和老师来了，恐怕还没进校园就会满心失望吧？但如果不那么荒着，又到哪里去找买花草的钱？

这个问题把"拓荒者首批队员"难住了，更把白校长难住了，上班念叨、下班回到家还念叨。白校长的爱人田老师年轻时当过知青，对农事比较熟悉，便建议说："要不，我们在那里种麦子吧！"两人对视了几秒钟，一下子都笑了。白校长拍着桌子说："我看行！"说干就干，第二天田老师便带人去学校附近的农贸市场买了一大袋麦种，凭着当年下乡当知青的经验指挥大家种了下去。之后几天，老师们一进校门就会先看看麦子发芽没。一天没有发芽、两天没有发芽……就在大家的注意力基本都被备课、招生的事儿牵扯过去的时候，翠绿的小苗露头了，齐刷刷地直往上蹿，不过几天的工夫，荒地就变成了草坪——就像大雪能创造奇迹一样，麦苗也创造了奇迹，校园一下子变美了、变亮了，甚至成了一道亮丽的风景。

所谓"化腐朽为神奇"就是这个意思吧！

这片麦苗给包括赵爱红老师在内的很多老师和同学都留下了非常深刻的印象，以至于很多年后，只要"话说当年"，这片麦苗就必定是核心话题之一。

其实，种麦苗是一件很小的事，但通过这件事，人们看到的，是洛阳二外的老师们不惧困难、乐观向上的积极处世态度。有了这样的处世态度，哪有实现不了的梦想？

人在艰难的环境中总能够被激发出无限的潜能。就是在这样的状况下，学校的教职员工团结一心，教学工作稳步向前推进着。

2000年，我成为二外第一届学生。校园里只有一栋主教学楼，一楼是实验室和简陋的食堂，二楼是英语小教室，三楼是教室，四楼是音乐美术多功能教室。我们全年级只有6个班，每个班42人。作为一个外语特色学校，为保证英语教学效果，我们是分A、B班上课的，也就是上英语课时，我们被均分为两个班，每个小班21人。那个时候的操场，只是一片杂草丛生的土地。大课间的时候，我们会到操场拔草、捡石子。那年圣诞节，操场还没有整修好，我们在操场点起了篝火，围着圈，唱啊跳啊，同学们精彩的演出、老师们的惊艳亮相，都成为最美好的记忆……

这位"二外第一届学生"，当时是赵洁同学，如今是洛阳二外的赵洁老师。在她的笔下，我们能看到当年的环境有多艰苦，更能体会到师生们的朝气蓬勃和积极乐观。更重要的是，她在校时那个"小班上课制"传统，二外一直延续至今，而且依然每个小班20多人——也就是说，这所学校在起步时，就经过深思熟虑，选择了至今依然可行的教学模式和坚定不移的"制度立校、特色兴校"办学思想。

▌1块5，我们可以买棵树苗来绿化校园

当时学校的账上只有2.5万元，好钢用在刀刃上，这钱必须用在招生上——学校要办起来，就必须有学生，而且每年都必须有新生。而"倾其所有"买车，则完全是为了招生。

也正因为是"倾其所有"买来的车，所以，尽管只是一辆二手面包车，但在全校老师特别是司机的眼里，那也是宝贝疙瘩，享受的待遇不亚于某些豪车。

自此，每天早上5时，司机就开着他心爱的二手面包车，载着白校长和其他当天没课的老师，外出招生。

可再爱惜，也毕竟是辆二手车呀，抛锚是常有的事。

那年6月的一天，司机载着白校长和洛阳二外的隋桂悦老师去吉利区招生。吉利区距洛阳主城区38千米，和济源市、孟州市接壤，当时算是洛阳比较偏远的区。回来的路上，车出故障了，前不着村后不着店，他仨只好把车暂时留在路边，先走回城再想办法。

走了好久，又渴又饿，终于看到路边有家小吃铺，高兴得很。小铺里只有3块钱一碗的面条，白校长说太贵了，就跟老板砍价，最后讲到2块5一碗，白校长掏钱买了3碗。

讲了半天价，节约了1块5毛钱。司机年轻，觉得堂堂一个校长为了1块5毛钱讲半天价，太没面子；隋老师经历得多，看着校长为了1块5毛钱讲半天价，心疼。

白校长明白他俩的意思，笑呵呵地说："有了这1块5，我们就可以多买

棵树苗了。"

一句话，举重若轻，却让那碗面成为司机和隋老师吃过的最有滋味的面，让这段经历成了他们永远难忘的记忆。

是的，那时候，哪怕是1块5毛钱，对洛阳二外来说，都是宝贵的；哪怕买一棵树苗，对洛阳二外来说，都是需要思考再三、反复掂量的。这个经历也让白校长养成了"抠门"的习惯。2017年夏天，学校办公室来了几个客人，交谈之间抽了烟。客人走后，室内烟雾缭绕，办公室主任韩伟芳老师打开所有窗子透气。正巧这时候白校长进来，生气地对他说："你开着空调，窗户大开，这得浪费多少电呀？办公室主任不带头节俭，怎么能让全体教师厉行节约呢？"一句话，说得韩主任面红耳赤，从此以后更节俭了。而这个时候，洛阳二外已经有一校三区，是一所响当当的名校了。

第 3 章

"洋校长"的"苦功夫"和"巧办法"

建校园，钱多有钱多的建法、钱少有钱少的建法，实在没钱了，只要坚持、只要不放弃，也总是会有办法的，但建设一支优秀的教师队伍却没这么简单。

白校长在美国Logan高中访问讲学时，对Logan学校的"caring，learning community"深有体会。他意识到，caring在社会上是"以人为本"，在学校就是"以生为本、以师为本"。人是学校构成和发展的核心要素，只有人发展了，学校才会发展。正如梅贻琦先生在1931年就职国立清华大学校长演讲时所说："所谓大学者，非谓有大楼之谓也，有大师之谓也。"看一个名牌学校，不是看它楼有多高、多壮观，而是看人，看它有多少名师、大师。于是，白校长把Logan学校"以人为本"学习型社会的办学理念运用到二外，仔细研究"caring，learning"的实质及精髓，悟出了"尊重人格，关爱人，弘扬人的主体精神；尊重、发掘人的创新潜能，促进人的个性发展；有人文精神，人文关怀，人文氛围"的办学思路，确立了"以创新教育为核心，以弘扬人的主体精神、发掘人的创新潜能、促进人的个性和谐发展为宗旨"的崭新的办学思想，要在继承弘扬中国传统教育的基础上，吸收西方教育的精髓，结合学校实际，融中西文化、教育于一体，形成独特的为社会、家长及学生共同认可的教育教学及管理风格。

要办好这所学校，关键是校长，但核心竞争力是"崇尚一流，追求卓越"的教师，最终目标是培养具有"中国情怀、民族根基、国际视野、领袖才能"的学生。为此，白校长这位从美国回来的学者，下的是"苦功夫"，用的是"巧办法"。

▶ 首批创业者

2017年7月8日、9日、10日，连续三天，洛阳二外如往年一样，举办了暑期新教师岗前培训活动。韩伟芳、王大清、李小强、庞俊雅、李彩霞、宋昆岚、张爽等学校中层干部都为新教师带来了精彩讲座，涉及的问题从调整心态到面对新工作、新挑战，从良好的工作习惯到良好的心理素质，从如何与家长、学生交流到如何与领导、同事相处，从反思教学到如何做个成功快乐的教师……内容包括师德师风教育、教育新理念、教师职业道德规范、教育政策法规、基础课程改革纲要、教育教学常规，以及年级负责制下的常规管理、校园文化建设、教师职业生涯与教研教改、班主任工作方法和技能及学科专业课、涉外须知等诸多模块的系统学习。

举办这样的活动，是洛阳二外的老传统，目的是使新教师了解二外的办学理念、办学特色、发展历程以及奋斗目标，明确自己职业生涯将要面对和承担的岗位责任、角色使命，尽快融入二外大集体之中。

因为是老传统，所以有一个流程一定不会少，那就是白校长给大家讲学校的创业史。打开PPT，一百多张图片，第一张是封面，每次根据不同的重点都会有不同的标题；第二张却从来不会变，图片左上角是洛阳市第二外国语学校的logo（图标），右上角是"建校概况"，图片中间有两行字，第一行

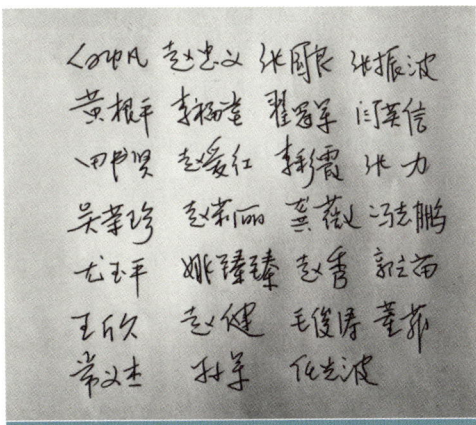

27名教职工手写名单

是"2002年·34亩地·2.5万元资金"，第二行是"252名学生·27名教职工"。

讲洛阳二外的创业故事，永远绕不开的人，就是这"27名教职工"。

2002年年初，洛阳二外"独立"之后，50位老师自愿决定去留：去，依然是洛阳外国语学校的老师，是公办学校的老师；留，则将是洛阳市第二外国语学校的老师，是公办民助学校的老师。这一年，对洛阳二外来说是重要的一年，对50位老师来说，也是非常重要的一年：这一次，他们的选择将很大程度上决定他们未来的职业发展。

白校长希望老师们能留下来。"学校犹水也，师生犹鱼也，其行动犹游泳也，大鱼前导，小鱼尾随，是从游也，从游既久，其濡染观摩之效，自不求而至，不为而成。"他对梅贻琦先生的这段话深有感触，并坚信：只要有好老师，只要老师坚持"让每个学生都成为最好的自己"，学校就有希望。

他找每一位老师谈心，谈自己的教育理念，谈自己的教育梦想，也根据对方的特点，谈未来学校将会给对方提供什么样的成长环境，谈一次不行，就多谈几次，直到对方做出决定。

未来还没有来，甚至还没有画在纸上，一切都只是在白校长的"即兴演讲"里，但即便这样，依然有教师当即表态："你走我走，你留我留，我就跟着你一起去建你说的这种学校！"而选择留下来的十几位年轻教师则完全没有想到自己能被校长这么重视、这么重用，彻底折服于白校长对自己的了解、对自己未来的职业规划。

当时，学校的办学条件相当差，一部分教师特别是年轻教师留下来后，住在操场后面的那栋宿舍楼里。中午，大家像一家人一样一起吃饭，有时候在大办公室里煮一锅稀饭，有时候出去吃饭，在街边喝个丸子汤，大家边吃边轻松地聊工作中的感想、问题；到了晚上，他们一起去看住宿生——

这些事儿，都是白校长牵头。年轻的教师们守在白校长身边，看着、感受着，然后在思考和学习中成长起来，很快就成为学校的教学骨干。

留下来的这27位老师，成了洛阳二外的首批拓荒者、创业者。

▌ 有老师来应聘了

将近一半老师走了、部分学生也转校了，正在起步的洛阳二外面临着一个残酷的现实：只剩下500多名学生（两个年级）、27名教职工。

留住老师的同时，还必须招聘老师，而且必须招聘优秀老师。但优秀老师为什么会来这样一个"一穷二白"的民办学校呢？这只是平常人担心的问题，在不平常的人眼里，这都不是事儿：毕竟"德不孤，必有邻"，这个世界上从来都不缺心里有爱、眼里有光、脚下有方向的人——而且，你在寻找他们时，他们也在寻找你。

洛阳二外成立之后，工作千头万绪，招聘老师更是重中之重。第一任办公室主任李福堂老师至今都清楚地记得，2002年4月的某天早上，还没到上班时候，他就等在教育局门外了。得益于他曾经在局里工作过，人熟、流程也熟，上班时间一到，他就进了相关科室……不到10时，洛阳二外招聘老师的通知就已经出了教育局，"飞"往市区各中小学了。

事情就是这么凑巧，洛阳市第十二中学的白志宣老师那天下班前因故去了一趟学校办公室，正好看到这份刚印发的通知！

白志宣老师1990年7月从洛阳师范专科学校毕业后，被分配到了洛阳市第十二中学。在那里工作的12年中，她多次被评为学校的优秀教师，所带班级也多次被评为校优秀班集体。1998年，她所带班级被评为洛阳市文明班集体，她本人也被评为洛阳市模范教师。但12年过去，这名勤于学习、善于思考的青年教师遇到了自己的第一个职业瓶颈期，感觉自己的教学和班主任工作走进了旋涡，缺乏动力。困惑和迷茫促使她迫切想改变现状，寻求新的发展空间。

一个教师和一所学校之间，也和人与人之间一样，有着某种神奇的缘分。白志宣老师仔细看过文件之后，一种本能的对新生事物的憧憬和期待让她立刻意识到：这是一次机会，我要抓住！于是，当天下午，她就拿着自己精心准备好的简历，到了位于柳林南街98号的洛阳市第二外国语学校。

这一天，李福堂老师去教育局忙活的事儿，也是白校长心里惦记的事儿。尽管他对学校的未来充满信心，也能想象多数教师见到这份文件后会有什么样的反应，但他相信，只要守得初心、坚持住，早晚一定会有老师来应聘的。下午，白校长正想着这事儿，和几位没课的老师在校门口那片曾经的麦地旁种柳树苗，突然听到门卫喊："白校长，有老师来应聘。"

来的人，正是白志宣老师！

一个有成绩、有经验、有激情的教师，不就是洛阳二外未来需要的老师吗？毫无悬念，在一番简单而又直接的交流和课堂考核之后，白志宣被录取了。

送走白志宣老师，白校长继续去种柳树。他环视校园，再看看自己种下的柳树苗后，对旁边的老师意味深长地说："一定会长大！"

是的，如今那几棵柳树都已经长大了，就在校门口，不用进校门，远远地都能看见，是东校区最靓丽的风景之一，阳春三月尤其美。如今白志宣老师也已经成为高级教师、教学骨干，用白志宣老师自己的话说，"来到二外，我学到了很多新的教育理念和教育技巧，不断优化自己的课堂教学，同时也遇到了很多优秀的老师，从他们身上我学到了很多优秀的品质，这些都成为我前行的动力。在这19年当中，我见证了二外的发展，二外给了我再次成长的空间，选择二外我无怨无悔"。

白志宣老师的故事，不仅仅反映的是白志宣个人，而是那时候招聘的一批中青年教师。

▌不拘一格，四处访贤

学校可新建，但新建的学校必须有教学经验丰富的老教师，这是白校长心中不变的铁律。

2002年4月1日，经朋友引荐，白校长认识了洛阳市第一师范学校中文专业的教研室主任隋桂悦老师，并直接邀请隋桂悦老师到二外工作。

　　这个邀请把隋桂悦老师惊呆了：我们师范学校马上要合并到高校，我怎么可能这时候去一个只有一幢孤零零的教学楼，基本上可以说"无资金、无学生、无校园"的三无学校？

　　白校长似乎看出隋桂悦老师的心思，之后再见面，便只字不提请她来二外的事，只是每次聚会都给包括隋桂悦老师在内的朋友们讲他在美国留学的故事。

　　故事讲得多了，隋桂悦老师对白校长的了解也渐渐多了，开始深层次琢磨白校长的教育理念和教育梦想，也开始重新思考自己的教育理念和教育梦想。所以，在数次"三顾茅庐"之后，当再一次朋友聚会，白校长坦言"给你一个平台，施展你的才华"时，隋桂悦老师动心了：为基础教育做点儿实事，难道不正是自己这些年从事师范教育的目的吗？为什么当机会真的来临时，自己还这么犹豫呢？

　　这一次，隋桂悦老师选择了放弃，放弃随着"一师"合并到高校的机会，放弃教研室主任的职务；也选择了开始，开始到二外做一名普通的教师，开始到孩子们中间为基础教育做点儿实事。

　　2003年下学期，洛阳二外举办了第一次教师论坛。"八仙过海各显神通"，老师们在教育教学、班级管理中，各有所长、各具特色，学校为此搭建了这一"共享、共赢"的平台，提炼、积累并推广工作经验，助力教师们在学习中交流、在讨论中提升，对逐步形成新的教育教学理念、加快教师专业化成长产生了积极的影响。后来，举办教师论坛成了洛阳二外的传统，并一直保持到现在。在这次论坛上，老师们畅谈的大多是自己对二外未来的设想，白校长也在演讲时第一次对外谈到了自己当年应聘校长时打动评委的那三句话，第一次对外提到了"我把二外看成是自己的恋人、爱人、老伴儿"。这深情的肺腑之言，让所有在场的二外人热泪盈眶，也让隋桂悦老师深感震撼：一位校长原来可以如此深爱他的学校！

　　优秀的校长从来都非常尊重那些既有丰富的教学经验又善于学习新事

物的老教师。丰富的教学经验和扎实的教学功底，来自多年的教学实践。对于教学这种专业性很强的工作来说，拥有了高学历和丰富的专业知识只不过具备了当老师的基本条件，类似课程标准、授课计划、教案、课件、教学日志的撰写、教学手段和教学方法的运用、对课堂教学的调控等这些教学技能，是必须通过反复的教学实践才能逐渐掌握的。

随着洛阳二外的发展，通过不拘一格、四处访贤，学校迎来了越来越多有情怀有梦想的老师，其中有经验丰富的中年教师，也有刚毕业或是毕业没有几年的年轻教师，还有直接从国外回来的"洋"老师。课余假日，校长和老师们促膝长谈交流思想，探讨办学的目标方向，团结一心，要将学校建成学生成才的摇篮、教师成功的沃土。在老师们的眼里，学校的形象一直在变，越变越大、越变越好、越变越让人仰望；但学校招聘老师的要求，却始终没有变：作为老师，必须心里有爱、眼里有光、脚下有方向！

那之后，洛阳二外坚持以"人"为本，关心教师的身心健康，关注中青年教师的成长发展，注重发挥中老年教师帮带青年教师的积极性，积极创造条件促进教师不断学习发展。

每一颗努力向上的种子都会发芽。2003年，洛阳教师教育理论考试，洛阳二外代表队荣获全市第一！

无论他人怎样浮躁焦虑，我们都不要做教书匠，都要尽可能做一个手不释卷的读者、反躬自省的思考者、孜孜不倦的诲人者。

无论外界怎样喧嚣浮华，我们都要守住职业的底线和道德的规范，做学生人生路上的贵人，用自己的言行影响学生一生。

白校长就这样鼓励老师们，坚持全员学习先进的教育理念、科学的学校管理，更新育人观念、改进课堂教学方法；还为每位教师购买教育教学论著，邀请国内外专家学者讲学、作报告……始终坚持用超前、先进的教育教学理念武装教师头脑，让教师们时时刻刻在读书学习中不断得到提高。

第4章

有"爱"有"心"，三年出奇迹

> 一瓶水、一碗面，
>
> 一个烧饼分两半。
>
> 招生出门五更天，
>
> 归家途中人入眠。

这是2002年初夏，白校长的日常生活和工作状态。公办学校，先有学校后有学生；而民办学校，得先有学生后有学校。招不上来学生，还办什么学校？

十九年后，如今的洛阳二外，一到招生季，校门口左右几条街都是"一片红"，从校领导到老师，每个人都被那些想送孩子来上学的家长打爆了电话！这时候，有多少人还会想起当年招生有多困难？又有多少人知道当年招生有多难？

▌ 男儿有泪不轻弹，只是未到招生时

"你们是来干什么的？""我们是来招生的。""招生？你们哪个学校？""洛阳市第二外国语学校。""哪个学校？洛阳市第二外国语学校？没听说过。走，走，走！"转遍洛阳九县六区，这样的对话，在建校最初那两年，几乎每天要上演。有过创业初期"一辆面包车、两块招生板、三位辛苦人、四捆宣传单"招生经历的老师，聊起当年的招生困境，没有人不眼

泛泪花。冯志鹏老师和隋桂悦老师甚至还记得2003年6月他们随白校长去渑池县、新安县招生回来，白校长写的一首诗：

> 天作蚊帐地作毡，
>
> 日月星辰伴我眠。
>
> 呕心沥血教育路，
>
> 鸿鹄之志定实现！

但对当时的司机毛俊涛来说，这还不是最让人难堪的。

那段时间，每天早上5时，白校长准时起床，叫上毛俊涛，开着面包车就出去招生。有时候，没课的老师，也会一起去。一个大冷天的早上，小毛和白校长又出发了，白校长带了一壶开水，小毛带了一块大板砖。面包车太旧了，早晨经常发动不了，白校长有经验，二话不说把开水往发动机上一浇，车子就起动了。上了车，小毛问："咱们今天去哪儿？"白校长说了一个县城的名字，小毛心里合计了一下，距离洛阳不到100千米，油箱里的油够用了。

两人出了城，一路往南。小毛专注开车，白校长在副驾位置上看资料。正上坡呢，突然前面有车停下来了，小毛一边急踩刹车，一边忙不迭地喊："白校长，快！"白校长一抬头，发现情况不对，拎起小毛早上带来的板砖就下了车，麻利地支到面包车的轮胎下面，直起腰、拍拍手，赶紧上车：外面是真冷啊。等车再跑起来，两人都笑了。洛阳是个盆地，虽说属中原腹地，可正处于黄土高原的东南缘，并不都是一马平川，遇到停在刚才那样的坡上，破旧的面包车就只能往下出溜。支砖的活儿，白校长干过不少次。

两人到了目的地，在学校门口停了车。门卫问："你们是来干什么的？"

白校长赶紧把烟递上去："我们是来招生的。"

"招生？你们哪个学校？"

"洛阳市第二外国语学校。"

"洛阳……什么学校？唉，这大冷天儿跑这么远不容易，你们把车停好，进去吧。"

这是遇到热心的门卫了。小毛把车停好，拿了招生文件和一摞招生宣传单下来，陪着白校长去见这个学校的校长。

校长很敦实的样子，看起来比白校长年轻很多，坐着，皱着眉头看着身上还在冒寒气的两个不速之客，聊了几句客套话之后，说："我知道了，你们把宣传单留下吧。"

比较起来，这样的经历就算是顺利了：进了校门、见了校长、留下了宣传单。小毛看了白校长一眼，心里还是挺高兴的。两人礼貌地向校长道别，一路交流着出了校门，走向他们的面包车。

正当他们拉开车门打算上车时，看到校长从办公室出来径直走向校门口，还以为校长还有什么事儿，正想关上车门迎上去，校长开口了，对着门卫一阵破口大骂："我要你这个门卫干什么？你啥人都敢给我放进来……"

小毛愣了一下，默默地上车、点火。

白校长轻轻关上副驾的车门，坐到后面去了。这一路，两人再没有交流……

▌ 个个都是打招生电话请来的

2002年6月，我到二外报到后，面临的第一项任务就是招生。我们到生源学校发宣传材料、到学生家里和家长沟通、到社会上去推介学校，想尽一切办法动员学生报考二外。记得我当时负责的是李楼和偃师的招生，因为二外是一所新学校，老百姓不认可，我们白天骑着摩托车，一家一家地走访，耐心细致地给家长介绍学校的情况，晚上开会汇总当天招生的情况，分析和研判存在的问题，部署第二天的招生任务，真是晴天一身土，雨天一身泥，辛苦得很呀！当时招生的主要难题是家长认为二外是新学校，没有可信的成绩，心存疑虑。我们针对这一点，重点向家长介绍学校师资力量和发展前景，告诉家长学校是新的，但任课教师都是来自全市的名优特级教师，经验丰富、成绩优秀，新学校新体制才有办学的活力，逐步赢得了家长对我们的信任。在大家努力下，圆满完成了当年招生任务，保证了2002级高一新生按时开学，这也是二外历史上第一届高中学生。

丁进庄老师的这段回忆中提到的"二外历史上第一届高中学生"，其中有一位就是2013年3月入职二外的耿雨馨老师，一位曾经的二外学生、现在的二外老师。

洛阳二外成立后的第一个暑假期间，也就是2002年8月中旬，耿雨馨同学被父母硬生生"推"进了洛阳二外，参加暑期军训。

耿雨馨同学进洛阳二外，对她的父母和她来说，当时基本上属于别无选择。

因为初中就读于洛阳外国语学校，耿雨馨同学对这所原本是他们学校分校、转年又独立出去的学校并不陌生，甚至了解得比其他同学更多，因为从她家到学校，骑自行车也就只要十多分钟。而这一点，也正是她的父母在接到招生电话并实地考察后，强烈要求她读这所学校的原因——中考成绩出来，耿雨馨的父母看到孩子的分数，简直不能接受。翻来覆去分析之后，他们认为：孩子刚读初中的时候，年纪太小，又没有自制力，让她读寄宿学校，结果导致中考成绩不理想。现在正好刚刚独立的二外要招收第一届高一新生，这里又满足了他们的要求——学校离家这么近，可以不用住校了。

中考失利，陷入深深的自责，耿雨馨同学除了完全听从父母的安排，还能有什么办法？但她的内心却是忐忑的：我那么多初中同学都住校，可他们还不是一样考上了高中？住校哪里是自己中考失利的原因啊！还有，虽然离家近，可这个学校的软硬件设施都啥样，你们知道吗？

进了学校，耿雨馨同学才知道，他们这届新生可并不仅仅只参加军训，还有外教课呢！而且，军训也不是简单的队列训练，还有丰富多彩的拓展活动。同学们很快熟络起来，一交流，原来他们两个班100多人，个个都是校长和老师打招生电话邀请过来的！

暑假过去，正式开学了，校园里贴出了老师们的简介，耿雨馨挤在同学堆里一个一个地看，发现学校给他们配备的老师全都是来自洛阳市各个学校的骨干教师。那天放学回家的路上，她感觉自己心跳得特别快，有一种心要从胸腔蹦出来的感觉：这三年，我一定能打赢这场翻身仗！

高一那年的中秋节，耿雨馨虽然不住校，可她的多数同学都是第一次住校、第一次离开亲人过这个本应阖家团圆的节日。为了能使同学们感受到家的温暖，班主任郝树森老师组织全班同学到旁边的洛浦公园赏月。耿雨馨和同学们都特别兴奋，在月光下吃着老师发的月饼和苹果，聊着彼此对父母的感情和思念……那晚明亮的月光和习习凉风，至今仍深深地留在耿雨馨同学的脑海中，师生之间的感情也是从那时起越来越深厚的。

三年后，2005年6月，耿雨馨同学高中毕业，以高出一本分数线三十多分的成绩成功考入北京第二外国语学院！孩子的成绩，让父母惊喜；学校的成绩，也让全市惊喜！

而能让一个学生，从不得不去洛阳二外，到一定要去洛阳二外，这之间，二外究竟有多长、多艰难的路要走？恐怕只有当年那些老师才知道吧。

耿雨馨同学到北京读了本科和硕士，其间还到美国韦伯斯特大学孔子学院任教一年，她的品行、素养和口语能力、笔译能力为她赢得赞誉的同时，也让她时常想起自己的母校，想起"一米线"，想起"弯弯腰"，想起每一位认真备课、精心授课的老师：睿智的语文老师秦生、严谨的英语老师秦家民、负责的物理老师兼班主任张付西、温柔的化学老师王艳、风趣的数学老师李小峰、细致的生物老师张振波……若干年后，有好几位已经成为二外的校领导，也有的成了其他重点高中的骨干教师，每次联系，仍然倍感亲切。从他们身上，耿雨馨同学不仅看到了优秀教师应具备的素质，也明白了一个道理：教育就是教给学生一生有用的东西。

▌ 抓好德育，从"一米线"开始

"我们与孩子们有幸结缘三年。在这三年中，我们能给他们什么呢？我想，如果这三年里我们能培养、改变、影响学生的一个或者一些习惯，我们组织的活动能在学生心里留下深刻的印象，那我们的教育就是成功的。"从建校到今天，19年过去了，每年暑假，白校长在培训初中部的新教师时，都会这样叮嘱。

是的，成功的教育，就是"教给学生一生有用的东西"，也就是"一个或者一些习惯"。

2020年6月15日中午就餐时间，洛阳二外这所"全国学生营养与健康示范学校"的两层食堂大楼里，学生们正分年级、分时段有序就餐。夏雨菡同学戴着醒目的志愿者绶带，来来回回地四下走动、四下张望：这个清秀的小姑娘是今天的"食堂管理员"，

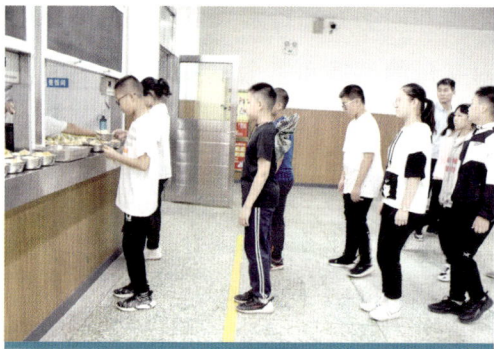

一米线

偶尔有同学交谈声音高了，她就会快步走过去轻声提醒；偶尔有几个同学排队挨得近了，她就会比画着手势告诉对方三个字："一米线！"

相隔一米，并不是洛阳二外因为2020年年初暴发新冠肺炎疫情才有的新规定，从耿雨馨同学到夏雨菡同学，从建校初期到今天，这始终是洛阳二外对每一个学生的"基础教育"和"基本要求"。而和"一米线教育"同时被提倡的，还有"男子汉教育""环保教育""诚实教育"和"宽容教育"——这就是洛阳二外最初的德育体验式活动。

即将接手洛阳二外那段时间，找一个什么样的抓手让洛阳二外尽快走出困境、打开局面，是白校长朝思暮想的问题。不仅朝思暮想，其间有了想法，还赶紧记下；遇到想不明白的，就去向"大家"请教：即便工作非

常繁忙，他依然抽空阅读了大量教育论著，常常在办公室看书到深夜。而以前读过的那些书此时再读，竟又有豁然开朗的感觉，新的感悟、新的收获让他痴迷。

在古今中外的教育家中，白校长最仰慕的是苏霍姆林斯基。这位苏联伟大的教育理论家和实践家曾在一所破败的乡村中学教书30年，当时提出的学生全面发展、个性发展、和谐校园，在今天看来都依然有着非常大的借鉴意义。

一口气系统读完了收录有《失去的一天》《致女儿的信》《公民的诞生》等大作的五卷本《苏霍姆林斯基选集》，白校长结合自己的教学经历和教学经验，总结苏霍姆林斯基的教育思想，也摸索着洛阳二外的办学之路：千头万绪、百事待兴，原来"功夫在课堂之外"！白校长决定将力量集中在一个点上，即抓"德育教育"，建立一套适合洛阳二外发展的"体验式德育教育模式"。

现在洛阳二外教语文的王璇老师，还记得当年刚进洛阳二外上学时，一天午饭后在校园里闲逛，正遇见白校长弯腰捡起地上被学生丢弃的半块面包。她从没想过，身着西装、绅士范儿十足的校长会亲手捡起地上学生吃了一半而且看起来脏兮兮的面包。更重要的是，从头至尾，白校长脸上都没有丝毫的嫌弃，而只有可惜。下午的全校师生集会上，政教员就给大家强调了珍惜粮食的重要性。第二天中午，还是在校园里，王璇正低头疾走，看见地上的废纸白得格外刺眼，想也没想赶忙捡了起来，一抬头，看到白校长正在不远处望着自己，伸出了大拇指。从此，随手捡垃圾、关灯……做力所能及的事情，便成了王璇的习惯。

"弯弯腰"作为洛阳二外五大德育教育体系里"环保教育"的一部分，早在建校初期便已实施，它鼓励学生从身边做起、从校园做起，见到地上垃圾就"弯弯腰"，捡起来扔到相应的垃圾箱里。同时，在校园里推行垃圾分类、回收废电池。

五大德育体验式活动里，"一米线教育"排在第一位，看起来是强调排队一米线、就餐一米线、等公交一米线，实际上是在对学生实行"规则教育"，通过"一米线"这种孩子们容易接受的方式，潜移默化地引导孩子们接受深层次的"二外规则"。"男子汉教育"的背后，是洛阳二外当时面对的学生状况：男孩多，而且第一年来的大多数男孩子，爹妈都在做生意，条件好但家里没人管。学校要求这些孩子进校后做个顶天立地的小小男子汉，是在培养他们的责任感，让他们知道尊重和自尊。

懂规则、有责任心，在此基础上，洛阳二外开展了"诚实教育"，并专门为此对考试进行改革，考场不用监考，让学生自己考。这个传统一直延续到今天。

五大德育体验式活动中，用心最良苦的是"宽容教育"。小孩子在一块儿，免不了磕磕碰碰，宽容教育既减少了他们之间的矛盾，也开阔了他们的心胸，能够让整个德育教育体系有一个相互促进的良性发展空间。

这些体验式活动很快就有了效果，孩子们不仅在学校是个有模有样的小绅士、小淑女，即便出了学校，他们也保持着这样的好习惯，以至于各个学校集中开展活动时，洛阳二外的学生总是显得与众不同：排队买饭，后边站个女同学，男孩子一定站在一边，叫女孩先来；上车了，男孩子没有一个坐的，全让女生坐……无论是在体育场还是在郊外，他们离开之后，地上都干干净净，没有一点儿纸屑、果皮、瓜子壳。几年后，郑州大学思想政治教育学科学术带头人，博士生导师王东虓来洛考察，称赞洛阳二外的德育工作富于创新，扎实有效，并将其命名为"连环式体验活动"。因为这一系列活动，洛阳二外还被河南省文明建设指导委员会授予"河南省未成年人思想道德建设工作先进集体"称号。

三四月用心播种，八九月自有收获。通过德育连环体验活动，孩子们的心收回来了，学习劲头非常足。三年后，洛阳二外的中考成绩一出来，就让整个洛阳教育界为之眼前一亮！

第 5 章

一份"天天向上"的答卷

　　洛阳二外2002年3月18日挂牌成立，之后有一年半的时间完全处于艰难的"求生期"，直到他们在那段"频繁更名期"招收的首届学生参加中考。

　　2003年，我们迎来二外第一届中考！我们所有人都为打赢这一仗全力以赴！老师们都与我们一起吃住在学校，全力备战中考。晨读琅琅书声，洛浦公园跑步锻炼，下午大课间体育训练，晚延时奋笔疾书，晚上回宿舍前全体在宿舍楼下再练一次台阶实验……每分每秒，都在为决胜中考而努力！

　　恰在此时，全国爆发了大规模"非典"。那个时候每天大课间，学校都会给我们熬好预防"非典"的中药汤剂，每个班都要排队去喝。有了学校的严格防护、老师对我们的贴心关怀，在其他学校纷纷停课的时候，二外反而成了一片避风港，全校无一例感染发生，直至我们顺利参加完中考。

　　2003年，我们毕业了。二外的名字在洛阳一炮打响，我们成功了！

　　时光流逝，成年人总是脚步匆匆，但孩子们却用带锁的笔记本保存着那些年的美好。赵洁同学笔下的同学、老师、校园，特别是"预防'非典'的中药汤剂"，都让我们看到了一个虽然刚成立一年但却于艰难中稳如泰山的洛阳二外。

　　正如赵洁同学所言，第一届学生毕业了，优异的中考成绩把他们送进了更好的学校，也让二外在洛阳有了一定的知名度。"哪个学校？洛阳市第二外国语学校？没听说过"的时代从此一去不复返，洛阳二外的招生工作进入良性循环，学校进入谨慎的"突围期"。

冲出"突围期"的时间节点，是2005年中考成绩出来的那一天——从2003年到2004年再到2005年，从提出"学、钻、点、练、结"五字教学法，到逐步形成课堂"五环节"教学模式，探究—互动—小结—反馈—延伸，学生学习的主动性提高了，课堂活起来了，一年一个台阶，扎扎实实，洛阳二外向这座城市交出了一份"天天向上"的答卷：第一届学生毕业，考过洛一高"英才杯"录取分数线的有27人，占全市上线人数的30%以上。

"洛一高"全称洛阳市第一高级中学。在洛阳，"被洛一高录取的学生比例"是衡量一个初级中学教学质量和教学水平的"标尺"。

自此，洛阳二外成功突围、声名远播。

▌十载风雨兼程，十年艰辛探索

凭借"制度立校、特色兴校"，洛阳二外冲出"突围期"进入"巩固期"。

"以人为本，让每一位学生都得到发展，成为综合素质高、有特长、文明自信的未来公民。"为了实现这个办学目标，从建校初期的外语特色、文明礼仪特色，到后来的德育连环体验特色、科学体验活动特色，再到综合素质加特长特色，洛阳二外不断探索、尝试。一方面，在坚持突出外语特色的基础上，开设和开发校本课程，成立学生兴趣小组，培养兴趣生、发展特长生，全面落实素质教育。另一方面，成立由学科带头

学生荣誉墙

人、省市名师、教研组长组成的"课改工作领导小组"，校长亲自挂帅，教

学副校长主抓，强力推行"五环节课堂教学改革"，培养学生自主学习、合作探究、实践创新的能力。

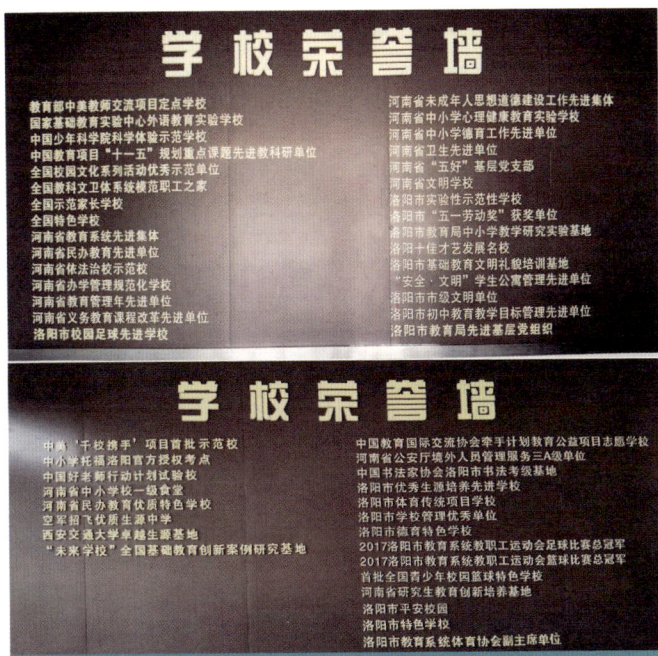

学校荣誉墙

为提升特色办学的探索创新力，学校还采取"请进来，走出去"的方法：设立周六学习日制度，邀请国内外知名的教育专家、学者名师，开设教育专题讲座、开辟教师论坛，展示课堂教学艺术、传输教育新理念、拓展国际大视野；组织教师赴成都、重庆、杭州、苏州、太谷、衡水、郑州、洋思、南京、杜郎口等地考察学习，老师们去考察之前先提出问题，在考察回来的路上就开始结合自己的教学谈心得；推选外语教师参加教育部"中美教师交流项目"的测试选拔，推选教师参加洛阳市双语教师培训；成立了由特级教师领衔，多名骨干教师、特长教师参与的教科研室，着力研究学科教学、第二课堂、课外活动的立项研究、总结推广工作；举办"希望之星""青蓝杯""名师风采"等教学技能竞赛，"以赛促训，老中青帮带"，引领教师提升教学水平，形成个人的教学特色、风格，逐渐形成了知识系统完备、专业结构全面、年龄梯队合理、个人风格鲜明的特色教师团队。

在制度保障方面，学校着手进行《洛阳市第二外国语学校制度职责法规汇编》，建立涵盖各部门、各环节的规章制度，认真贯彻落实《国家中长期教育改革和发展规划纲要（2010—2020年）》，建立和完善教科研奖励制度、教学创新奖励制度等各项规章制度，设立"素质教育和活动创新奖"，将特色创建作为学校工作的重要组成部分，纳入学校的发展规划和工作计划。

在这些工作的稳步推进过程中，学校因为"教风正、学风浓、质量高、特色明"赢得了社会各界的广泛认可和赞誉。建校十年，洛阳二外成了一所什么样的学校？白校长在洛阳二外十周年校庆会上这样说：

2002年，伴随着教育改革的大潮，洛阳二外应运而生。十载春秋易序，十年风雨历程，留下了二外人矢志教育、艰苦创业的铿锵步履，展示出二外人勇于开拓、不断前行的光荣里程。十年间，我们成功实现了学校的两步走战略：立足洛阳，叫响品牌；冲出洛阳，走向河南。在这曲折前行而流光溢彩的十年里，推动学校发展的，是卧薪尝胆、自强不息的执着追求，是敢为人先、争创一流的进取精神，是携手并肩、共克时艰的创业热情。

10年来，一批批教职员工，一届届莘莘学子，同心同德，耕耘不辍，用辛勤的汗水迎来了春华秋实。在国家、省、市各级各类竞赛中，理、化、生、语、数、英各学科捷报频传，获奖学生多达2 361人次；中招考试上省示范性高中录取线人数连年名列全市前茅，2011年中招考试上洛一高录取线人数更是突破200人大关；在高手如林的西安交大少年班考试中，我校学生脱颖而出，一次次为学校传来捷报。今天，我们的学子遍布天南海北，校庆时节，他们从北大、复旦、人大、清华，甚至大洋彼岸的英、美等国家寄来他们对母校的深情眷念与真挚感怀，读之无不令人动容。

10年来，洛阳二外一直把教师队伍建设作为重中之重，形成了一支业务精良、治学严谨、品德高尚、乐于奉献的高素质教师队伍。我们坚持创新，在"五环课改"中寻求课堂教学的优质高效；特聘外教和小班上课，突显外语教学的品牌特色；开发校本课程、举办校园贸易节，丰富校园文化生活，发展学生个性特长……十年间，教师获市级以上奖励1 060人次，正式出版著作和发表论文387部（篇），获省市级优质课奖217人次，省市级科研课题结项暨获奖22项。

十载风雨兼程，十年艰辛探索。经过一批又一批师生的艰苦创业，如今的洛阳二外发生了翻天覆地的变化。从只有6个教学班、20多名教职工、200多名学生发展壮大到今天校园占地面积164亩，拥有全网络覆盖的多媒体教室和近3 000名师生的花园式现代化学校。

一分耕耘，一分收获。10年来，学校共获河南省教育系统先进集体、河南省义务教育课程改革先进单位、省未成年思想道德建设先进集体、河南省先进基层党组织、洛阳市初中目标管理先进学校、全国教科文卫体系统模范职工之家等市级以上集体荣誉173项。2007—2011年，在洛阳市初中教育教学目标管理考核中，我校连续五年名列前茅，其中，2008年、2009年、2011年综合考核排名第一。

时代在前进，二外在发展。"得英才而教育，育桃李满天下"。洛阳二外正迎着新世纪的曙光，以务实的态度、昂扬的激情，吹响二次创业的号角。

十年过去，洛阳二外以扎实的脚步走过了"巩固期"，迎来了以二次腾飞、二次创业为起点的"发展期"。

▌二次创业的"3+N"

准确地说，洛阳二外发展期的起始点是2011年暑假。秋季开学后，洛阳二外分为"一校两区"，柳林南街98号的老校区改称东校区，成为小学部；校本部搬到了背靠邙山、面对伊阙的洛龙区（伊洛路与龙和西街交界处），称为洛龙校区，成为中学部（含高中1+2项目部）。

　　从办学初期的"二万伍仟元，一幢空楼房，几块庄稼地，一群拓荒人"，发展成涵盖小学部、中学部的花园式学校，这所民营股份制学校正奋力争取实现"二次腾飞"。

　　罗马不是一天建成的，整个发展期的源头应追溯到2007年。那时候，学校已经引起了政府和社会的高度重视，而洛阳市因为新建高科技园，大量引进人才，这些人才一到洛阳，首先要解决的就是孩子上学的问题。想上二外的孩子越来越多，但只有30多亩地的老校区根本没法扩招！

　　水到处成渠、风起时扬帆，形势所迫，二外必须二次创业。

　　也就是在这样的情况下，政府下决心推动洛阳二外新校区的建设，出资1.1个亿盖硬件，学校自筹资金6 000万投软件——也就是说，洛阳二外负责整体校园文化的建设和教学设备的配置等。

　　自筹资金6 000万！压力太大了。很多老师不理解：好不容易发展起来，可以缓口气儿了，这样一来，不是一下子又回到起跑线了吗？那段时间前前后后的故事，2002年6月到二外、2008年起开始担任学校办公室主任的韩伟芳老师相当了解——"二外经过几年的拼搏，在洛阳已是家喻户晓的名校，生源从洛阳城内四区扩展延伸到周边县市，成为豫西百姓心仪的名校。我们都颇为自豪，感觉办学成功了，一些老师产生了停下来歇歇的念头。后来市政府规划二外搬到新区，白校长召集大家讨论此事，不少人心存顾虑，认为搬迁到市区西南角落，地处市郊，交通不便，学生、家长都不愿去，招生一定会受到不利影响。他给大家分析说，自古有句名言"酒香不怕巷子深"，只要我们励精图治，精心办学，办出特色，就不怕学生不来。况且，这是市政府的全局规划，作为洛阳的一所名校，要有大局观念和社会责任感。辩证地看，这是学校发展的大好机会，迁入新区后，校园面积大了，我们要以大手笔布局许多区域、设施，丰富办学项目，开展特色活动，更能提升学校的特色和品位，到时候，学校会更受学生的青睐。这是我们实现二次创业的大好机会，也是学校走出洛阳、雄踞中原的良好时机。

后来的事实充分证明，他的预测是正确的。"

的确，面对这次机会，白校长没有丝毫犹豫。他知道，创业难、守业更难。不踏出这一步，二外的发展很快就会遇到天花板；只有走向更广阔的天地，才能谋求更大的发展，才能让更好的教育落地。

2011年，新校区落成第一天，白帆校长站在大门口的广场上对全体老师说："零起点，人为本，争第一，过去的辉煌一笔勾销，洛阳二外正式开启二次创业。"然而看着脚下这一大片的麦田和周边几栋水泥建筑，满眼望去一片荒凉，大部分老师不置可否。

2012年2月，一位名叫吕连志的大三学生来洛阳二外实习。时光似乎又倒回到2002年之前，新来的老师又重复了一轮当年入职的那些老师的经历：坐公交车不能直达，要走一段路，旁边除了建筑工地，就是庄稼地……学校怎么建在这么荒凉的地方啊！

半年实习期间，这名外地大三学生基本延续着大学生活，教室、操场、食堂、寝室，活动轨迹都在校园里，对整个洛阳市的教育并没有很多了解，但他却非常清楚，自己在这里遇到的老师很热情、学生素质很高。

2014年8月，吕连志大学毕业再次来到了二外。这次再来，他已不再是实习生，而是一名正式老师。他发现校园变化很大……

从2011年8月到2014年8月，其间洛阳二外发生了什么？

白帆校长带领老师们进行了"3+N"的探索。首先解决三大文化建设的基础性问题，包括表层的校园文化、中间层的制度文化和深层的团队文化建设，并决心在此基础上进行教学改革、课程建设、特色活动等一系列创新实践，力争一步一个台阶，打造出一个全新的二外！

苏霍姆林斯基说过，校园文化是孩子的第三任老师，通过文化熏陶，学校的一草一木、一砖一瓦都会说话。因为校园建设需要资金，洛阳二外新校区的文化建设是逐步实施的。白校长率领老师们构想、设计了每一处景点，师生们参与和见证了校园每一个角落的变化。

短短几年，竹园、桂园、牡丹园星罗棋布，杏园、桃园、梨园次第开花，书法名家的墨迹碑刻点缀其中。与此同时，开阔国际视野的世界文化广场、传承本土文化的"四大发明""历史长河"剪纸透雕，涵盖古典文学的石刻竹简，启迪科学思维的数学大道相继建成，凸显了洛阳二外校园文化建设内涵式、精品化、系列化的发展轨迹。师生漫步于林荫小道，绿草成茵，繁花似锦，垂柳顾盼，小桥流水。徜徉其中，文化气息拂面而来，如春风化雨浸润心田，好不惬意！

在推进校园文化建设过程中，学校还强力开展进班级、进宿舍的"文化两进"活动，经过公示、师生投票等环节确定了学校吉祥物Eric，通过开办校园网和官方微信公众号宣传学校的办学理念、教学改革、办学特色以及对外交流等活动。2015年12月，洛阳二外被市教育局评为"2014—2015学年全市教育信息宣传工作先进单位"。

校园文化是表层，制度文化是中间层，在几年的"3＋N"文化探索过程中，洛阳二外完成了改制工作，并以改制为契机，坚持国际化、特色化、现代化办学研究与建设，成立了洛阳二外董事会，完善了董事会议事程序和制度，并依法行使董事会决策权、发挥董事会监督机制；健全了教代会制度，保证教代会对学校重大事项的知情权和审议权；进一步完善了适合校情的管理制度，坚持"按制度办事"；基本实现双轨制向单轨制的转变，实施岗位责任制和全员聘任制，建立"能上能下"的干部任用机制，完善部门责任人制度，明确任期内工作目标，做到各司其职、各尽其责、奖惩分明；并且实施财务公开制度、完善学校工会工作机制，用搬迁至新区后"零起点，人为本，争第一"这个共同目标和发展实绩凝聚人心，使教职工心往一处想，劲往一处使。

在深层的团队文化建设方面，首先强调领导班子要树立"集团＋市场"的意识，做到政治理论先学一步，师德风范高出一步，教育业务领先一步，管理能力突出一步，抓好管理，抓好教育教学；其次，中层干部要树立"特色＋服务"的理念，努力做到行为规范是模范，教学业务是骨干，上情下达是中坚；采取集中学习、个人自学等方式，打造学习型团队，提高教职工思想素养，培养全体教工学生至上的高尚师德和舍家为校的奉献精神。学校更是积极为教职工办实事、办好事，帮助中青年教师解决子女上学问题，探望慰问婚丧、患病、困难职工，利用各种节日、举办各种活动慰问教职工，增强二外人的向心力和凝聚力，提升全体教职工工作、生活的幸福指数。而且持续开展向山区贫困学校捐赠活动，回报社会，体现二外人强烈的感恩情怀和社会责任感。

这些工作，通过洛阳电视台、《大河报》、《洛阳日报》等媒体的报道，受到社会各界的好评，学校的发展也取得了突破性的进展。2014年，洛阳二外的中考成绩再创辉煌：916名毕业生中，有324人考上洛一高。

▌ 进入"一校五区"时代

2016年2月26日，洛阳二外与洛阳文兴置业有限公司正式签约，共同在宜阳打造洛阳市第二外国语学校西校区：计划中，这座新校区位于宜阳县宜东新区，北依滨河公园，东临洛宜快速通道引线，校区总投资超1.5亿元，设计在校生规模2 600人，包括幼儿园、小学、初中三个学段。

建这样一所新校区，意味着洛阳二外将开始第三次创业。

而第三次创业的起因，源于白校长在2015年左右产生的巨大危机感：他发现洛阳二外遇到了创业路上最大的瓶颈——在两次创业、两次成功之后，一部分中层干部和老师认为学校成绩有了，名气大了，在工作上不再积极思考，而是推一下动一下，不推就不动，学校的各项工作都墨守成规，几乎没有创新。

在征求了很多老师的意见后，经过深思熟虑、多方调研，在2015年年底的总结大会上，白校长向全体教师宣布了一个重大消息：三次创业、再办分校！他说："咱们学校就像一个池塘，很平静，我要往池塘里扔块大石头，让它起涟漪、起波澜。"

也就是说，洛阳二外创建西校区，第三次创业，一是为了激活团队——西校区的领导班子采取全面自主申报，让一批想干事的"动起来"，老师申报去做中层、中层申报去做校级，一下子申报了一大批，这池水终于活了！二是为了实现差异化办学——老城区的东校区是小学部，洛龙校区是初中部，而新建的西校区从幼儿园、学前班、小学部到初中学段全覆盖。

西校区创建之初，负责小学部招生工作的是冯志鹏副校长。

冯志鹏老师大学毕业后于2001年8月来到柳林南街98号，是洛阳二外最初的27位"老人"之一。从一个校区发展到现在的5个校区，从200多名学生到近万名学生，洛阳二外已成长为雄踞中原的教育集团，学制覆盖幼儿园到高中。

在近20年的工作历程中，冯志鹏老师见证了洛阳二外的诞生、壮大、二次腾飞、三次创业。

自古正道是沧桑。所有的成功都是光鲜的，但成功的路却各有各的艰难。洛阳二外第三次创业之初，西校区作为新建学校还没有出成绩，家长有很多担心：接送孩子是否方便？教师是否有经验？新校舍是否有装修污染？9月1日能否按时开学？……面对这些质疑，冯老师看着还是一片工地的校园，虽然心里打鼓，但还是很坚定地回答："请相信二外，相信二外从来没做过有负家长、有负学生的事。"

"相信"两个字的力量就是这么强大！对学生家长来说，他们相信的是洛阳二外自创建以来历年的升学率和"二外人"的综合素养；对学校老师来说，他们相信的是校风校训、是制度、是文化，更是校领导班子和洛阳的发展大环境。

对于经历过两次创业的"二外人"来说，想想那些立军令状的日子，那些拔草捡砖种麦子的日子，那些通宵达旦研究课改的日子，就觉得最艰难的时候早已过去，眼下，无论是硬件还是软件，都只需要统筹规划、有条不紊地推进，所以，干就是了！这样，在经历了几个月的繁忙招生和开学筹备之后，2016年9月1日，西校区迎来了第一批新同学，也迎来了盛大的开学典礼。

西校区的格局让所有初次到来的学生和家长惊叹！

同为洛阳二外的校区，西校区与东校区和洛龙校区虽地理位置不同，但都是一样的果园、乐园、家园和学园。一路走来，仿佛置身一所"大学堂"！而老师们都是那么年轻、那么朝气蓬勃，像冯志鹏这样年近不惑的老师，在西校区就算"老教师"了。

年轻，就有勇气有豪情，就敢拼敢干，他们每天清晨和洛河一起在霞光中欢快地奔跑，努力的样子是这片古老大地上最美的风景。2019年夏天，西校区的第一批学子从这所坐落在郊县的学校考入自己理想的高中，洛阳二外也在送走老生、迎来新生的过程中，一步步接近三次创业的目标。

创建西校区，是洛阳二外第三次创业，也是洛阳二外为走出发展期而进行的一次"全方位大练兵"。

2020年7月16日，《洛阳市第二外国语学校涧西校区、兰溪校区小学入学意向调查》通过线上线下发布：

洛阳市第二外国语学校涧西校区、兰溪校区定于9月1日正式开学。为做好秋季招生工作，我校现进行一年级新生及二至六年级转学生入学意向调查……

很多人都是看了这个调查报告才知道，洛阳二外在稳步发展东校区和洛龙校区、快速发展西校区的同时，已经开始第四次创业了！也就是在这个时候，很多人才知道，已经启动招生程序的涧西小学是一所专业化、现代化、国际化的寄宿制小学，位于洛阳涧西区西部、大学科技城内，校区总投资1亿元，总建筑面积约2.5万平方米，设计在校生规模1 650人；而兰溪校区则是一所高起点、高标准、高品位的六年制优质小学，位于老城区经六路与琴书路（道北四路）交叉口东北角，毗邻老城区体育公园，占地

46亩，建筑面积3.2万平方米，设计在校生规模2 400人。

两所学校都于2020年9月1日正式招生开学。一样的校训：高情远致；一样的校风：尚德笃学；一样的教风：亲和育人；一样的学风：乐学善思。但办学之路各有创新、各有特色。

19年"长征"，洛阳二外自此进入"一校五区"时代，走过"发展期"，进入"拓展期"。

第 6 章

是学园，更是家园、乐园、果园

2018年3月30日，河南省教育学会外语教学专业委员会第六届理事会暨第八届学术年会在洛阳市第二外国语学校洛龙校区召开。第二场讲座9时开始，洛阳二外的几位校长和老师8点半就来到校门口，等着这场讲座的主讲人——全国基础外语教育研究培训中心常务副理事长、北京外国语大学张连仲教授。可眼看就要到点了，还没有见到张教授的影子。几位校长和老师忐忑地回到二号阶梯教室，却发现张教授已经开始讲课了。

讲座结束后，张教授才告诉几位领导和老师："我早来了，在学校转了转。之前就听说你们的校园很特别，果然名不虚传。"之后，在白校长和翟冠军老师的陪同下，张教授再次细致地参观了二外的校园。

古都洛阳有很多驰名中外的景点，来自世界各地的游客常常"洛阳三日游""龙门石窟一日游"，但对于洛阳二外的同学们来说，最让他们骄傲的，却是"二外三年游"，在他们眼里和心里，二外校园是洛阳最美、最有价值的景区之一。

洛阳二外一校五区中，2020年暑假期间才开始招生的兰溪校区和涧西校区是新校区，整个校园文化的建设才刚刚开始，写好最新最美的文字、画好最新最美的图画；2016年开始招生的西校区，创建于洛阳二外的发展期，是洛阳二外朝气蓬勃的后花园；2011年开始招生的洛龙校区，作为校本部，是洛阳二外最靓丽的名片；东校区虽建校较早且面积狭小，却自有环境和校史等多方面的优势，校园文化建设也随着洛阳二外的发展逐步"与时俱进"。

如今，白校长期盼多年的"校园文化建设内涵式、精品化、系列化"梦想成为现实，洛阳二外已经成为师生们求知的"学园"、精神的"家园"、科技的"乐园"、绿色的"果园"，每日徜徉其中，随时随地，文化气息拂面而来，如春风化雨，浸润心田。

▌洛龙校区：校园文化承载教育梦想

迁入新校区后，白校长在全面规划特色办学的同时，还和二外的老师们一起集思广益、群策群力，完成了校园文化建设的整体布局，内容包括世界文化广场、爱满校园石刻、零起点线、玻璃幕墙、四大发明石雕、英语文化走廊、二外之音演讲台、数学大道、竹简文化、历史长河、荣誉墙、洛阳-拉克罗斯纪念碑、石刻文字、开心农场、动物园以及"一带一路"示意图和花草果树的选择性种植等。其中，四大发明石雕、竹简石雕、历史长河透雕以及数学大道、石刻文字、"一带一路"示意图等的设置，无一不是在营造一种氛围，让

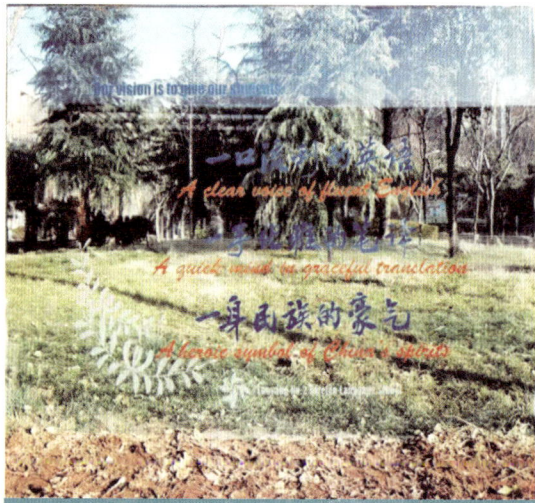

玻璃幕墙

学生了解中华民族先祖的聪明才智及其对世界文明的卓越贡献，树立民族自信心、自豪感。竹简文化，仿照古代"竹简"形式，雕刻诗词歌赋的经典代表作，吸引同学们课间饭后在校园散步时，不自觉地吟诵起自先秦至明清的名篇佳句；历史长河，聚焦中华五千年灿烂文明史，以洛阳为焦点铺开的文化典故、朝代变迁，有机地融合了国家课程和地方课程，让学生

了解到了河洛大地厚重的历史文化；石刻文字，于绿草如茵处星罗棋布，让同学们在耳濡目染中欣赏和感悟书法艺术之美、文字之美、意境之美……

祝你们硕果累累、金榜题名

2020年5月25日，星期一，全校师生聚集操场升国旗。升旗仪式后，"爱满校园——为学哥学姐送祝福"活动开始了。整齐排列的队伍正前方，摆着一溜儿装满果实的柳条筐，筐是国学班的同学们选的，妥妥的中国风，里面装着刚摘下的水灵灵的杏儿、枇杷、桃子、李子、桑葚，还有心形的祝福卡。

初三19班的学长们：你们有热血、有梦想，就去放手一搏吧！今天所有的混乱与芜杂、努力与精进，都将在进步中变得更加清晰。这世间，唯有青春和梦想不可辜负，那通向未知的远方的道路就是奋斗。

什么叫"旧游无处不堪寻，无寻处，唯有少年心"，永远带不走的东西，就是少年的轻狂，少年的发奋。时光漫长，道路宽广，我们仍旧拥有理想，拥有未来。愿与各位共勉，努力尽今夕，少年犹可夸。

——2018级19班

初三4班学哥学姐：回首往日，经历过那么多风风雨雨，又遇到过那么多磕磕绊绊，即使这样，对梦想的追逐仍永不停息。中考在即，愿学哥学姐们在这激情旅程的终点前，绽放光彩，迎接更美好的未来！春花待放，绽即惊人！兵分多路，顶峰再见！

——2019级4班

初三20班：生活原本枯燥，但跑起来就有风。无论通往成功的路是满地荆棘，还是泥泞滂沱，努力一定会成为成长的助力。愿不负青春、不忘初心，成为自己的骄傲和太阳。中考大捷！！！冲！冲！冲！万事胜意鸭（胜利呀）！

——2018级20班

……

挨着装满果实的柳条筐站着的，是初一、初二年级学弟学妹的代表；站在他们对面的，是初三学长学姐的代表。在全校师生的瞩目下、掌声中，学长学姐从学弟学妹手中，接过了这来自校园的沉甸甸的累累硕果……

和很多学校一样，洛阳二外校园里的主要建筑也是办公楼、教学楼、操场、宿舍楼、食堂和图书科技楼；但和很多学校不一样，洛阳二外的这些建筑之间，精心且有序地星罗棋布着各类果园，而在桃园、杏园、梨园、苹果园、枇杷园、石榴园之间，又匠心独具地穿插着一小片一小片高大的核桃树、娴静的桂花树、风吹细语的竹林、迷人的无花果，以及樱桃、 葡萄……还有那些只有生物老师才能叫上名字的稀有植物。在错落有致的高大乔木与低矮灌木之间， 又有四季轮番争

洛龙校区

艳的花儿，比如牡丹、蔷薇、紫藤、月季、凌霄等，凌霄缠绕在教学楼旁孩子们课余散步的花园间、走廊上， 不开花的时候像是在听孩子们讨论功课，开花的时候，像是鼓着腮帮子在给孩子们叫好；与校园围栏浑然一体的两千多株蔷薇花，花开时墙内墙外地铺排着、芬芳着，笑纳所有的赞美，没有任何任命书就担当起了二外的临时形象大使，是整个洛龙区的新晋网红；牡丹国色天香，自有一番傲气，占据着大清渠与校门之间的一大片"风水宝地"，独自成园。洛阳牡丹甲天下，二外的牡丹品种繁多，多稀罕的都有， 每年仲春季节，牡丹园必然是整个校园的焦点……但更多时候，孩子们的目光总是被花园果园间有美丽羽毛和悦耳叫声的小鸟，以及草坪上旁若无人来来往往的小动物们所吸引。尤其是那些小动物，看着它们从毛茸茸的小可爱一天天长大，悠然自得、闲庭信步，不知不觉间就忘记自己是在校园里了……

这是一座万紫千红的果园，更是一座"绿色"的果园。在这"绿色"的生态环境里，每一颗种子都有最适合自己的生长空间。

也正是这个原因，同学们对每年的"送果实、送祝福"活动特别看重。初二年级12班刘子钰同学参加活动后写过一篇随笔，结尾处说："如果说二外是我的母校，不如说它是我成长的殿堂；如果说二外是我的骄傲，不如说它是指引我前进的方向；如果说二外是我的战壕，不如说它将见证我的远航！"

初一、初二年级的学弟学妹为初三年级的学长学姐"送果实、送祝福"，是洛阳二外坚持多年的德育活动，在每年中考冲刺期间选一个阳光灿烂的日子进行，2018年是5月30日、2017年是6月2日上午、2016年是5月31日上午……具体时间每年都不同，但水果的品种却是经过精心挑选的：杏寓意着"探杏折桂"，枇杷是祝大家"饮琵琶、战沙场！"，桃子、李子的寓意是"桃李笑春风、得意马蹄疾"，桑葚则意味着"不论沧海桑田，我们二外学子深情永相连！"既激励初三学子奋力拼搏、蟾宫折桂，也培养初一、初二年级学生的感恩之心，让二外的"爱心教育"在一届届学生中传承。

当然，让同学们谨记于心的，不仅仅因为这是"爱心"的传递，还因为这些果实全部来自校园！

二外的校园是一个大果园，从这里走出去的每一个孩子都是硕果！

今天你在这里讲，明天世界听你讲

迁入新校区、进入"发展期"，在第二个十年的起步之年，为了实现第二次腾飞，洛阳二外要把学校建成"外语的摇篮、语文的海洋、数学的天堂"。而落地这个"小目标"，不仅仅是在课堂上，更是在课堂外，于是，校园也成了"学园"。

2020年6月15日下午，洛阳二外操场旁的主席台铺上了红地毯、拉上了大幅标语。两点半，雨后初晴，"2020年奖学金颁奖典礼"正式开始。面对台下的全校师生、外教和家长代表，主持人潘珊珊老师和翟冠军老师首先做自我介绍。潘珊珊老师介绍完自己，台下响起阵阵掌声和欢呼声，孩子们是多么喜欢这位仪态端庄的年轻老师啊！翟冠军老师退休近5年，原以为没有学生会认识自己，接下来会出现让人难堪的冷场。却不想他介绍完自己后，台下响起了更加热烈的掌声和欢呼声，同时还夹杂着"哦"的恍然大悟声——原来他就是翟冠军老师啊！

翟老师完全没有想到，洛阳二外还一直都有他的传说。

二外的学生，没有人不熟悉"二外之音"。熟悉"二外之音"的人，没有人不知道这个户外英语演讲台背景墙正面和背面的两句话：背面是"This is the cradle of diplomats. I sincerely hope your dreams start from here. 这里是外交家的摇篮。诚望你们的梦想从这里启航。——白帆"；正面是"Today and here you speak, Tomorrow and across the world your voice will be heard. 今天你在这里讲，明天世界听你讲。——翟冠军"。

"二外之音"是洛阳二外这个"学园"里最大的"英语特色"，每天中午都会有学生排队来这里演讲，每个学生演讲一分钟左右，主题一般由当日值班的老师贴在背景墙上，但并不强求，学生也可以演讲自己更感兴趣的内容。这天颁奖典礼之前，值班的吴韩瑞和张园园老师要求学生演讲的主题与环保相关。首先上台的"兄弟俩"是初一6班的丁子熙和初一13班的曹翔宇，他们是好朋友，一起演讲，就像说相声一样，你来我往，很有趣。虽然才初一，但他们的口语已经相当流利了。这不仅得益于他们在课堂上的勤奋，更得益于他们每天一下课就跑到"二外之音"来排队——如果来晚了，等待时间长不说，"观众"也会少很多。老师问他们这样坚持的原因，他们说，有位考上洛一高的学长，初中三年在"二外之音"演讲了近400次，那是他们的榜样！

"二外之音"之所以这么受学生欢迎，和所在位置也有很大的关系：就在教学楼、食堂和操场之间的三角地带。这座小巧而精致的舞台自2014年搭建在这里，7年过去，就再没搬过家。当年在舞台旁种下的拇指粗的小樟树苗，现在已经有碗口粗了，枝叶如冠，可以遮阳挡雨。偶尔回母校的学子总会突然想起当年站在上面大声用英语演讲的情形：自己为了这"台上一分钟"，在台下练了多少功。

这个小小的演讲台，是洛阳二外在国内首创的户外即兴英语演讲台。当初设置的目的是激发学生的兴趣，养成每天说英语的习惯，培养学生的公众演讲能力和领袖才能。事实证明，这项活动真是具有非凡的意义：二外成立至今，学生在国家、省、市级英语竞赛中获奖达1 425人次，连续多年荣获"洛阳市青少年才艺大赛"少年英语口语组特等奖、河南省"英语周报杯"中学生英语综合技能展评一等奖。2011年，李近平同学获中央电视台"希望之星"英语风采大赛全国第十名；2014年、2016年，王雨璇、张博芮同学分别以7. 5分、7. 0分的优异成绩斩获洛阳初中雅思最高分。在每年举办的洛阳市英语演讲比赛中，洛阳二外学子基本囊括了前10名。

"二外之音"不是洛龙校区的专利，而是洛阳二外所有校区的标配，在东校区的操场旁、西校区的教学楼前，小小的演讲台都是各校区同学们最喜欢的活动场所之一。

当然，要成为"外语的摇篮"，"二外之音"是不可能孤立存在的。在校园里转一圈，会发现太多与英语相关的元素，教学楼、宿舍楼、行政楼、图书科技楼的每一面墙壁、每一条走廊，处处可见中英文对照的宣传标语：有像"We are all one family under the same sky"这样教育大家友爱互助、亲若一家的；有像"Believe in yourself! No. 1"这样培养同学们自信、执着、乐观、宽容等优秀品格的……这些挂在墙壁上的英语名言名句，形成了校园文化一道亮丽的风景线，形象地诠释了校园文化的丰富内涵，也潜移默化地营造了英语文化氛围。

在这样的环境里熏陶三年，难怪"开口便知二外人"呀！

数学大道居然有如此多的玄机

洛阳二外的数学大道，表面上看起来由相互呼应又各自独立的数学路、数学墙和数学符号雕塑群三部分组成，但实际上，却远不是这么简单。

这是个很神奇的组合，有很多来洛阳二外的"观光客"都因为不太了解而忽视了其中的内涵。

众所周知，数学是中学极为重要的一门课程，人的抽象思维和逻辑推理能力均源于数学学科的训练，英国著名哲学家培根说，数学使人精密。古今中外凡有建树的科学家、军事家、经济学家、建筑大师都有着良好的数学素养。数学也是升学的不二法宝，在中学学科中有重要的地位。为此，洛阳二外软硬件并重、多策并举，一方面通过聘请专家授课、外出考察学习、举办数学教师竞赛、请有经验的教师传授教法等，着力搞好数学教师培训，切实提高数学教师的教学水平和辅导竞赛的水平；另一方面还举行系列活动，开设讲座和专题报告会，让学生了解数学学科的特点，培养学生学习数学的兴趣和方法，并扎实搞好校内竞赛，积极选送优秀人才参加全国各级数学竞赛，同时还在校园内大力营造数学学习的氛围和环境——这，就是建数学大道的初衷。

从校门进来，再穿过办公楼和教学楼中间的世界文化广场，经过书香少年、校徽和四大发明的雕塑，就到了数学路。这是一条刻有常用数学公式、公理、定理、几何图形、经典数学题的路，从河图洛书到勾股定理，全属于数学范畴；这条路左侧紧靠操场，是一系列正立与倒立的梯形相互契合的数学墙，从欧拉线、费马点、海伦—秦九韶公式、梅内劳斯定理、塞瓦定理、托勒密定理到阿基米德折弦定理，上面书写了中外数学史上的突破性发现；符号雕塑则涉及中外数学史上的重大事件，以及像"π"这样在数学史上富有开创意义的典型数学符号，阐释数学知识与原理——整个数学大道凸显出二外特色办学的另一个主色调——"数学的天堂"。

不过，与果园蕴含的"硕果累累、金榜题名"，"二外之音"背后的"外交家的梦想从这里起航"这些简单明了的意向不同，数学大道也许才真正体现了设计师对这座校园和校园里的学生最深层次的期待！要认清这一点，首先得了解：数学墙上提及的那些人都绝不仅仅是数学家！

莱昂哈德·欧拉，瑞士数学家、自然科学家，18世纪数学界最杰出的人物之一，他不但为数学界做出贡献，更把整个数学推至物理的领域；

皮埃尔·德·费马，法国律师和业余数学家，"业余数学家之王"，在解析几何、微积分、概率论、数论、光学领域都有极大的成就；

秦九韶，南宋著名数学家，精研星象、音律、算术、诗词、弓、剑及营造之学；

梅内劳斯，古希腊数学家、天文学家；

托勒密，古希腊数学家、天文学家、地理学家和占星家；

塞瓦，意大利水利工程师，数学家；

阿基米德，古希腊哲学家、数学家、物理学家。

了解了这些"数学家"的多重身份，再加上数学路上河图洛书、数学符号雕塑群的筹算和算盘背后的中华传统文化，以及所有不是汉语就是英汉双语的文字说明，还有路旁的花花草草、飞禽走兽——再联想一下学校自建校以来开设的200多门校本课程，是不是隐约看见答案了？

是的，从来没有什么孤零零的"数学大道"，它与整个校园这个大环境中的一切都息息相关！甚至数学墙的位置，都有玄机。

教育首先是为人的生命而存在。就个人而言，人的生命有其长度，活得长是硬道理。所以，我们把所有安全和健康知识放进生命教育课，怎么吃饭、怎么睡觉、怎么喝水、怎么救人，碰到紧急事件怎么避难，所有这些，我们都要教给学生，这对他一生都是有用。

因为社会属性，人的生命又有其宽度。所以，成为一个受人尊敬的人、受人欢迎的人，就拓展了生命的宽度。同时，因为精神生活，人的生命又有其高度。所以，生命课程，是基础课。

这段话，洛阳二外的老师们都很熟悉，因为每一位新老师都在入职培训时听白校长讲过。

坚定的信仰和强健的体魄是1，其他学科都是后面的0——这段话也许就是数学墙为什么设在操场和数学大道之间的原因吧？同学，你每一次升旗、每一次获奖、每一次做体操，都有一些为人类文明发展做出巨大贡献的偶像正穿越历史的烽烟默默地关注着你……

数学大道的玄机很多，等待更多同学来发现。

历史长河：立民族根，铸中华魂

洛阳二外洛龙校区的东北角，一条景观渠将专家楼和图书科技楼与学校的其他建筑隔开。景观渠从龙和南路流入，从龙和西街流出。经过校园时，是明渠；流进校园前和流出校园后，则隐身地下，是暗渠。景观渠让整个校园灵动，就像人们一说起某些城市某些学校就必然会提及某些河流某些湖泊一样，这条景观渠也是人们一说起洛阳二外必然会提及的地方——2012年进校的Lillian同学毕业多年后在"知乎"上回忆起学校时还说：原来最喜欢的就是那条小河，不管有没有水，我和姐妹们都愿意手拉手去河边散步。

洛阳二外的整个校区基本上呈正方形，这条弯弯曲曲的景观渠如果拉伸，正好大约有一个边那么长。对于一座地处中原的学校来说，有了这样一条水系，立即便有了江南水乡的味道。景观渠里有蒲草、有莲花，有水鸟衔鱼来去飞、有鸭鹅浮水自在游；渠上有两座桥，一座木桥、一座石桥，各有各的韵味、各有各的功能。挨着龙和西街的校园栅栏旁，还有一条花丛中的石板小径，走在小径上，转头望出去是车来车往、红灯绿灯、商铺林立，再转头看进来，是绿树掩映、小桥流水、书声琅琅，真是别有一番情趣。

木桥、石桥和小径，看起来是为了连接校园的"景观大道"和图书科技楼与外国专家楼，但多数经过二外的人却说，这一切只是一个背景，一个有故事的、深远的、四季变换着色彩的背景——在他们的讲述中，那里的主角其实并不是渠，而是"河"，是景观渠与景观大道之间的"历史长河"。

一所外国语学校的学生，"如果对中华传统文化不了解、对外来文化又只知道皮毛，就会成为文化上的边缘人。"这也是白校长构思、创建"历史长河"的原因。

"历史长河"，仿照苏州园林"隔而未隔、界而未界"的园林艺术，采取剪纸、透雕的方式，形象展示了在中国历史进程中与洛阳有关的代表性人物和事件。

易曰："河出图，洛出书，圣人则之。"河图洛书以天地之数奇妙组合而涵盖天人合一思想，反映出东方哲学之精髓。河图洛书为中华文明之源头。校园文化系列之"历史长河"，图文并茂，以洛阳为焦点，以中国历史演绎为主线，扼要彰显中华文明之光辉灿烂，以期昭示后人铭记历史，开创未来。

这条以剪纸、透雕为特色的"历史长河"，以"河图洛书"开篇，东有：夏，大禹治水；商，贤相伊尹；西周，自此兴起的编钟；东周，"天子驾六"；东汉，中国佛教"祖庭"和"释源"白马寺；曹魏，《洛神赋》；西晋，竹林七贤；北魏，龙门石窟；隋，洛阳牡丹；唐，龙门石窟卢舍那大佛，后梁，朱温迁都；后唐，唐庄宗励精图治；后晋，石敬瑭即位——历十三朝古都。

西有中国最引人注目的文化遗址之一——二里头遗址；周成王在周公旦的辅佐下，于洛邑举行隆重定鼎大典，"定鼎中原"；战国时期洛阳著名商人白圭，直到今天其主张仍是商界广为提倡和运用的；比欧洲早1700年，东汉科学家张衡在洛阳发明地动仪；蔡伦在洛阳改进民间造纸方法，人称"蔡侯纸"；左思的《三都赋》与"洛阳纸贵"；武皇登基，定都洛阳；白居易，晚年居住洛阳十八年；司马光编撰《资治通鉴》19年，其中有15年在洛阳；影响中国学子千年的"程门立雪"——计十大历史传奇。

二十四幅剪纸透雕，美轮美奂，艺术而凝练地让师生感受到了洛阳历史的厚重，看到了中国历史文化的博大精深与灿烂辉煌，更激发了师生传承本土文化、弘扬传统文化的责任心。

2019年4月18日上午，正值洛阳城牡丹飘香的季节，索菲亚、谢承昊、王瑞阳、李家骥四位同学接到通知，四国"驻华使馆官员中国文化行"访问团来访，他们将负责解说！

以这样的窗口、这样的形式介绍洛阳、介绍中国深厚博大的传统文化，四位小解说员非常开心。

10时20分，由突尼斯共和国驻华使馆参赞豪斯尼·迈克尼，越南社会主义共和国驻华大使馆一等秘书范红燕、三等秘书周功辉，塞舌尔共和国驻华大使馆亚历克斯·亨德森，古巴驻华大使馆三等秘书艾伯特、莉斯贝组成的"驻华使馆官员中国文化行"访问团一行六人，在洛阳市教育局副局长介建中、洛阳市委外事工作委员会办公室副主任孙志云等的陪同下，来到洛阳二外，由学校领导陪同，在四名小解说员的带领下，参观了世界文化广场、历史长河、数学大道、小花园、竹简雕塑、气象站等校园文化设施，还亲身体验了太极拳、古筝、国画、书法等，领略了中国传统文化和河洛特色文化的魅力。

The Cassia Garden, Bamboo Garden, Pear Orchard, Apricot Altar etc. all increase the beauty of the school campus. They also improve the school's cultural position. So far, the whole school focuses on the cultural establishment on curriculum characters. As for foreign language course, English idioms and proverbs, sayings, are everywhere as you can see on the walls or corridors. As for Math, there is a Math Avenue and a Math Wall; As for Chinese subject, we have shaped a Bamboo Book Culture from the early Qin Dynasty to Ming and Qing Dynasties, with poems, verses ditties odes and songs, and famous works at that era; As for history subject, our school designs a cultural boutique called

History River, which focuses on Luoyang, and is mainly lined with China's history, and shows the most efficient and the most prosperous in traditional China's civilization starkly. And the geography team designed a model appearing the distribution of the rivers and mountains and terrains in our homeland. The school's culture that is becoming richer and richer, more and more perfect shows the school's development orbit is boutiqued, serialized and connoted.

（桂园、竹林、梨苑、杏圃等都为校园的美化添枝加叶，也为校园文化添砖加瓦。如今，学校专注于校园文化与校本课程建设。就外语课程而言，英语谚语、习语、格言警句在教学楼的走廊、连廊随处可见；至于数学，有一条数学大道和数学墙；而汉语学科呢，学校建了竹简石刻，上面刻有先秦至明清时代的诗词曲赋及那些时代的名篇巨著。说到历史学科，学校建造了精品系列剪纸透雕，谓之"历史长河"。该系列以历史为主线，聚焦洛阳，彰显了中国文明最传统最辉煌的时刻。地理学科团队设计并建造了祖国大好河山错落有致的地形图。日渐丰富、日臻完善的校园文化建设见证着学校的发展正朝着精品化、系列化的方向迈进并预示着校园文化的发展轨迹。）

小解说员的全英解说感染了现场的外宾和领导，得到了他们极大的赞赏。也让"历史长河"流经二外，被国际友人带到了更遥远的地方……

这个时候，这座中原的校园，又不仅仅只是果园、乐园、家园和学园，而是敞开怀抱面向世界的文化博览园！

▌ 东校区：博雅　善美　勤思　知行

"高品行促树人、盈书香促成才、强内涵促发展。"这是洛阳二外东校区的办学思路。

东校区位于老城区柳林南街98号，占地约34亩，建筑面积29 038平方米，现有190余名教职工、2 000余名学生。

东校区

东校区的校园虽小，但在洛阳二外整个校园文化建设体系中，也是非常有特色的，其中最大的亮点是博雅石、善美石、勤思石、知行石——这是四块文化景观石，同时也是东校区小学部的发展目标。

教学大纲和教育方针要求学校培养全面发展的学生，作为小学的管理者和教育者，一方面必须思考小学教学的特点，那就是"没有小学科，都是大学科"；另一方面，要想达到课程标准要求的育人目标，就必须使学生全方位发展，博学多才。

东校区有四大办学特色：外语特色、英唱特色、科技特色、国学特色。因为东校区学段低，且国学经典又是学校的第四大办学特色，几位校领导一起研讨时，首先确定了"博雅"的文化定位和文化支撑，并将"博雅"定位成东校区的核心文化特色。

"博雅"确定之后，"善美""勤思"也毫无悬念地相继确定，但大家总觉得不完美。还缺什么呢？大家反复研讨、争论，都无法形成定稿，因为最后这两个字不仅要让小学生容易认、要有文化传承，还必须满足两个条件：首先，要和前面三块石头上的词连贯、契合；其次，必须顺应时代发展，这样才能既继承传统，又与时俱进。

孔子提出"听其言，观其行"，王阳明先生提出"知行合一"，顾炎武先生提倡"学以致用"……"知行"二字，不就是对课程标准提出的培养学生的语用能力、创造能力、动手能力这个根本目标的最好诠释吗？随即，东校区校办发动各年级的书法爱好者写"知行"两个字，并请对书法颇有研究的老师在数十幅楷体、欧体、隶书、小篆、魏碑等不同风格的学生作品中挑选，最终，董子卓同学的作品成功入选。

在校园里，看得见的是浅层文化、看不见的是深层文化，两种文化互为表里。

东校区致力于培养具有民族情怀和国际视野的世界级小公民，开启学生全面发展的正道之门，扣好人生第一粒扣子。在保证达到国家课程标准要求的前提下，充分利用优质教育资源，形成自己的办学特色，构建科学合理的课程体系。同时，学校坚持让学生当主角，开展一系列连环体验式活动，使学生在参与中受到爱国爱校、文明礼仪、合作创新等方面的综合素质教育，感受润物无声之力，享受潜移默化之美。

四块文化景观石，"博雅"是根本目标、"善美"突出德育、"勤思"提倡学习习惯，"知行"则是告诉师生学习知识的根本目标是要和实践相结合。这些石刻与洛龙校区的"宽仁厚德""敢为人先""苍梧玄凤"一起，成为洛阳二外内涵化、系列化的校园文化的重要组成部分。老师和学生在这样的氛围里教学相长，于无声处浸润着优秀的中华传统文化、建立文化自信，达到博学多才、雅言雅行、至善至美、知行合一的理想境界。

凭借优质的教学质量、优美的教育环境，二外东校区已经成为小学生学习、生活的成长乐园，学生家长向往的育人摇篮，是一所高起点、高标准、现代化、国际化的花园式学校，不仅连续多年在洛阳市洛龙区三年级、六年级质量抽测中荣获总分第一的好成绩，还先后荣获河南省示范家长学校、河南省航海模型教育竞赛总决赛优秀组织奖、洛阳市中小学生建筑模型竞赛先进单位、洛阳市中小学生航海模型比赛先进单位、洛阳市中小学生航空模型竞赛先进单位、北师大"美丽园丁"洛阳市小学校长领导力提升项目达标单位等荣誉称号。

▌西校区："万千宠爱"与"万千心血"

洛阳二外西校区坐落在锦屏山麓、洛水之滨，从创建到开学，不仅"集万千宠爱于一身"，其校园文化建设，更是"凝万千心血于一身"。

驱车在宽阔平坦的洛宜快速通道上，水光山色尽收眼底。霞云掩映、

西校区

心旷神怡，一幢幢红白相间的建筑出现在面前，紧接着，便能看到飘扬的旗帜和宽敞的校门。而最醒目的，莫过于正对校门的大楼侧面展示的校徽和英文。左侧：curiosity（求知），respect（尊重），integrity（诚实），challenge（挑战），imagination（想象）， 右侧：cooperation（协作），creativity（创造），confidence（自信），appreciation（欣赏），independence（独立）。这两组英文不仅代表着二外学子所具备的素养，更和校门口小操场旁的玻璃幕墙交相辉映。晶莹剔透的玻璃幕墙竖立在青翠的草坪上，上面镌刻着白帆校长对二外学子的深情寄语。其中，一面玻璃幕墙上写着：

一口流利的英语　　　　A clear voice of fluent English

一手优雅的笔译　　　　A quick mind in graceful translation

| 一身民族的豪气 | A heroic symbol of China's spirits |

另一面玻璃幕墙上写着：

开口便知二外人　　A clear convincing conversation

落笔便知二外人　　A powerful precise pen

登台便知二外人　　Incredible confidence facing an audience

这是特邀洛阳市书协主席王鸣先生书写的。它不仅寄托了白校长对二外学生的要求与希冀，也是二外培养学生的目标。新树立的玻璃幕墙体现了二外的办学理念：让学生扎下中国根，留住民族魂，培育领袖才能，做世界公民，有放眼世界的眼光和宽广胸怀。

在校园青青草地的怀抱中，还有一位坐在象征全世界的"地球"上的少年，他身穿学士服，手捧书本。这尊铜像和玻璃幕墙相衬，象征着无数面向世界、走向世界的二外学子。

在少年的侧前方不远处，是二外学子梦开始的地方——"二外之音"演讲台。孩子们无论年龄大小，只要有想法，就可以在此排队发表即兴演讲。这块不大的演讲台激发了无数学生的兴趣，也让许许多多学生建立了口语自信，养成了每天说英语的习惯，更锻炼了他们的公众演讲能力和领袖才能。此演讲台创设之初，白校长和薛校长也分别在此做了开台演讲。他们希望二外学子可以在这里放飞自己的理想。这块演讲台，和玻璃幕墙、楼体英文标语一道，共同彰显了二外独具一格的外语特色。

2020年9月10日上午，来自洛阳市美术家协会的一行艺术家在白帆校长和薛莲校长的邀请下来到了西校区。初进校园，还未待小讲解员们开口，大家的目光便被校门口广场中央的雕塑所深深吸引。这是一个数米高的"书山"，层层叠叠的"书"上静静地竖着一座时钟。知识与时间，二者自校园的入口处便交织在了一起。在雕塑的下方，镌刻着白校长对二外学子的寄语：Each time you try something, you learn. As the learning piles up, the world opens to you. （各种尝试，谓之学习，日积月累，世界为你芝麻开门。）

高尔基说过：书籍是人类进步的阶梯。而唯有在时间的见证下，学到的知识才能厚积而薄发，这座雕塑仿佛在叮嘱着每一个步入洛阳二外的学子，要发扬校风中的"笃学"二字，勤勉专注，潜心苦读。

洛阳二外的校风是"尚德笃学"，这样一座"笃学"雕塑，自然与它所在的广场相呼应，这座广场便叫做尚德广场。广场旁树立着一面干净整洁又古色古香的墙壁，上面以竹简的形式印刻着《大学》的选文："大学之道，在明明德，在亲民，在止于至善……"

西校区的教学特色除了外语特色，当属经典诵读——反复朗读古文经典直至成诵，《大学》是他们非常熟悉的内容。在诗词歌赋"将军令"的活动中，孩子们熟练地背诵《明德章》与《邦畿章》，可爱又动听的声音引得在座的领导老师掌声不断。"大学之道，在明明德"，入学尚德，这正是"立德树人"的要求，也是洛阳二外一直以来所发扬的校风。"尚德笃学"的校风，就这样由校门口开始，如源头活水一般，流淌过"凤鸣高岗，桐生朝阳"的凤鸣路，灌溉着"斯是陋室，惟吾德馨"的德馨楼中的莘莘学子。

西校区的校园文化，是经典与艺术的融合交织，但并不拘泥于时代和艺术形式的藩篱，它正随着西校区的蓬勃发展而不断延伸，同时又反哺着西校区的教育事业，它如同一双隐形的翅膀，生发于每个小绅士、小淑女的背后，在他们尊师敬长之时，在他们"弯弯腰，捡垃圾"之时，在他们用流利的英语登台演讲之时，在他们熟练地背诵中华经典之时，西校区的校园文化便悄然张开，引领这群雏鹰搏击长空，翱翔天际。

▌一所学校的文化自信

"外国语学校更应该做好传统文化教育，要让中华文化植根于学生的内心。只有当学生了解并理解中华文化的博大精深，才能在此基础上接受外来文化。如果对中华传统文化不了解、对外来文化又只知道皮毛，就会成为文化上的边缘人，这是非常可怕的。我们特别注重这一点，所以下大功夫传授传统文化，然后汲取国内外的教育精华——我们学校能快速发展，这是其中一个主要原因。"每次培训新老师、特别是培训班主任老师时，白校长都会语重心长地向老师们提到自己的这个理念。

作为一所外国语学校的校长，这个理念是白帆整个教育思想的内核。而校园文化，则是此内核的重要外在表现形式。在洛阳二外洛龙校区的"心脏"处有一组玻璃墙，上面刻着：

立民族根，铸中华魂。培育领袖才能，造就世界公民。

一口流利的英语，一手优雅的笔译，一身民族的豪气。

开口便知二外人，落笔便知二外人，登台便知二外人。

这些话是对二外师生从内到外的高标准培养目标：重中之重是"立民族根，铸中华魂"，在此基础上，通过具有"一口流利的英语，一手优雅的笔译，一身民族的豪气"让自己"开口便知二外人，落笔便知二外人，登台便知二外人"，进而"培育领袖才能，造就世界公民"。

这也是洛阳二外的根、洛阳二外的魂。

在洛阳二外行政楼一层的礼品展柜里，陈列着近年学校收到的来自世界各地馈赠的礼物，其中有些来自Valley View国际学校、美国法拉古特中学、得克萨斯州学校、美国威斯康星州拉克罗斯市南山小学、美国俄克拉荷马州福特吉布森学校、美国威斯康星州立大学、美国威斯康星州立大学拉克罗斯分校；有一些来自尼泊尔学生代表团、美国拉克罗斯市北林小学中国社团、洛阳-拉克罗斯友好协会、加拿大安大略省上加拿大教育局、美国美中关系全国委员会；也有一些来自曾在学校工作过的外教；还有一些来自拉克罗斯市长、英国Lucton中学校长等姊妹城市、姊妹学校……

相应的，洛阳二外也给远方的朋友送过一些非常有特色的礼物。

2004年8月，洛阳二外邀请美方交流教师Ron Sakolsky先生回访，作为期一个月的交流访问。Ron Sakolsky先生结束访问回国后，在当地通过巡回报告的形式讲述中国文化，为美国人民了解中国、了解洛阳做出了贡献。当得知他上课的教室需要一件兵马俑复制品时，洛阳二外的领导亲自驾车到西安，购买了一件仿真1∶1兵马俑，寄到Ron Sakolsky先生所在的学校。同年，拉克罗斯要建国际花园，洛阳二外捐赠了一座石质双龙雕塑。与国内建筑上雕刻的龙不同，这两条月亮门上的龙体态丰腴、深情可爱，被大家亲切地称作"胖龙"。

2017年是洛阳和拉克罗斯缔结友好城市20周年，为了纪念这20年的友好往来，洛阳二外为拉克罗斯的国际花园又捐赠了一座鲤鱼跳龙门石雕。鲤鱼跳龙门，既寓意着黄河与密西西比河两河文化的碰撞与交融，也是在祝愿洛阳与拉克罗斯的友谊始终奔流向前、世代相传。

"民族根，中华魂"从哪里体现？就在这一来一往中。

构建人类命运共同体，全球经济一体化是趋势，跨文化认同、国际理解教育因此日益重要。跨文化认同的前提，是在了解各自文化的基础上树立本民族文化的自信；国际理解教育的前提，是理解、弘扬中华优秀文化，尊重、了解其他国家、民族、地区文化的基本精神与风俗习惯。

从兵马俑到"胖龙"，连接着两个城市、两种文化，体现了兄弟般的情谊，也体现了洛阳二外师生坚定的文化自信。

第 7 章

少年，你是二外人

在洛阳二外的校园里，"石头"也是一道靓丽的风景，从校门口正面雕刻"洛阳市第二外国语学校"、背面雕刻"爱满校园"的地标石，到花园果园里那几十尊大小不一、形色各异的园林景观石，每到毕业季，都是学校的"网红打卡地"。

在办公楼、操场和数学大道交汇处的一座小花园里，矗立着校园里最大的一块景观石。这块约两米宽、三米高的景观石上，镌刻着一副由翟冠军老师2005年撰写、著名书法家王鸣先生书写的对联：年华似水有幸流经二外，岁月如歌当然精彩有我。如果要推选洛阳二外师生最喜欢拍照留影的地方，这里必然是仅次于地标石第二受欢迎的地方。

年华石碑

古今中外名句千千万，"年华似水有幸流经二外，岁月如歌当然精彩有我"深受二外学子喜欢，也是二外学生写作文写随笔以及给老师同学留言时最喜欢引用的"名句"之一。2007年，这副对联被收进校歌《用今天点亮明天》，为二外师生广为传唱……

📕 年华似水，有幸流经二外

"知乎"上有个问题："在洛阳市第二外国语学校就读是怎样一种体验？"提问者是洛阳二外2011年的毕业生。这位同学留言：太想母校了，就通过这样的方式来看看学长学姐和学弟学妹们的反应。在已有的多条回复中，有介绍学校现状的，有晒老照片的，有回忆当年学习生活的，有夸赞食堂饭好吃的，有感谢老师的，也有后悔当年没有更努力的……那些留言都相当富有二外特色，比如——

By 威风凛凛鸭大帅：

毕业三年，至今仍然想念着母校。年华似水，有幸流经二外。

By不想长大rr：

二外的学习氛围超级好。记得有一次我考了年级600名，很蓝瘦（难受），就给小学同学打电话，结果他们班第一还没我的分数高，突然心里有了安慰。二外是温馨的家，不接受任何反驳。

By 姚天宇：

在二外三年，没有一丝后悔。二外和其他学校真的挺不一样的，无论是学术氛围还是语言环境，并且有很多与国外文化碰撞的机会。很重视英语，小班授课，二外出来的学生英文都非常好！老师很负责任，和大家一起学习生活，像家人一样。

By Lillian：

每届初一学生还可以报名参加校本课程，老师会成立很多兴趣课程的班级，什么样的都有。我当年初一上学期抢到了一个寿司课程，下学期抢到了电脑flash动画制作。

By Lillian：

学校对体育锻炼这方面要求也很严格，有的班级早上也要出来晨跑，每天上午全校学生都要跑课间操，一周还有两天下午有大课间，锻炼力度之大（酸爽），激发了我长跑的才能。

By KokoWaah：

初一时我们也是在柳林南路的老校区，那时候还是每天要去抢饭，时不时地要去初三食堂蹭一蹭较好的饭菜。后来换到了新校区，校区变大了，教学区到食堂的距离变远了，篮球场变多了，环境变美了。一切都很好，二外的老师依然优秀，讲课认真负责（尤其是彭本利……大师兄讲的历史课是我至今为止听到最好的，没有之一）学生们也很出色，二外学子仍然一次又一次地刷新着中考佳绩。二外的教学模式略有改动……越发地注重素质教育，这种教育模式或许看起来对成绩没有什么帮助，但让学生多了些能力，在日后，尤其是大学里，就能体现出来。总而言之，二外是越来越好了。

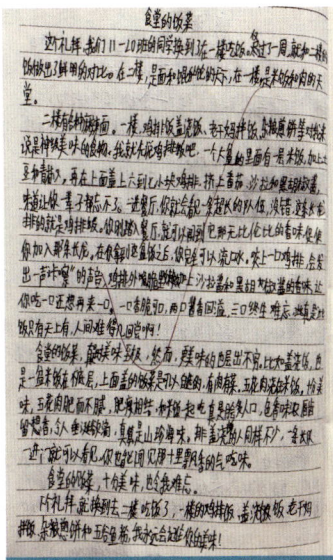

2020 年初一学生随笔

By 若干匿名用户：

很想于兰兰老师，她当时真的超级超级负责任，虽然有时候很严厉。但现在想想，真的很感动……陪我们上晚自习、背书、听写、监督超级到位。现在最想的就是她，当然还有丛晓还有杨哥miss……

毕业好久了，还是想念在二外的生活，感觉初中的生活太美好了。王宏伟老师对我的教导现在记忆犹新，二外对人的影响绝对不仅仅是中招成绩那么简单……

2013年毕业的也来哭一哭。二外的三年是我学习生涯中最精彩的三年。

大爱李彦利老师，尤其是她当时已经怀着身孕，但为了不耽误我们中考复习，还坚持不下讲台。有一次她甚至晕倒在课堂上，同学们都心疼死了，敬业程度可见一斑。其实不只李彦利老师，教过我的每位老师都非常负责，始终把学生放在最重要的位置……

还记得王西山老师，为了鼓励我们早起读书，他也是一大早就起来陪我们，虽然当时我还颇有怨言……

白志宣老师在中考前观察到我思想心态有起伏，成绩不稳定，就经常和我谈心，鼓励我。在那个敏感而又脆弱的时期，很幸运得到这样一位知心老师的开导……

初入校时自己是个十足的英语渣渣。很幸运遇到了当时的英语老师陈晋京老师，她让我知道原来学习一门语言可以这么快乐。陈老师真的是位很有个人魅力的老师，打扮时髦，略带着南方口音的普通话温温柔柔……

同学们留言的时候，也许并没有想到老师们有一天会看到。但老师们看到的时候，真的非常感动：老师们上课的时候，也只是尽心尽力，并没有想到若干年后，学生们还会想起自己。然而，只要真心付出了，多数时候总能换来真心——就像张婕老师在《最是人间情暖处》里写的那样："人人都爱赞扬教师的奉献和伟大，感恩教师的付出和无私，殊不知身为老师也别有特权，能纵情享受学生们的爱和美好，会被他们的天真无邪感染，被他们的青春活力点燃，因他们的深情依恋而温暖……"

2018年9月10日，初一的张婕老师晚自习后刚出教室，手机铃声突然响起。接通后，传来一个女孩儿带着欢快的语气、刻意压低的声音："老师，教师节啦，祝您教师节快乐。我超级想您，我跟您说……"这是一个2017年毕业的小女孩儿，张婕老师听着她的声音、想着她的样子，正想接话，手机里的声音却一下慌张起来，"老师，我们宿管来啦，我要挂了，永远爱你爱你爱你！"通话结束了，忙活了一天的张婕老师却觉得一下子清爽了，脚步轻盈地走在校园里，耳边还响着那"大珠小珠落玉盘"的声音，抬头看看，天上的星星都亮了好多。她心里想：多么美好啊！那是自己教过的姑娘，她还记着教师节，还细心地掐着晚自习时间点儿给我打了电话，祝福我快乐！

这样的时候，老师怎么能不快乐啊！被人惦念、被人喜欢，怎么能不快乐？

同样是在这一天，杨国荣老师下晚自习后回到家，才有时间拆看白天收到的一封信——

尊敬的杨老师：

近来还好吗？

不知不觉我已经离开二外两个多月了。每当闲暇之际，总会想起我丰富多彩的初中生活，想起辛勤培育我的老师们。而您是我心目中最敬佩的老师。今天我忍不住提起笔给您写这封信，诉说我对您的思念和敬意。

教师将知识薪火相传，他们像蜜蜂一样，辛苦了自己，甜蜜了他人。我认为教师是世界上最伟大最崇高的职业。

虽然您只教了我一年，却给了我很大的影响。记得那时我们班的英语成绩一直令人揪心，有些学生自律性不强，没有学习目标，较为随意。但是自从您接手我班的英语课后，我们英语小班的成绩直线上升。学生们由刚开始不太适应您的教学模式，慢慢地发展到对您由衷敬佩。我在英语学习方面的接受能力较弱，每天好像有问不完的问题。每当我向您问一些看起来简单又可笑的问题时，您总是一遍又一遍地用生动的例子给我讲解。遇到一些易混的知识点，您总是有办法把它们梳理归类，或编成有趣的话，让我一目了然，熟记在心。在每次考试前，您总是叮嘱我要沉着冷静，放下思想包袱，考出好成绩。尤其是中考时，您和二外的其他老师亲自送我们进考场，那场面真是令我们感动，令外校的学生羡慕嫉妒恨啊！

我不会忘记您在上课前督促我们赶快就座，为课堂听写做好准备；我不会忘记您在教训我之后又表现出的深深歉意；我更不会忘记您下班后不回家，给那些听写不过关的学生一遍遍地重新听写，直到他们掌握为止；我还不会忘记您在我们毕业典礼上"回眸一笑"的温馨画面。我今生能遇到您这样的老师是我的幸运，真的感到相见恨晚。虽然我们在一起相处的时间只有一年，但是您的恩情我会铭刻在心！

　　现在，我在一所外国语学校上高中。高中的学习生活更加紧张，早餐只有十五分钟的时间。我的教室在五楼，所以每天都是小跑着去吃饭。这里的学生都很优秀，学习氛围很浓郁，竞争激烈，有时感觉压得人喘不过气来。我有点儿不太适应这里的生活，很想家，想过去的同学、朋友，想二外的老师们。不过，有压力才有动力，我会尽快地适应这里的一切，我会更加努力，创造奇迹，再次成为您的骄傲！

　　最后，在教师节来临之际，我真诚地祝福您身体健康，工作顺利，笑口常开！

您的学生：李慕白

2018年9月6日

　　这封信不长，但杨国荣老师看了又看。

　　是的，那一天，在洛阳二外，每一个老师都像张婕老师和杨国荣老师一样快乐——那些已经毕业的孩子，远的给老师打电话、写信问候，近的干脆带着一句暖心的祝福、一个亲手做的小手工，趁着中午休息那会儿回到母校，突然出现在老师面前，撒娇央求："老师，再让我们吃一顿二外的饭吧！"那天洛阳二外的食堂格外热闹，而一大早，白校长就已经来吩咐过了：今天要多备些饭菜……

　　19年来，每年教师节都是这样。在孩子们心里，无论是否还在学校，自己永远都是二外人。

▌ 岁月如歌，当然精彩有我

　　I have a dream.

　　Everyone has a dream.

　　May our dreams come true

　　（我有一个梦想，人人都有梦想，愿我们的梦想成真！）

2017年12月20日，星期三，中午。"二外之音"演讲台。和往常不同，当同学们演讲结束，一场"邀请赛"才正式开始：两天前，初三年级的段一好同学向白帆校长发出邀请，希望可以在"二外之音"演讲台上同台演讲。白帆校长收到邀请后，马上答应了她的请求，并约定这天中午在"二外之音"不见不散。

为了激发同学们学习英语的兴趣，白校长一直身体力行、不遗余力，还经常客串角色参演情景剧，但和学生相约"二外之音"却还是第一次。精彩演讲结束，白校长赠送给段一好同学一本他精心挑选的签名图书，也自此和这个学生结下了特殊的师生情谊。

转眼几个月过去，这一届的初三学生毕业并离开了母校。新的学期开始，白校长又投入紧张而繁忙的工作中。2018年10月上旬，他接到一封来自郑州一所知名外国语学校的信，看信封上工整的字迹，就知道写信的一定是学生。经常收到学生来信也非常珍惜这些来信的白校长开心地拆开信封，里面是满满的三页信，简洁的横格纸上，写着端正的字迹，中文里夹杂着英文及表情符号：

亲爱的白校长：

见字如面。最近您身体还好吧？我是您的学生，2018届10班的段一好。三年一瞬，转眼我们就毕业了。一想到以后再回母校的机会寥寥，我就会感到丝缕的惆怅和忧伤。但同时，那份美好珍贵的回忆也会浮上心头。我于是决定给您写一封信，来诉说对您的教导和鼓舞的感激与怀念。

还记得第一次和您认识，是在初一的一个中午。正要去上Gail的special class的我遇见了您，当时十分幼稚的我莫名其妙地问您要签名。您好像有些惊诧，但还是在我的资料上写下一句话，大概是"Good luck in doing everything"，您的圆体字很好看。

现在回过头来细看，我觉得我们能在二外学习、成长，真的算是幸运啊。

那次的奖学金颁奖典礼无疑使我对您敬佩满满。

有一次在路上遇见您，我就对您吐槽我们的奖学金大会的形式一成不变，每年的颁奖词都不带改的。您接纳了我的建议。结果接下来的那次颁奖大会真的令人巨激动！表演的节目竟然还有校合奏团的参与呢！而且主持人的词简洁有趣……

白校长看到这里，也不由得想起了信中提到的那些事，开心地笑了。如所有刚毕业的同学的来信一样，信里写的是她眼中的白校长，说的是白校长教导自己的往事，表达的是感激与怀念。品读来信，就是在感受一份纯真、一种温暖。而抽空认真地给同学们回信，对白校长来说，也是一件非常愉快的事情，回复学生的问题，写自己眼里的学生，说学校的发展，表达对学生的期望——所有的一切都是那么美好！

2020年1月中旬，白校长再次收到段一好同学的来信。高中过半，当年在演讲台上激情飞扬的小姑娘已经是登高远眺的青年，多年师生成朋友，交流起来已经随和很多，提问题也不再拐弯抹角——

亲爱的白校长：

您好哦（笑脸）。高二上学期一眨眼就过去了，不禁心生感慨，岁月如梭啊，时间的流逝每每让我悲伤、惊慌。我要怎样实现自己的人生价值呢？在转瞬即逝的一生中，我该怎样去实现它呢？

大白（可以这样称呼您吗，嘻嘻），你是怎样度过自己的高中时代的呢？我有时会感到迷惘，总是思索很多问题，却苦于没有答案；有时会特别自卑，认为自己什么也做不好，或是嫌弃自己有那么多那么多的缺点……烦死啦（哭）。可能是因为自己的要求太多、标准太高了吧，我总要求自己要十全十美，可是完美毕竟是不可能实现的呀，也许，我应该适当降低对自己的期望与苛求吧……白校长，之前第一次听到二外要抽签招生时，我有一点儿难过。我们从来都有最好的生源。转念一想，公平的教育是社会发展、国家进步的重要基础，而且，二外优良的传统、高质量的师资是我们的核心竞争力，让学生们从平庸走向卓越才能体现一个名校的实力啊。顺势而动，改变自身，这才是强者的生存之道。

白先生，Last but not the least，祝愿您平安、安康，工作顺心、生活遂意，事业蒸蒸日上（庆祝），愿您少一点儿烦恼，多一些微笑哦（比心），做一个没有烦恼的大男孩（笑脸）! I miss you so much, and may you be pleased every day（阳光）。

段一好

2020年1月14日

年华似水，每一位曾在二外就读的同学都如段一好同学一样，自入校到离校之后，始终都如此热爱母校、以母校为骄傲，也让母校为之骄傲！

这封信，是已毕业的学生写给校长的，也是一个小朋友写给大朋友的。有多少校长能这样收到"老校友"的倾诉？有多少学校能这样得到"老校友"的惦念？

曾于2002年6月至2003年11月在二外工作的丁进庄老师，如今就职于教育部基础教育司。回想起自己在二外担任政治课教师和初中2003届年级主任的日子，这位曾荣获"全国优秀校长"的名师，写了一篇8 000多字的长文，开篇就说："虽然在二外时间很短，但这段经历却改变了我的命运，深深地影响了我一生，成为我生命中挥之不去的记忆！二外，是我梦想开始的地方！"

2002年冬，因工作需要，我配合赵忠义同志负责初三年级管理。作为二外成立后第一届初三毕业生，全社会都在关注二外的中考成绩怎么样，用白校长的话来说，这一炮能否打响，直接影响二外今后的招生和生存。我们贯彻服务理念，尊重教师、学生和家长，想办法解决师生的后顾之忧，为教师、学生提供优质的服务。记得当时，为了给学生提供良好的学习环境，在学校的支持下，我们把毕业班的8人间宿舍调整成2~4人间，保证学生休息好；我们开放学校图书馆、建立公共学习教室，让有自习意愿的学生有地方能安静学习；我们动员全校优秀教师，根据学生的学科弱项和性格特点，建立承包学生制度，通过谈话、家访、指导等方法，个性化、精准化辅导学生；为了保障教育教学秩序，我和赵忠义同志两个人轮流值班，早上，学生还没有起床，我们就已经站在宿舍门口了，催学生起床，和学生一起出操；晚上，学生熄灯了，我们还要查完每一个宿舍，才离开学校。记得，当时有几个宿舍比较乱，为了保证学生休息好，我一直坐在学生宿舍，直到学生鼾声响起，进入梦乡，我才离开，真可谓披星戴月、夜以继日呀！

功夫不负有心人，在2003年中招考试中，我印象中考上洛一高英才班的有12个人，在洛阳排前三名。作为二外建校第一届初中毕业生，一登上洛阳教育的舞台，就一鸣惊人，光芒四射，惊艳全市，取得了开门红！那几天，全校上下一起激动着、高兴着！当然，最高兴的是学校领导，白校长亲自请大家喝酒，那天他喝多了！应该说这个成绩的取得，是践行教育新理念的结果，验证了管理制度的科学性，极大增强了二外的自信，为今后发展奠定了良好的基础。

文中，这位已经离开二外17年的教育专家还深情地说："我到二外后，接受的第一个理念是'教育就是服务'，记住的第一句话是'假如学生是自己孩子，该怎么教'。白校长多次说教育最终属于服务业，学校要以学生为中心，提高服务质量。20年过去了，这些观点放在今天仍然不过时……回望来路，我们更加清醒地认识到二外今天的成就不是从天上掉下来的，不是他人赐予的，而是在先进教育理念的引领下，科学遵循和运用教育规律，一代又一代二外人奋斗出来的！任何时候，我们都要传承二外的光荣传统，立于河洛人地，吸吮十三朝古都的风雨沧桑，眺望明天更加光明的前景！"

厚谊真情，几千里外倾听真乃赤子之心；高瞻远瞩，数十年后回望确是有为之志。高山流水，只因为有着共同的教育梦想！

从就读柳林南街98号的第一批学生，到2020年离开一校三区的同学，从"首批创业者"到一校五区的所有老师，前进路上，每个人都有各自的奔跑姿势、奔跑速度，怀揣初心的人是永远的"少年"、永远的"二外人"：岁月如歌，当然精彩有你！

中 篇

深度！

创新成就特色

从创业之初的2.5万元经费、34亩地、200多名学生、20多位教师，到2020年9月的一校五区，在校生9 200人，教职工820人，是什么成就了洛阳二外？

"2到4年之内，立足洛阳、叫响品牌；5到7年之内，冲出洛阳、走向河南；8到10年之内，雄踞中原、面向全国"，是建校初期，学校提出的10年发展"三步走"战略目标。为实现这个战略目标，学校树立了"特色+服务"的办学理念，大力推行人事制度改革，举学校财力倾斜于教学一线，整合校内资源，实行扁平化、精细化管理，坚持"一切为了学生"，以特色立校，提升质量、树立品牌。从建校初期的外语特色、文明礼仪校园和科学体验特色，到以外语特色为龙头，逐步形成连环德育特色、五环课改特色、校园文化特色、课程设置特色、学校管理特色和国际化教育特色，学校走出了一条特色发展的道路。

以特色立校，以服务兴校，以市场为导向，集团化发展。经过又一个10年的探索，洛阳二外的领导和老师们意识到：只有更好地顺应市场需求、满足社会多元化办学需求，才可以不断做大做强；只有依托集团化发展，创建洛阳二外教育集团，形成以中学部为主体、小学部为基础的联合体，多元化办学，才能增强抵御市场风险的能力，进而打造从小学到高中的"一站式"、国际化"教育航母"。

从"特色+服务"到"以特色立校"，洛阳二外始终专注于特色化发展，并最终走出了一条符合洛阳二外校情的以外语特色和德育特色为主的发展道路，取得了一系列成绩：2014年以来，中考分数上洛阳第一高级中学录取线的人数连年保持在300~350人，上省示范性高中分数线的学生保持在80%以上，截至2020年，已有29名学子成功考入西安交通大学少年班。

学校先后荣获教育部中美教师交流项目定点学校、国家基础教育实验中心外语教育实验学校、空军招飞优质生源中学、中美"千校携手"项目首批示范校、全国特色学校、全国先进家长学校、省教育系统先进集体、省义务教育课程改革先进单位、省优秀民办学校、省办学管理规范化学校、省文明学校等市级以上荣誉近300项。

一所学校重在品位，而学校的品位又取决于教育者的品格，也就是教师的品行与风格。洛阳二外19年"规范办学、特色发展"，成绩斐然！而成就这些特色的，是一群什么样的教师？这些教师又是如何成就这些特色的呢？

特色的背后，是创新，是教师成长渠道的创新，更是教师培养制度的创新。

第 8 章

二外特色的人才工程

"在我心里，学生的事儿就是最大的事儿。作为校长，除了要理念引领、善于创新、懂得管理，还要关注教师的发展，关心学生的成长，竭尽所能为学生未来的幸福奠基！"

白阳洋老师第一次听到白校长说这段话，是在2015年她刚入职二外时。白阳洋老师参加工作后不久，校领导对老师和学生的关爱以及前辈们的爱岗敬业让她感到震惊，也让她明白了洛阳二外为什么能在十几年间取得那么大的成就。正因为有领导的关爱和前辈的栽培，白老师入职洛阳二外后，每天备课、集体研讨、讲课、批作业、关注学生学情，忙着、累着，却无比充实。2018年秋天，她还被学校选派到威斯康星州立大学拉克罗斯分校学习ESL课程，进行文化交流。

白老师的成长，得益于学校领导"要理念引领、善于创新、懂得管理，还要关注教师的发展"的思路，得益于洛阳二外特有的人才培养工程。

"Students Come first."（"一切为了学生"）一进洛阳二外洛龙校区的办公楼大门，扑面而来的是墙上的这一幅橙色标语。这是洛阳二外的"魂"，洛阳二外的一切都因这个魂而有了灵气。洛阳二外也因为这句话及其内涵而成为一棵大树，成为一棵以学生为核心的欣欣向荣的大树。

水流千里必有源，树高千丈总有根。洛阳二外这棵大树的根，则是一个以教师为核心的生态圈——正是这个生态圈的深度，让大树有了生生不息的活力。

为了让这个生态圈更有活力、更有深度，洛阳二外扎实有序地做了一系列工作：狠抓特色教师队伍建设，采取"请进来，走出去"的方法，设立周六学习日制度，邀请国内外知名的教育专家、各行业知名人士、学者名师，开设相关专题讲座、教师论坛，展示课堂教学艺术，传输教育新理念，拓展国际大视野；积极利用教育部中国教育国际交流中心"中美教师交流项目"及其他相关项目，推选教师参加项目测试选拔；组织教师参加洛阳市双语教师培训，其中有一部分老师赴加拿大学习，成了合格的双语教师；组织教师赴成都、重庆、杭州、泰兴、郑州、南京、聊城、衡水、苏州等地考察学习，结合自身实际，探索出"五环节课堂教学模式"，实现了减负增效，大面积提高了各学科成绩；通过举办"希望之星""青蓝杯""名师风采"等教学技能竞赛活动，实现"以赛促训，老中青帮带"的目标，引领教师提高教学水平，形成个人的教学特色、风格。目前，820名教职工中，有外教10余人、访问学者45人、硕士53人、各级骨干和优秀教师82人，获得国家、省、市级优质课奖495人次，承担国家、省、市级科研课题并结项、获奖63项。

建设一个生态圈，是个系统工程，要可持续发展，就必须得有制度保证。为此，结合学校实际情况，洛阳二外专门制定了《人才培养工程实施方案》。为确保这个方案的执行、统筹全校的人才培养工作，洛阳二外还成立了"人才工程实施工作领导小组"，成立了人力资源部，设立了中学部、小学部、幼教部培训中心，建立了人才培养档案和人才库，营造教学相长的全员学习氛围，提倡"乐学善思从教师做起"。

这个方案里的人才培养，不只是青年人才培养，而是全员人才培养，包括新入教师、熟练教师、名师。培训采用定期与不定期相结合、严格考核与人性化相结合、单一学习与形式多样化相结合。建立校内的培训师团队和导师团队，打造长效递进式的人才培养工程。

通过人才培养工程，洛阳二外打造出了一支师德高尚、师风严谨的教师队伍，他们掌握了学科教学原理和方法，具备了学科教学先进思想和教育、教学、科研能力，满足了社会对教师工作成效的要求，也营造了人才辈出且可持续、可复制的良好育人环境。

▌"拜师"是个老传统

洛阳二外人才工程主要有三大模块：教学能手培养、德育人才培养、后备干部培养。在"教学能手培养"方面，教龄未满三年的老师需要拜本学科的一位资深老师为师父，这是二外在教学上的一项老传统，此项传统有利于青年教师尽快适应教育教学工作、加快专业成长，也为教师们

拜师

搭建了一个相互切磋、相互学习、共同发展的平台。

抓教师队伍建设，加速青年教师的成长步伐，培养青年教师师德师风、师能师技等教书育人的本领，一直是洛阳二外的工作重点。这项工作的抓手之一，是二外人才培养工程的师徒结对活动。

师徒结对，又被称为"导师帮带""拜师"，开展这项活动既是提高年轻教师素质的需要，也是老教师自我发展的需要，更是提升学校内涵、打造学校品牌的需要。对青年教师来说，这是一项希望工程；对指导教师来说，这是一项继续教育工程；对整个学校来说，这是一项发挥合力的重要工程——通过师徒结对，青年教师可以从老教师那里学到丰富的教学经验，而青年教师的新观念、新思维也反过来促进老教师的进步。基于此，学校便能逐步打造一支更强有力的可持续发展的教师团队。

拜师，是整个人才工程的起步环节，更是一个能促进校风与教育理念薪火相传的重要环节。每年秋季开学后，学校会综合考虑各种情况，确定一个时间举办本学年的"师徒帮带"拜师学艺仪式。青年教师要填写拜师学艺登记表，要与自己的师父签订师徒帮带计划书，要为自己的师父敬茶、送鲜花，并郑重表示：在今后的教育教学工作中将抱着诚心、精心、细心的态度，勤学、勤问、勤听，使自己尽快地成长、成熟、成才。

"师父们"则表示一定尽力做好"传、帮、带"：感情上，像对待家人那样关心、关爱徒弟；内容上，全面培养，突出重点；策略上，善于发现徒弟的优势，多鼓励，少指责。总之，在工作中将自己的经验毫无保留地传授给徒弟，给予他们真诚的关心和帮助，严格要求自己和徒弟，师徒合作，携手前行，一起收获成长的喜悦。

学校领导也会为老师们送上诚挚的寄语，希望全体青年教师热爱教师职业，尽快成长为师德高尚、境界高远、能力高强、学识高深、言行高雅的骨干教师。

刘小宁老师在2007年9月进入学校时，拜的师父是韩伟芳老师。那时候，刘小宁刚大学毕业走进课堂，教学上比较稚嫩，方法单一，经验欠缺，甚至不知道考试要考什么。带这样的徒弟，当师父的就得一切从头开始——为了让她写出规范的教案，韩老师拿出他的教案给徒弟看，边看边分析，这一课为什么要用两课时，这一课为什么要强调比喻这种修辞手法的作用，这一课要怎样给学生作小结……直到徒弟明白了教案要目标明确，最好一课一得，要重视小结的重要性。

韩老师上课时安排徒弟去听课，下课后告诉徒弟，怎样评价学生的答案、怎样有效地管理课堂、怎样说过渡语……直到徒弟明白了品评学生的答案要有针对性，明白了学生成绩的提高很大程度在于课堂管理，明白了对一个语文老师而言，教师的语言真的要典雅优美。

韩老师不仅安排徒弟听自己的课，还带着徒弟去听其他老师的课，听完课还给徒弟分析这堂课的优点在哪里、哪些地方可以借鉴。同时，韩老师也会听徒弟的课，听完后委婉地给徒弟指出哪里需要改进。

一步一步，师父开始教徒弟怎么批改作文，告诉徒弟在哪一年曾经考过某个知识点……

渐渐地，徒弟进步了，课堂上也多少有了一些师父的痕迹。徒弟参加学校的"希望之星"教学技能大赛时，备受赞誉的"中考链接"部分，就是师父曾经在其他课上用过的。

师徒关系一旦建立，就如亲情一般，并不会因为"出师"而结束。

韩老师2016年左腿骨折期间，刘老师要代表洛阳市在省语文研讨会上上一节示范课。课前，面对昏天暗地的备课、没完没了的试课、铺天盖地的批评，刘老师"坚强地"表示会积极努力改正，私底下却哭过一次又一次，烦乱地想要放弃。参会前的一天下午，刘老师正在三楼办公室发呆，突然听到师父在喊自己。那个瞬间，她以为自己出现了幻听：师父腿骨折了，根本不能下地……听到熟悉的笑声，刘老师才意识到，真的是师父来了！师父架着拐杖来了！那天，师父给她说了好多关于示范课的看法，说导入、说问题设计、说学法点拨、说怎样结尾，害怕自己理解得不对，还和办公室其他语文老师又进行了一次探讨……在这个过程中，她的心渐渐安定下来。可想而知，那节示范课也取得了预料的效果。

活泼的"90后"季怡老师也在师父面前哭过鼻子，那时她已经在带第二届学生。

季怡老师刚来二外时接的班是年级前几名，一向很有人缘的她在这群初一下学期的孩子们中也很受欢迎，顺利地教完了初二。虽然没能一起奋战初三，但孩子们时不时地会跟他们的"季姐"联系，汇报进步，分享收获。

就这样，成绩不错、评教不错的季老师自信满满地开始教第二届学生。初一上学期一切都很顺利，成绩不错，评教满分。可到了初一下学期，季老师发现很多学生的状态越来越浮躁，成绩也下滑了。季老师那时候哪有应对这种情况的经验？焦灼的季老师没有笑脸了，脾气暴躁了，看到不认真听课的学生，课上当堂训、课下再单独训，直到学生在检讨里吐露心声："你总是发脾气""不喜欢现在的你""我原来挺喜欢你的，可是现在不喜欢了"……这些刺眼的文字让季老师备受煎熬，实在受不了，便找到她的师父李彩霞老师哭诉了这件事情。

"学生们既然这么写，说明他们还是喜欢你的，想回到之前的状态。这时候，你要努力把他们拉回到你身边，让他们重新信任你……"师父的一番开导点醒了年轻的徒弟。当天晚自习，她就把那几个写检查的孩子找出来谈话。在之后的教学工作中，季老师不再动不动发脾气，而是沉下心来帮助他们提高成绩。经过一段时间的努力，她的课堂又充满了激情，学生们的成绩也开始进步了。

回望这段经历，季老师常说："这件事情如果发生在一位老教师身上，可能不会引起如此大的波澜，但对于刚踏上讲台的我，可以说是工作中的一道坎，它伤害过我、令我疼痛过，但我也因此蜕变了、成长了。现在的我不再是之前那个有点儿不顺就生气的年轻教师，对于学生的各种情况，我也都掌握了应对措施。对于教学，我更加得心应手；对于为人处世，我的内心也更加宽广平和了。这就是我来二外的最大收获，我感谢那群可爱的孩子，感谢我的师父，更感谢二外，这里不仅仅是我工作的地方，更是我成长收获的地方！"

▌副班主任培养

一所成功的学校需要一支高素质的教师队伍作为支撑，班主任老师则是这支队伍中不可或缺的一部分。洛阳二外人才培养工程中的"副班主任培养工作"作为"德育人才培养"的重要组成部分，是加快学校教师成长的一条重要途径。

《洛阳市第二外国语学校人才培养工程实施方案》的核心部分，是"实施办法"。实施办法包括"定期培训""不定期培训""导师制""班级管理全员参与""学生最喜爱的教师评选""后备干部实岗培训"等，而"班级管理全员参与"明确规定：工作15年以下的所有二外教师，都必须有二外

班主任培训

班级管理工作经历，其经历不低于3年；在二外没有担任过班主任的教师必须担任副班主任工作，年级政教员对副班主任工作进行年度考核，考核结果合格累计达3个的，可不再担任副班主任工作，考核结果合格连续累计达2个以上的副班主任，可以申请转为正式班主任……

设置副班主任，并不是新生事物，但将其与学校的整个人才工程结合起来，却是一个创举，不仅能切实避免副班主任制度形式化，更能促进年轻教师的成长，也让学校的整个人才管理体系更规范、更科学、更完善。

副班主任制度

为加快班主任后备力量的培养，制定本制度。

一、班主任导师

满足下述条件之一的班主任为班主任导师。

1. 在二外担任班主任工作满3年且当选过校级以上优秀班主任的。

2. 由学校班主任导师认定小组认定并颁发证书的。

二、工作流程

1. 班主任导师可申请带副班主任，能力强的班主任导师可申请带两个班，任两个班的班主任、带两个副班主任。

2. 班主任导师首先在需要担任副班主任的教师中选定培养对象，没有

选定的由学校调剂。原则上班主任导师培养所教班级中的副班主任，特殊情况也可跨班级培养，但不得跨年级培养。

三、副班主任培养周期为3年。

四、考核

1. 学期各项考核内容及占比为：各项活动出勤考核占40%，年级政教员评价占20%，年级主任评价占20%，班主任导师评价占20%。得分80分及以上的为合格，低于80分的为不合格。

2. 学期考核合格的，发放副班主任补贴（与实际出勤挂钩），学期考核不合格的不再发放。

3. 班级管理经验不足3年但有特殊原因不参与班级管理的教师，绩效工资降一个档差执行。

4. 出现以下情况之一的，则副班主任不能通过学期考核。

A. 学期内缺勤率达10%及以上。

B. 学期内被学生或家长投诉，造成严重后果或被上级通报曝光，经查系本人责任的。

五、有关要求

1. 教龄15年以下的学校教师都必须参与不少于3年时间的班级管理工作（政教教师及教师兼行政人员除外）。

2. 学校考虑部分教师个人实际情况，给予自入职起三个学年参与副班主任工作的选择期，若三个学年内均不选择的，自第四学年起按本制度第四款第三条兑现工资。

3. 在同等条件下，评优、评先、职称晋升优先考虑参加副班主任培养的教师。

4. 培养周期内被选拔为班主任的，可提前结束副班主任培养过程；培养周期结束学期考核合格结果累计达不到6个的，将延期培养至合格结果累计达6个止。

5. 班主任负责班级全面管理，副班主任协助班主任管理班级。副班主任在班级管理事务上要与班主任保持一致。

6. 副班主任须参与班级日常管理工作：每天三到班、带操、查寝、集会到场，并参与班会且做好班会记录。

7. 政教查岗以副班主任到岗为准，但班级考核的成绩与班主任挂钩。

8. 副班主任须参与但不主要负责班级大型活动的策划和组织。

9. 班主任工作会议和培训，正、副班主任均须到场。

六、本制度自2018年9月1日起执行。

▌后备干部实岗培训

"后备干部实岗培训"是洛阳二外人才工程的第三大模块。自2018年9月开展以来，一校五区的中高层领导许多来自参加过"后备干部实岗培训"的老师。两年来他们克服日常工作繁忙的困难，按照要求认真完成跟岗部门工作任务，从理论到实践，从感知到理解，实现了自身思想和行为的升华。

秦鑫鑫老师2008年9月入职洛阳二外，2018年9月参加后备干部培训。经过为期两年的后备干部学习，她感觉自己"不论是自身政治素养，还是业务水平和综合能力都有了不少提高"。2020年秋季开学后，秦老师被学校任命为代理团委书记。

洛阳二外后备干部应具备的基本条件包括：热爱教育事业，熟悉教育政策法规，有先进的教育理念；具有良好的思想政治素质，坚持讲学习、讲政治、讲正气，遵纪守法，廉洁自律；具有强烈的事业心和责任感，具有良好的群众基础，坚持原则，公道正派，团结同志，工作勤奋，有培养前途和发展潜力；具备与相关申报科室所需要的专业素养，专业技能水平突出；年龄在40岁以下，身体健康，在二外工作年限3年以上，特别优秀的放宽至2年；熟知学校的办学历程及办学理念，具有忧患意识，能承担工作压力，不计较个人得失。

　　具体流程是：各部门负责人制定本处室用人计划和后备干部选拔标准，形成文字，向全校教师公布；符合条件的教师根据自己的能力及意向提交申请；学校对申请人进行考察，确定后备干部培养人选；后备干部以实岗培训的形式学习行政管理工作，并按学期提交工作总结，内容包括：对实岗学习岗位的认识，参与的主要工作，独立完成的工作，收获及自身需要改进提高的方面，以及对本岗位工作创新的建议；每学年学校对后备干部进行"德、能、勤、绩、廉"五方面的专项考核，连续两个学年取得合格成绩的，颁发后备干部培养合格证书——学校行政管理人员的聘用在培养合格人员中产生。

　　是的，"德、能、勤、绩、廉"五关过后，才有机会成为洛阳二外的后备干部。这五关，其实就是洛阳二外人才工程的阶段性目标，解决了洛阳二外到底需要什么样的教师、洛阳二外要培养什么样的教师这些大问题。

人才工程定期培训课程设置

必修课：

1. 朗诵和演讲（规定篇目，3~5学时）

2. 如何有效控制课堂（1~2学时）

3. 如何建立良好的师生关系（1~2学时）

4. 如何取得家长的有效配合（2~3学时）

①不能将教育学生的责任推给家长

②教会家长有效督促学生

③给家长正确的教育建议

④与家长保持适当的距离

⑤有效利用家长群中的教育资源

⑥如何建立对学生的长效考核机制（1~2学时）

⑦课件制作技巧（课件制作过程中节省时间的几个技巧、在哪里能找到漂亮的课件模板、如何使自己的课件更美观，2~3学时）

⑧如何合理利用时间、提高工作效率（1~2学时）

5. 学校办学历程、校园文化、管理理念（1~2学时）

6. 课堂评价的方式与技巧（1~2学时）

7. 如何在工作中调整自己的心理状态（1~2学时）

8. 学校机构设置以及各部门工作职责范围（1~2学时）

9. 岗位安全意识和能力，师德师风培养（2~3学时）

选修课：

1. 钢笔、粉笔书法（规定篇目，4~5学时）

2. 礼仪、化妆培训、服装搭配设计（2~4学时）

3. 如何处理好工作与家庭的关系（1学时）

4. 如何把握青少年的心理特点、因材施教

5. 艺术课

6. 健身课

▌ 导师制：导师沙龙

导师制也是洛阳二外人才工程体系中的一大亮点。

洛阳二外的首批学科导师认定工作于2018年秋顺利完成，有53名导师持证上岗，任期两年。2020年秋，一批新导师受聘上岗。

教学导师由导师认定小组根据导师认定条件分批认定，并组建导师团队、建立导师工作站。导师沙龙与定期培训安排在周五下午，间周进行。导师沙龙是借助主持人的话语引导，在导师与青年教师之间搭建一个话题明确、畅所欲言、平等交流的平台，以导师的深厚学养为青年教师的业务素养奠基，以导师的丰富经验为青年教师点拨教学艺术，在轻松对话的氛

围中，'教''学'相长，实现教育理念的更新，课堂设计的完善，教学艺术的升华。

同时，学校还为受教教师搭建平台，举行教学基本功比赛。受教教师在经过一段时间帮扶后，可申请出师考核，经学校导师团队对其进行考核并认定合格后，便可以出师。

导师的任职条件及职责

一、导师的任职条件

1. 有良好的师德和优良教风，爱校如家，爱岗敬业，为人师表，治学严谨，关爱学生，对工作认真负责。

2. 在本专业学科有一定造诣，在学术上有较新成果，在教学、教改、教研方面有较丰富的经验。

3. 具有中小学一级或高级职称。

4. 有奉献精神，能"倾其所有"教导受教教师。

二、导师的职责

1. 培养受教教师在师德上符合教师职业道德要求，遵纪守法，适应学校教育教学工作。

2. 根据受教教师的具体情况，指导受教教师作好成长规划，提出具体措施，明确培养进度，确定培养目标，完成培养任务。

3. 指导受教教师掌握正确的教学方法，苦练教学基本功。帮助受教教师熟悉所教课程标准和教材，明确每节课在教学大纲和课程体系中的地位和作用。

4. 指导受教教师把握教学环节，规范课堂语言、把握课堂节奏、保证课堂完整性，提高驾驭课堂的能力。对受教教师进行"教学示范"，师徒互听课一周至少一次，年级同学科教师每月听"徒弟"一节课。跟踪"评课、反思"，有针对性地规范、提高。

5. 指导受教教师备课（超前一周备好课，写详案。导师审阅后写出指导意见）。

6. 指导受教教师把握与学生"亦师亦友"的关系。

7. 每学期指导受教教师命制学科试题1~2套。

8. 指导受教教师作业选择、批改、讲评，抓好落实和反馈。

9. 指导受教教师做好对后进生的辅导。

10. 向受教教师推荐其他优秀教师各种类型的课，让受教教师博采众长。

11. 培养受教教师的教研技能，帮助受教教师确定教研内容、执行方案，完成导师安排的"专题研讨"。

12. 经常与受教教师谈心，关注受教教师的心理成长。

受教教师基本功比赛方案

一、活动目的

为活跃学校教学氛围，加快受教教师成长的步伐，推动受教教师夯实基本功，提高业务水平，学校特开展基本功比赛活动。活动旨在为受教教师搭建一个锻炼自己、展示风采的平台。

二、活动主题：展技能、亮风采、强内功、促发展

三、活动对象：人才工程导师帮带活动中的受教教师

四、比赛项目

1. 书写能力（钢笔字、粉笔字）

2. 语言能力（朗诵、演讲、讲故事、个人创作展读、配音、实验表述、美术鉴赏、技术要点讲解等与本学科相关的语言表述）

3. 教学能力（说课、微课、课件、教学设计等针对教学中出现的问题设置不同形式、不同侧重点的赛事）

五、比赛要求

1. 书写能力

钢笔字比赛：

（1）每位参赛者按要求用钢笔或水笔在规定时间内写规定内容。

（2）书写时可用楷书或行楷。

（3）学校统一分发书写纸，规格大小一致。

（4）字体工整清晰，美观。

（5）书写格式，按照书法格式自行设计。

粉笔字比赛：

（1）每位参赛者在规定时间内写规定内容。

（2）字体为楷书或行楷。

（3）书写工整清晰、美观。

（4）对每位教师的作品当场拍照，评委集中评分。

2. 语言能力

由参赛教师根据自己的学科与特长，自行准备内容，进行现场展示，时间不超过3分钟。

要求：

（1）普通话标准，声音洪亮。

（2）语气语调自然、恰当，表达准确、生动。

（3）衣着得体，仪态大方，能充分展示积极向上的精神风貌。

（4）由评委现场打分，按照平均得分计算选手名次。

3. 教学能力

教学能力比赛的形式由学校根据实际教学情况确定。

（1）赛前一周由学校抽签确定各学科教学内容。

（2）参赛时交授课内容文字稿一式三份。

（3）赛后由评委负责人对参赛选手的教学展示做综合点评。

（4）参赛者赛后一周内，完成书面反思材料，从自我评价、反思问题和课堂重建三方面考虑。

六、奖项设定

1. 奖项设置：单项奖、全能奖。

2. 产生办法：个人单项奖和全能奖的产生由评选小组根据参赛选手的表现以评分的方式产生，获奖者由学校颁发证书和奖品。

3. 奖励比例：单项奖，一等奖为参赛选手的20％，二等奖为参赛选手的30％（可根据具体情况再定），全能奖为参赛选手的20％。

七、比赛要求

1. 所有参赛教师平时要认真训练，按要求完成比赛。

2. 各年级组、教研组指导、督促参赛教师全力以赴，以赛促练，以练促提高。

第 9 章

这些年我们走过的课改路

洛阳市第二外国语学校一直以培养具有"中国情怀、国际视野"的优秀小公民为己任，致力于新课程改革与开发。为落实新课改精神，探索有效的课堂教学模式，学校先后实施了"五环节"有效课堂改革、特色课程创建、特色班级的设立等一系列举措，都产生了非常大的影响。其中起步较早的，是"五环节"课改。

学校继续采取有力措施，深入推进"五环"课改向纵深发展。新课改方案实施以来，教务处、教科研室、年级部主任亲力督查，备课组长身先士卒，广大教师积极配合，以强烈的责任感，立足课堂教学主阵地，积极投身到"五环"课改的洪流中，校园掀起了认真备课、深入教研、扎实课改的新一轮热潮。

围绕"五环"课改精准推进、提高实效的目标，学校召集教务处、教研室、各教研组长和教师代表，就"反思新课改"进行了多轮交流研讨，总结经验、优化方案、改进实践。1月6日上午举行了课改反思交流会，18位教师代表分别从不同科目、不同角度、不同内容、不同环节与老师进行了经验分享，讲述了他们成功的经验和应对课改工作中困惑的方法。本学期，先后成功举办了课改展示课、"青蓝杯"公开课90余节。参赛老师积极准备，充分展示了教学实力，彰显了不同学科教学艺术的多样化，进一步在实践中丰富和完善了"五环"课改的理论与操作。这些公开课还吸引了东升二中、洛阳师范学院国培班学员、中成外国语学校和市民办教育协会下属兄弟学校的人前来听课，听课人数超过200，扩大了学校影响力。与此同时，学校还积极组织广大教师参加省、市级优质课评比和教学技能大赛，共有67人次获奖，其中，8人获省一等奖，13人获省二等奖。

上面这段文字摘自洛阳二外2017—2018学年第一学期期末总结。

自2002年3月建校，洛阳二外每个学期的总结里，总要谈到"深化课改，规范管理，不断提升教学质量"。首要的内容，如果不是"强力推进'五环'课改"，就一定是"扎实推进'五环'课改"。一般来说，"扎实推进"，则多表扬、多称赞；"强力推进"，则多手段，包括"随机抽查，推门听课，当堂评课，课后公示评课结果"等。

文字不多，但背后做的工作很多。由此可见，建校19年，课改工作始终是洛阳二外的头等大事。也正是因为有这样明确的态度和力度，洛阳二外才能探索出如此有效的"五环节"课堂教学模式。

但"五环节"课堂教学模式并不是一蹴而就的，可以说，洛阳二外有多长的建校史，这项课改就有多长的探索历程。

▌从"五字教学法"到"五环节教学模式"

整个社会的教育环境与洛阳二外的建校经历和教师来源，特别是白校长自己的教学与做访问学者的经历，决定了洛阳二外的办学之路一定是一条"课改"的探索之路：教学质量是学校的生命线，要实现最初的教育梦想、建一所理想的学校，就必须把教学工作的重点定位在课堂教学改革方面，也就是要切切实实抓好课堂教学，培养学生的创新精神和创新能力，真正把素质教育落实到每一堂课中。

"教学课程过于注重知识的传授，教师作为主导者习惯于满堂灌，课程实施过于强调接受学习、死记硬背、机械训练；学生缺乏学习的兴趣和主动性，节假日补课成了家常便饭，学生作业负担重……"长期以来，课堂教学一直在误区中运转，实践者们扭曲了课堂教学的本质，严重忽视了学生在课堂中的主体地位，压抑了学生的个性和创造力的发展——洛阳二外必须避免掉进这个旋涡！于是，2003年，洛阳二外迈出了课改的第一步：组织第一批六位骨干教师进行课堂教学改革的尝试。

最初设定的实验目标非常明确，就是要让学生学会学习！不加课时、不搞题海战术、不挤压学生的课外活动和休息时间，使各层次的学生在自己原有的基础上再上一个台阶，大面积提高教学质量。

学校确定了初步实验的学科、班级、教师，并围绕目标拟定了实验方案。先试行"学、钻、点、练、结"五字教学法，在此基础上又推出"自主学习、合作探究、师生互动、归纳小结、拓展延伸"五步教学法。经过三年一轮的实验证明：参加实验的班级教学成绩均有大幅度提高，有的甚至由原来的末位提升到年级前列；尤其可贵的是，五步教学法激发了学生学习的积极性、主动性，将师生从作业堆中解脱了出来，真正达到了培养学生自主学习、合作探究、质疑解难、整合表达能力的目的。

2007年12月，在前期实验的基础上，经过分析、论证、集思广益，洛阳二外正式确立了"五环节有效课堂教学模式"，要求教师始终以组织者、引导者和帮助者的角色出现，以大容量、快节奏、高效率、高质量及现代化教学手段为载体，把主角和空间让给学生，帮助学生张扬个性，参与探索，品尝成功，让整个课堂始终保持旺盛的精力。

"五环节有效课堂教学模式"中的五个环节，概括地说就是：探究—互动—小结—反馈—延伸，实质是用"自主学习—师生互动—归纳小结—达标反馈—迁移延伸"的教学活动程序，来改变传统的"复习旧课、导入新课、讲解新知、练习巩固、布置作业"教学模式。其中，探究是基础，互动是关键，小结是要点，反馈是为了达标，延伸是为了提高。具体表现为：

探究，让学生走进自学天地。这一环节，教师把教材划分为一个一个发现的过程，以现代化教学媒体为载体，实施对学生自主探究、主动学习的指导，变传统课堂教学的"听、记、写、背"为充分发挥学生在学习中的积极性、主动性和创造性，引导学生通过阅读理解课文、思考问题、体验观察、操作实践、合作探究、主动发现问题、研究问题，总结规律、初步解决问题，从而获取知识，发展能力。自主探究时，学生根据教师确立的自学目标，阅读教材、查阅资料或工具书，勾画圈点、思考问题，初步提出解决问题的方案；合作探究（即小组讨论）时，前后排就座的学生自然形成六人小组，小组成员按学习成绩好中差组合，根据学生的具体条件分配相应难度的问题，让每一个学生都有展示自己的机会，采用轮换制确立组长，记录发言内容。本环节主要体现为四定：定自学目标、定自学内容、定自学时间、定记录发言人。

互动，激活学生智慧源泉。将小组探究成果或问题在班级进行交流，主要目的是汇聚全班学生的智慧，资源共享，解疑释惑，突破难点，强化重点等。在交流中若生成新的疑点、难点，要采取生生互动、师生互动的方式解决。教师不失时机地对学生进行引导点拨，因势利导，使学生达成共识，确保最后结论的正确性。对超出学生知识范围、认知水平的疑点、难点，教师要调动自己的知识积累、生活阅历进行有针对性的讲解，并讲深讲透，在有限的时间内尽可能获得最好的教学效果。另外还要结合教学内容，科学融入情境教学，如：小幽默、脑筋急转弯、知识竞赛、趣味小实验、精彩教学小品、课本剧、朗读表演、插播录像、歌曲、影视剧、相关资料介绍等，以活跃课堂气氛，拓宽学生的知识面，全方位培养学生动脑、动口、动手的能力。

小结，培养学生整合知识的能力。学生通过前两环节的自主探究和相互交流，对所学知识有了一定的理解和掌握，但仍是单一的、零散的、片段的，缺乏对整堂课知识体系的把握。因此，本环节就是对学过的知识及时进行梳理整合，形成板块，提纲挈领式地储存于学生的大脑之中，目的是指导学生将知识系统化、概括化，技能综合化、熟练化，从而使学生在探究互动的基础上形成的认知结构得到进一步整合和提高。小结可由小组合作完成，每组确定两人，在前、后黑板同时展示；也可以由教师引导学生共同完成；难度较大的，则由教师独立完成。具体操作方法根据教学内容的难易程度而定。可用文本进行小结，也可图文并茂，给学生新颖、形象、立体的感受。课堂小结，就是让学生们学会归纳总结，锻炼孩子们的逻辑思维能力，让孩子们既情感丰富又逻辑严密。

反馈，步入达标场。教师作为课堂的组织者、引导者、参与者，不仅关注学生的探究、互动和小结，而且还要及时捕捉来自学生的信息，不断调整教学进度，使课堂教学取得最佳效果，把知识能力训练真正落实在课堂上。洛阳二外希望教师对当堂学过的知识进行反馈，不仅要做到堂堂清，还要做到人人清，目的是发现问题、查缺补漏、消化巩固知识，并培养学生能力。

延伸，登上拓展台。延伸拓展可开阔学生视野，发散学生思维，培养学生多角度思考问题。洛阳二外要求老师们课堂延伸时紧扣教学目标、教学重点，符合教材实际、不牵强附会，符合学生实际、因材施教。

"五环节教学模式"彻底摒弃了传统教学"满堂灌、一言堂"的弊端，充分体现了新课标倡导的课堂教学"以学生为主体，以教师为主导"的核心理念。其特点有五个方面：一是学生全员参与，小组内合作，小组间竞争，调动学生的学习兴趣和积极性；二是师生互动，共同探究作答，培养学生自主思考、质疑解难的民主科学精神；三是学生课堂小结，相互补充、整合知识系统、反馈检测，保证教学目标的实现；四是以多媒体为载体，充分体现大容量、快节奏、高效率，提高课堂教学效果，减少课外作业量；五是引导学生获取知识的同时，让学生学会学习，养成不断求知的习惯，形成终身学习的意识。

"五环"课改解放了孩子，也解放了老师。老师把很多问题交给孩子们自己解决，孩子们更能释放自己的个性，提高学习、归纳总结能力，真正做到"学生动了，课堂活了，后进生爱学习了，老师更亲和了，多媒体更突出了"，整个课堂成为师生合作创新的艺术品。

从最初的五字教学法，到后来的五步教学法，再到独具特色的课堂"五环节"教学模式，这是探索课改的过程，更是洛阳二外教学模式成熟的过程。

▌ 五环节，无环节

毋庸置疑，转型是痛苦的。倡导课改的时候，很多老师并不情愿。过去的课堂都是"教师讲、学生听"，老师们不习惯改变，更重要的是不放心："我不讲，他能学会吗？"

也有一些拥有丰富教学经验的优秀教师，在课改刚开始时找不到感觉。那种"教师尽情释放自我的专业能力和个人魅力，把一个知识点讲熟、讲透，赢得学生赞叹不已、满脸钦佩"的感觉，让他们沉迷和眷恋；那种"学生在老师的循循善诱下，踊跃发言，高潮迭起"的精彩瞬间让他们难忘。但改革后，留给学生的时间多了，留给他们的时间少了，往往一节课下来，总是意犹未尽，这让他们感觉到失落。

失落感来自哪里？就来自老师把课堂当成了自己的舞台，从自己的角度看待一节课的得失。而本质上，课堂是学生成长的地方、是学生自主发展的舞台，教师只是帮助学生成长的支持者和辅佐者而已。所以，不是学生不爱听的课要改，而是爱讲、会讲的老师要改：因为这样的教师讲得越多，学生自主学习得就越少；教师讲得越清楚明白，学生自主钻研、思考、探究的意识就越弱。但是，要舍掉自己驾轻就熟的教案、多少个不眠之夜熬出来的课件、积累多年的素材，以及站在讲台上获得学生认可与欣赏的感受，谈何容易？

一些老师表面上按照学校的要求在推课改，但实际上并没有真正推进，还是按照自己原来的上课方式进行教学。学校深知，教师是课程与学生之间的桥梁，课程改革的每一步都需要教师参与，是他们带着学生一步步摸索前行，教师的认识和自觉参与精神直接关系课程实施的广度、深度和效果。如果得不到老师的认可，课程改革必然是失败的。因此，在课程改革的初期，为了更好地让教师们适应、更好地将课改落实到实处，洛阳二外在推行课改的过程中，选择先从一两个重点学科入手，立足于解决老师们实践的痛苦，让老师感觉到：课改是在帮助他们解决问题，而不是强加给他们的负担。通过不断实验实践，学校决定让老师们逐步适应之后再全面展开，在大家都基本接受后，再硬性推进，用制度来约束、用行政来干预，保障课改顺利有序进行。

所谓用行政手段强推，就是校长听课小组定期搬着板凳直接推门听课。如果发现教改效果有滑坡或者教师落实得不严格，听课小组就会通过电脑随机抽取听课人选，然后在不打招呼的前提下直接推门听课。听完课之后会给老师评课，并把评课结果划分为优秀、良好、不及格几个等级，反馈给老师。反馈以校信通的形式发送到每一位教师的手机上，这在无形中给老师带来了很大的压力，但也促使老师不断思考，让他们深刻认识到课改的必要性：探究是学生的权利，学生才是课堂的主角，必须把课堂这个舞台交还给学生。

教研组在这个过程中也起了很重要的作用。落实课改需要在教研组里进行，教研组制定了集体备课制度。每年寒暑假都是洛阳二外教师通读教材、各自备课的时间。每个教师在临放假前都会分节承担主备课的角色，这就使每个教师都成为受益者，从而打破了"老教师是支配者、年轻人只有听的份"的不成文规定。洛阳二外的集体备课是分享式的集体备课，教师可以借鉴上一届老师备课的成果，但是需要在每一节课都增加一些自己的教学心得。每个人的才华、闪光点都能在主备课中显示出来，备完课后再听取其他人的意见，看哪里做得好、哪里案例引用得好，如果有些地方过渡不自然，再进行修改和完善。

洛阳二外的集体备课制度充分激发了教师的智慧，凝聚了全体教师的力量，让工作更加张弛有度，每个教师都呈现了优质的内容，无论是谁主备的课大家都可以提意见、都可以借鉴，所有参与者都受益于集体智慧，而不会孤军奋战。

虽然改革的痛苦无法避免，但在实践过程中，教师也发现了学生自主学习的精彩之处。被迫放权给学生后，很多老师都发现：学生们太厉害了！他们的课堂表现、语言表达、逻辑思维都很精彩，超乎了老师们的想象，让不少老师都惊呼：以前怎么没有发现？慢慢地，越来越多教师的理念开始改变，老师们也越来越觉得：课改是有必要的，课改是有成效的。

实施"五环"课改以来，师生精神面貌发生了巨大的变化，老师们由开始的不理解到理解，由生疏到熟练，由畏难消极到积极参与，互听互评、互帮互学，团结协作、资源共享；学生由"听、记、写、背"的"要我学"变为积极动手做、动脑思、动耳听、动口说的"我要学"，充分发挥了学习中的积极性、主动性和创造性。也就是说，以前的课堂是老师的舞台，课堂气氛总是死气沉沉的；而现在的课堂是师生共同的舞台，活跃的气氛足以感染每个人——从"学海无涯苦作舟"转而成为"学海无涯乐作舟"。

五环课改书封面

事实上，在进行课改的过程中，死板、过于一板一眼是大部分学校都避免不了的问题，甚至出现这样的场景：台上的老师说"下面我们开始探究"，台下的学生便开始讨论，讨论一段时间后，教师再问几个问题，就算结束。这样按部就班、禁锢老师和学生的思维，整体课堂氛围死气沉沉，显然不是课改的初衷。

白帆校长很早就意识到这个问题的重要性，所以在制定五环节教学模式的时候，他一再强调五环节模式的包容性和灵活性：五个环节并非在一个课时全部展现，可根据教学内容和学生掌握知识的情况灵活选用，顺序也可随机调整。在这方面，白帆校长有一个说法很著名："五环节，又'无环节'，老师要灵活掌握，不能被五个环节套死了。"

洛阳二外每年都有很多新进的老师，之所以设定五环节的教学模式，一方面很好地体现了课程改革的精神：以学生为中心，把课堂还给学生，调动学生的自主性，尊重学生的个性化发展；另一方面，让新老师在教学上有一个大概的框架，不至于走偏。为了阐释这一点，白帆校长举了个生动的例子，他说："这就好像学校建了一个游泳池，让老师全跳下去，你可以蝶泳，可以自由泳，可以仰泳，不一定非得整齐划一。五个环节，一节课可能用一个环节，也可能用两个环节，也可能五个环节都没有用。这样的话，课改就活了，而不是死的。"这个例子生动有趣、耐人寻味：五环节模式是让老师能够有一条大路可走，但是这条路，可以走快可以走慢，可以骑车走，也可以开车走，不受拘束。

五环节是灵活的，延循了以学生为主体这条主线，教师对学生进行引导，学生也能够给教师以积极的反馈。

五环节是给教师的一个大框架，是一个整体的指导思想。在这个框架里，教师可以根据自己的能力进行调节、整合。

▌ 从课堂来，到课堂去

2020年5月25日，北京师范大学包头附属学校李毅校长带领十几位老师，驱车千里来到洛阳二外参观交流。从观看清晨的升旗仪式，到参观校园，了解二外概况和校园文化；从观看学校宣传片，到与学校老师交谈、深入课堂听课，全方位了解学校教育教学运行及评价体系、德育管理工作、五环节课堂教学模式和教师培训，以及特色英语教学等方面的经验和具体做法，双方深入交流，相互借鉴，以求在特色办学的道路上不断探索，共同推动学校可持续发展。

这天，给北京师范大学包头附属学校各位老师介绍五环节课堂教学模式的，是洛阳二外人力资源中心主任庞俊雅老师。因为职务的原因，更因为是"五环"课改整个过程前期的参与者和后期的实践者，庞俊雅老师经常会给本校的新老师和外校来交流的老师介绍"五环"课改。

一般来说，外校来交流的老师比较关心结果，而本校的新老师则更关注过程。与本校老师提起这个话题，有两个人是绝对绕不开的：一位是白校长，另一位是前教科研室主任刘松林老师。

"孩子的成长就像禾苗的生长，永远都是自己的事。要把时间与空间留给孩子，把学习的主动权交给孩子，把课堂还给孩子，把自我教育交给孩子。"在整个课改的过程中，白校长是统帅，刘松林老师是带领着教师们一步步落实、具体实施的领头羊。

刘松林老师是语文特级教师、课改领导小组成员。课改组的核心成员将"学、钻、点、联、结"发展成为"五环节"教学法，每一步怎么操作才能更精彩、才能最大限度地让学生获益，都是在刘松林老师的指导和把握下，从语文组开始实践，然后再扩展到各个学科的。

课改是一项艰巨的工程，要让全体教师对惯性的教学行为进行改造，重新构建一种新的理念、新的模式，绝不是开一次

刘松林老师——五环课改执笔人

大会、学习一些文件、领导强调一下就能够达到的。2008年3月，洛阳二外成立了由学科带头人、省市名师、教务主任、教研组长、年级主任组成的"课

改工作领导小组"，校长亲自挂帅，教学副校长主抓，在各个学科全面推进"五环节有效课堂教学改革"。刚开始时工作进展得非常艰难，出现了很多反对的声音，但课改小组制定了详细的课改实施方案和落实计划，对教师课堂参与度、评价标准、考核办法等指标进行具体要求。那段时间，刘松林老师帮一个又一个年轻老师磨课，她自己也不断在大会上以具体的课例形式为全体教师上示范课、培训课，反复为大家讲解五环节教学的意义，对每一环节时间、步骤的安排，以及如何与学生互动、探究等，都作了详细的说明。

秦鑫鑫老师2008年进入洛阳二外时，还是一位实习老师。那段时间，刘松林老师经常听她的课，在听课之后点评和指导，精细到每个小问题的处理、每个知识点的语言总结，包括每句过渡语和转折语的使用建议，帮助秦老师少走了很多弯路。

在全校推广时，为激励教师的参与热情，刘松林老师还在现场把教师按照学科进行分组，展开"五环节"问答竞赛，让教师像学生们一样，通过问答的形式理解"五环节"的具体含义。这一方法很好地调动了老师们参与的积极性，老教师们也将自己的教学经验毫无保留地分享给了大家。

正是因为有一批像刘松林老师这样为推进课改全面落实不遗余力的榜样，洛阳二外的课改越来越顺利。当时，为了轰轰烈烈地推进课改，学校要求在每张幻灯片上都要打上具体环节的标签，让大家更清楚地知道现在到哪一个环节了。比如互动环节，就会打上一个"师生互动"的标签，让老师们清晰明了、一目了然。不过，刘松林老师给大家指出来：互动应该是贯穿于整节课的。

"五环节教学模式"从实验、确立到推广，先后经历了五年时间，走过了探索、改进、实践、升华这样一个艰辛的过程，逐渐将不自觉的课堂教学行为上升到理论，再从理论回到实践，从而变成自觉的教学行动。在整个课改推动的过程中，刘老师一直在指导教师如何实地操作。为使各个学科组能够结合学科特点灵活运用"五节教学模式"，学校鼓励课改中成绩突出的教师撰写本学科课堂教学设计和具体操作的论文，希望大家把实践中的做法、经验上升到理论层面。在完成这项工作的过程中，刘松林老师仔细查看、审阅老师们提交的每一份资料、每一篇文章，并提出自己的修改意见；经过反复推敲修订后，再组织相关学科组认真学习、实施并讨论。因为这些经验完全从实践中来，对教学过程的操作具有很强的借鉴和指导意义。2010年9月，《五环节有效课堂教学模式的实践与研究》由安徽人民出版社出版，主编是白帆校长、刘松林老师，副主编是赵忠义副校长、张国良副校长、李文铮老师、翟冠军老师。

至今，这本书依然是新进入洛阳二外的老师们的必读书目，也是前来交流的兄弟学校老师最喜欢的资料。这是对"五环"课改的认可，是对课改小组成员的认可，也是对包括刘松林老师在内的每一位洛阳二外老师的认可。

▌ 走进五环课堂

洛阳二外"五环节教学模式"特色可概括为"五新四变三不二高二乐"。

五新：教育教学理念新，符合新课改精神；对教学过程主客体关系的认识新，课堂上体现师生双主体的地位；现代教育技术的功能定位新，以多媒体课件为载体；教学情境的创设新，以培养学生的自学能力和创新能力为目标；师生主体的角色作用及相互关系新，以教师为主导，以学生为主体，平等互动。

四变：由"教师讲、学生听"的传统教学转变为"学生先按教师的提示自主学习，然后教师点拨、引导，师生共同探讨作答"的自主探究式学习；由"教师一味说教"转变为让学生"读、说、讲、思、练"，让学生自己发现知识，总结规律；由严肃沉闷转变为动静有序、收放自如、活而不乱、生机勃勃；由促使学生"学会"转变为让学生"会学"。

三不：不增加课时；不留或少留课外作业；不让学生加班加点。

二高：高效率，高质量。

二乐：教师和学生共享课堂快乐。

这种"五新四变三不二高二乐"的特色给课堂带来的变化，庞俊雅老师第一次体验到，是在她讲授《酬乐天扬州初逢席上见赠》这首诗的"合作预习"环节时。

"合作预习"的任务一展示出来，学生就迅速投入到火热的讨论中去。有的记忆文学常识，有的查找写作背景，有的批注重点字词，诵读声更是此起彼伏。学生们争先恐后，积极参与，为下面的"互动"环节作准备。

以前，课堂上学生生怕被提问。而现在，我在巡视指导的过程中，居然有小组"走后门"，悄悄地对我说："老师，老师，等会儿一定要提问我们小组呀！"迫切的神情让人不忍拒绝。规定的五分钟时间还没到，教室里已是小手林立，学生们个个一副跃跃欲试的样子。

学生对问题的回答是热烈而精彩的，尤其是诗歌朗诵的环节，有一个组居然采用了歌唱中二重唱的方式，反复咏叹，尾联用了复沓的手法，把诗歌所表达的情感推向了高潮。独特的创意和饱满的感情，赢得了全班的赞叹与掌声。平时，就是教师事先排练，也没有这样的效果呀！

最让我意外的是，下课时，我正准备离开教室，却被一个学生拦住了去路。我觉得十分诧异，平时他可是一个没开口说话就先脸红、看见老师就想躲着走的内向学生。难道是发生了什么事？有人欺负他了？正疑惑间，只见他红着脸说："老师，刚才讲名句欣赏时，我的看法没有被小组采纳。不过，我还是觉得我的观点也有道理……"说完这几句话，他的额头上已经有了细小的汗珠，看得出他是鼓足了勇气才来跟我说的。我连忙微笑着鼓励他把自己的想法说出来……看着他得到老师的肯定后满意而去的样子，我由衷地感到高兴，因为学生懂得了"我参与、我成长、我思考、我快乐"。

这堂课，让庞俊雅老师感慨颇多：传统的讲授式课堂，学生处于被动接受的状态，参与度低，课堂上总显得沉闷，经常是教师讲得津津有味，学生听得昏昏欲睡，课堂效率不高，而"五环节有效课堂教学模式"恰恰打破了这个瓶颈：通过小组合作探究问题，每个学生都体会到了发现的快乐；每个学生都对答案了然于胸，所以他们敢于大胆地表现自己；他们得到了老师的肯定和同学的欣赏，所以他们热情地投入课堂学习。一点儿小小的改变，就带来一个个良性循环，课堂也随之由枯燥、沉闷转为生动、鲜活！

庞俊雅老师认为，"五环节"模式就像投入课堂的一粒小石子，一下子激起了学生思维涌动的千层浪花，连沉睡的潜力也被唤醒了、激活了、点燃了！

的确，如果有机会在洛阳二外听一堂课就会发现，整个课堂气氛都是活跃的，学生能够被老师点燃，教师也能被学生激发。二外给孩子们的教育不只是课堂上的，孩子们得到的是潜移默化的、对世界的认知。

第 10 章

堂堂都是公开课，优质课大赛很"二外"

教学质量是学校办学的生命线，高效的课堂是学生成长的重要保障，课堂改革是学校高位发展的动力之源。

2018年暑假，袁雪封老师无意间在网上看到一些已经从洛阳二外毕业的学生谈论母校，其中一位网名RiseMa的同学说："师资真的很强悍，老师教得不错，上课条理都很清楚，没有见过糊涂老师，每个老师都很负责。"看见这句话，袁老师笑了，虽然不知道这位同学是哪一届的毕业生，但的确没有说错。这也让袁老师想起了自己来洛阳二外这一年的上课经历……

2017年7月8号到10号，洛阳二外举办暑期新教师岗前培训活动，袁雪封老师也是接受培训的新教师之一。通过这次培训，她对学校的发展历程、办学理念、特色等有了更深入的了解，特别是开班仪式上白校长对新教师提出的"五个要求"和"一个希望"，更让她意识到，自己可以在洛阳二外得到很大的提升。时至今日她依然记得那五个要求：一是要转变角色，快速融入新团队，适应新的工作内容和工作方式；二是继续加强学习，肯下功夫，不断完善充实自己，在学习中不断提高；三是要有事业心，把学校作为事业的新起点，拒绝平庸，在平凡的岗位上干出不平凡的事情；四是要有责任感，要为学生的培养和学校的发展担负更多的责任；五是在以后的工作中多关心学校建设，为学校建设出谋划策，共谋美好未来。而那一个希望则是：希望新教师积极磨砺自身，早日成长起来，进入合格的洛阳二外教师行列，成为学校今后发展的骨干力量。

　　在这里，袁雪封老师成了一名快乐勤奋的"学生"。虽然进入二外之前已有三年教学经验，课程内容也一样，但她感觉自己就像第一次接触手里的教材，每天需要花很多时间备课、写教案，教案详细到哪个环节如何过渡，其间的衔接语也一遍一遍地反复斟酌。在成长过程中，她逐渐发现，洛阳二外有自己的教学节奏，有自己的教学要求，也有自己培养优秀老师的有效途径——通过举办"希望之星""青蓝杯""名师风采" 等三年一轮的教学技能竞赛活动，为学校青年教师搭建展示自我、锻炼自我的舞台，营造积极竞争、勇于探索、挑战自我的氛围，实现"以赛促训，老中青帮带"。通过引领教师提升教学水平，形成个人的教学特色、风格，促进青年教师不断更新教育理念，主动提高教学技能，切实推动课改的发展，在历练中提升课堂教学能力，深扎根、汲营养、促成长，在专业成长的道路上越走越好。

■ "希望之星"：老师进步的"第一个台阶"

　　2003年毕业于洛阳二外的赵洁同学，2011年从西安外国语大学英语教育专业本科毕业，再回到二外已是赵洁老师。赵洁老师在洛阳二外获得的第一个奖项，就是二外的"希望之星" 优质课比赛一等奖。

"希望之星"赛课

　　"希望之星" 优质课比赛是洛阳二外老师进步的"第一个台阶"，自2004年9月开始举办，30岁以下的老师全部参加。因此，很多年轻老师的经历，都和赵洁老师一样：起步，从"希望之星"开始。

洛阳二外的"希望之星"优质课比赛已经开展了六届。第六届是在2019年11月18日拉开序幕的，有语文、数学、英语、道德与法治、历史、物理、化学、美术、音乐、体育、信息技术、科技、小语种13个学科的46名教师参赛。整个比赛历时四周，有讲读课、活动课、实验课、练习课、评讲课等，每一位青年教师都充分发挥自己的优势，使用多媒体手段，按照学校"五环节有效课堂"的要求备课、磨课、上课。

和以往一样，全体参赛教师高度重视，全身心投入；师父全力以赴指导徒弟修改教学设计、听试讲、打磨细节；人力资源中心制定了详细的实施方案，编排了日程表，完善上课评价表、反思评价表及成绩统计表；年级部为评委教师安排调课、学校领导班子全程听课……

"希望之星"颁奖

活动的成功举办不仅对学校青年教师教学艺术的提升有着积极意义，还促进了师徒结对帮带的扎实开展，既提高了"师父们"的教育教学示范能力，也锻炼了青年教师，而且为全体教师提供了一个学习交流的平台。

这届大赛获得一等奖的老师是：邢佳蕾、段永芳、杜娟、张甜甜、杜舞、刘一凡、杜峰、万林。

教师是教育发展的第一资源，承担着传播知识、传播思想、传播真理的历史使命，肩负着塑造灵魂、塑造生命、塑造人的时代重任。所以，自2004年至2019年，六届"希望之星"优质课比赛，对洛阳二外加快教师队伍的建设，尤其是加强对青年教师的培养力度，深入推进"五环节有效课堂"改革，具有深远的意义。

▌ "青蓝杯"：中青年教学骨干赛课

2017年10月23日， 洛阳二外第六届"青蓝杯" 优质课比赛拉开序幕，90多位老师分两个阶段参赛：理科类，10月23日至11月3日进行； 文科类，12月18日至12月29日进行。 参赛前， 老师们根据所选的教学内容精心钻研教材，认真备课、 反复磨课， 确定教学方法， 并得到同年级组、 同学科

"青蓝杯"讲课

教师的支持，经过集体研讨和多次试讲、修改，力求精益求精。赛课活动中，教师们个个精神饱满、教态端庄、启迪有方， 和学生互动有序，尽情展示了对教材的把握、挖掘，重难点的突破、解析，及课件的制作，多媒体手段的运用，都较好地体现了自己的教学风格，给评委和听课老师留下了深刻的印象。

"青蓝杯"听课

本次大赛再次表明，"探究—互动—小结—拓展—反馈""五环" 课改模式已深入常规课堂，有效推动了学校课改与课堂教学的紧密结合， 使课改进一步向纵深发展。 老师们也真正体会到了"教而不改则浅， 改而不教则空"的道理。 课后， 各位评委还针对每位参赛教师在课堂上就教学内容的安排、讲授，教学方法的采用以及取得的教学效果等进行点评，对优点给予肯定，对需改进的地方提出建议；老师们也及时反思，虚心接受意见。

经过激烈的角逐，麻鹏利、王旭、党艳萍、金颖慧、张庆华、酒应宵、苏晓君、孟敏、郭璞、江燕、张楠、张翔、刘小宁、万言礼、孙慧如、白彩娜、李彦利、贺江伟18位教师凭着扎实的基本功、生动的教学艺术，获得一等奖。

"青蓝杯"颁奖

"青蓝杯"优质课比赛与"希望之星"衔接，是二外新时期课改实践、教学才艺的集中展示，参赛老师是学校30~45岁的中青年教学骨干，囊括初中学段全部学科，目的是更好地贯彻、落实新课程理念，有效提升教学质量，提高中青年教师的教学艺术、教研水平，进而促使全体教师肯钻研、爱学习、能交流，掀起"五环"课改的新一轮高潮。

▌"名师风采"：引领示范"传帮带"

与"青蓝杯"衔接的，是"名师风采"展示课活动。

洛阳二外举办"名师风采"展示课活动的目的是提高教师教育教学水平，深化课改，推动素质教育的深入开展，充分发挥名师在教育教学方面的引领示范和"传帮带"作用，全面提高二外教师的专业素养。

"名师风采"展示课

学校最近一次"名师风采"展示课活动于2018年10月29日至11月8日举行，推出语文、数学、英语、道德与法治、历史、生物6个学科示范课由李文铮、王屹青、李校泽、朱小卫、王宏伟、蔡忠义、姚臻臻、薛莲、武颖杰、宋昆岚、尤玉平、崔凤娥12位名师展示。他们整合教研组的资源、集中教研组的力量，精心准备、充分磨课，为听课老师带来了一

"名师风采"听课

节节精彩的课堂盛宴。在课堂上，名师们各展神通，有的教你看报的妙招、有的教你看书的方法、有的教你做人的道理、有的改变你的思维方式、有的帮你爱上英语、有的掀开网络的面纱、有的教你生豆芽……他们遵循新课程标准的要求和理念，按照学校"五环"课改的要求，准确把握教学的三个维度，重难点分析突破到位，学情把握正确，尤其是对教材的处理能力强，能够创造性地使用教材；他们综合素质过硬，课堂驾驭能力强，具有明显的示范性和引领性；他们教学理念先进，始终强调学生的主体地位，坚持让学生经历学习的过程，重视学生的思维启迪与探究训练，灵活处理课堂上学生提出的问题，师生互动鲜明，课堂气氛轻松、活泼；他们或幽默风趣，或激情澎湃，或抑扬顿挫，或娓娓道来，教学板书工整规范，醒目明确，教学课件制作精美，教学设计环环相扣，如行云流水。

展示课活动不仅吸引了本校各校区的教师，还吸引了洛阳师范学院国培班学员前来随堂听课、交流，既加强了校内外教师的学习、交流，促进了教师之间资源共享、优势互补，又为学校今后的教学树立了新的标杆，为学校教学质量的整体再提升奠定了坚实的基础。

▌ 优质课背后的故事

王欣老师2001年入职洛阳二外，2006年11月6号得到确切消息，自己将

代表洛阳市参加河南省优质课大赛。

根据赛制，比赛教师须提前一天抽课，24小时后上台赛课。所以，白校长安排黄根平副校长和经验丰富的李彩霞老师、翟冠军老师，陪着王欣老师提前去了位于焦作的比赛现场。临行前，白校长又特地邀请洛阳当地一位电脑高手、平面设计专家与他们同行。

抽课之后，选手必须自己快速备课。出门在外，没有独立安静的备课环境，王欣老师就搬了一把椅子进了房间的卫生间，把自己关在里面，先备出大的框架，然后说给几位随行的老师听。在老师们帮她抠课、指出不足之后，她又重新梳理思路……这样往来几番，终于确定了大致思路和流程。

随后就是兵分两路：做课件、写教案。

当时上网不像现在这么方便，还好学校有所准备。黄副校长和翟老师在和电脑高手、平面设计专家不断沟通的过程中，把课件设计出来，然后又马上去网吧，上网找素材、做动画。

宾馆里，李彩霞老师严格地指导王欣老师一遍遍写教案、一遍遍抠教案，要求她必须把每一句话都写出来，用这种方式熟练每一个环节、每一句衔接语。几个小时过去，教案就用了6本。

这是王欣老师第一次参加这么大规模、高级别的比赛，随行几位老师的一言一行已经让她很感动了，让她没想到的是，当天晚上，白校长也从洛阳赶到了焦作，下车后连饭都顾不上吃，就邀请洛阳市教研员韩宝玲老师和其他洛阳来的老教师一起听王欣试讲。

24小时出课，不见学生、不了解学情，对于课堂的把握、环节的设置都有很高的要求，看见这么多老教师和专家来听课评课，只有5年教龄的王欣当时就蒙了，有那么一个瞬间甚至紧张到语无伦次！不过，有时候没有语言的交流更让人难忘，多年后她依然很清楚地记得，讲课期间，她因为紧张思维混乱的时候，白校长并没有说一句话，也没有责怪她，只是很有耐心地看着她，眼神中有担心和焦虑，也有期待和希望。看到这样的眼神，她咬了咬牙，努力让自己平静下来，终于讲完了整个流程。然后，每位听课老师都认真地提出不足之处、提出整改意见……评完课，已经是晚上11时。那一夜，王欣老师根本不知道自己是几点睡着的，她脑海里有一个自己，一直在讲这节课……

第二天早上，王欣老师是第一个上台比赛的，白校长和老师们又跟她一起到了比赛现场。王欣老师在台上比赛，大家在下面认真听，白校长还不时看看表，既担心王欣老师超时，也无声地关注着讲课的节奏。终于，所有流程顺利完成，王欣看到老师们都轻轻地舒了口气，白校长脸上也露出了一丝轻松。

比赛圆满结束，结果当场宣布：王欣老师得到了专家给予的高度评价，并获得河南省初中英语优质课一等奖。王欣老师上台领奖的时候特别激动，因为她知道，这个奖杯并不仅仅属于她，更属于洛阳二外！

"不忘初心，方得始终。"对于任何一个团体来说，每一套有效制度的形成都是不容易的，而将这种制度常态化，让这种制度成为一种自觉、一种风气，则更不容易，但洛阳二外做到了，从老校区到洛龙校区、西校区再到涧西小学、兰溪校区，变的是地理位置，不变的是校风。

西校区的蒋旭燕老师第一次上典范公开课，是在2019年10月初的英语长篇阅读教研会上。获得了这个难得的机会，蒋老师决定全力以赴，于是绞尽脑汁构思教学设计，在一遍又一遍的自我推翻中，不断重复着素材搜集与课件制作，繁忙的时候，笔记本电脑几次烫得系统报警。

思路受限了，她就去找师父薛莲校长。新校区的校长有多忙，可想而知。但薛校长只要看到徒弟出现在办公室门口，一定会放下手头的工作帮她梳理指导，而且总能一针见血、拨开云雾。

一个月后，蒋老师认为课已经基本成型，便在组内进行了第一次磨课，并邀请她的师父和英语组其他老师来指导。结果可想而知，洛阳二外所有参加过磨课的老师都有过同样的经历，用两个字形容，就是：崩溃！面对纷至沓来的点评、建议，因为长期紧张备战而心理极度疲惫的蒋老师一时间茫然失措："难道我的思路一直是错的？""是不是我真的不能把最好的教学效果呈现给我的学生们？"所有的负面情绪开始从心底涌出……

惶恐无助地大哭一场之后，蒋老师做的第一件事，是拨通了师父的电话。"没事儿，旭燕儿！"师父当然了解磨课带给一名年轻教师的成长痛楚，在一番肯定和鼓励之后，就开始耐心地教徒弟应该如何处理大家的建议。和薛校长通完电话，蒋老师心里轻松了许多，也看到了方向，准备起来干劲儿十足。为了达到更好的效果，师父还牺牲午休时间，来指导她和需要进行典范小片段表演的学生如何更好地揣摩角色情感和动作。

终于，研讨会到来了！师父就坐阵前排……

上完课，蒋老师做的第一件事是给师父发消息，询问她的评价。预料的答案是90分，但师父的回复是100分——对于年轻老师来说，这是多大的鼓励呀！

这样的机会、这样的鼓励、这样的言传身教，就是一堂优质课背后的故事，也是洛阳二外每堂优质课背后的故事。就教育而言，没有随随便便的成功，更没有单打独斗的成功：集体的智慧、对年轻教师的支持和关爱、搭建平台，是年轻教师成长的条件；因而形成的校风，更是一种如春雨般潜移默化的力量，给予这所学校的师生积极向上、不断进取的勇气。

这些年，有太多的优秀教师，就是这样从二外走向市里，走向省里，走向更大的平台。

第 11 章

被学生"抢"的校本课程

　　2019年6月16日，由洛阳市教育局主办，洛阳市第二外国语学校、校长派·校长智库教育研究院承办的"开放·人文·多元——2019年基于核心素养的中小学课程建设专题研讨会"在洛阳二外举行。教育部基础教育课程教材发展中心研究员、教育部基础教育课程杂志主编付宜红，首都师范大学教授吴晗清，北京外国语大学附属外国语学校校长林卫民，洛阳市教育局党组成员、副局长贾长河，校长智库教育研究院院长谢文辉等专家出席了研讨会。洛阳市300多位校长参会，与专家们一起研讨中小学课程建设的目标、路径与方法。

　　"课程，是学校的育人蓝图。一张大课表的背后，体现着一所学校的价值观，体现着校长的智慧。"付宜红研究员在《立德树人背景下的学校课程建设》报告中尤其强调"国家课程—地方课程—校本课程"三级课程管理体系，"国家课程和地方课程是基础，必须开足开齐开好。校本课程是活力来源，让学校从单纯的课程执行者，成为课程的建设者，改变千校一面的课程状态。"在分析了国家对课程建设的5点政策导向后，付宜红研究员"点赞"了洛阳二外，并对洛阳二外校本课程未来的发展提出了建议。

　　校本课程是课程改革中的新生事物，以校为本，以学生需求、兴趣为出发点，以教师为主力军，以学校资源为载体，与必修课一起构成了一所学校的课程体系。校本课程的开发与实施是学校贯彻教育方针，真正实施素质教育，培养全面发展的未来人才的具体体现。目的是更好地满足学生的实际发展需要，培养学生的兴趣特长、创新思维能力、动手能力；培养学生分析问题和解决问题的能力以及团队协作和社会活动的能力。特点是突出学生的自主性、自愿性和灵活性，更好地满足学生有差异的学习需求，更好地满足师生和学校的需求。

白校长在国外学习的时候，看到当地每一所中学都至少有一二百门课，反观自己当时所在的国内学校，却只有十几门。所以，从国外回来后，基于学校师资队伍的现状、学生的情况、学校的设施设备资源，在了解学生爱好的基础上，坚持符合学校特色、教师特点、学生特长的课程建设思路，白校长带领老师们积极探索，对课程资源进行综合性组合和自主性选择，于2004年开始开发促进学生差异发展的校本课程，并于一年后在全省率先开设，且编写了一部20多万字的《校本教程》。教程共分10编43项内容，涉及13门学科，于当年年底荣获河南省教育厅校本研发一等奖。此后，学校坚持每学期平均开设15门课程，每门课程每周一节供学生自主选修，与必修课一起构成学校的课程体系，这些课程深受家长、学生欢迎。

校本课程是洛阳二外的特色课堂之一，缤纷多彩的课程不仅开阔了学生的视野，激发了他们的兴趣，也发展了学生的特长，更是给了各位老师常规课堂以外的平台，老师们因此可以充分展示自我风采，提高教学水平，增强与学生的互动。

从2005年开办校本课程至今，15年来，洛阳二外开展的校本课程已超过30期，近年每期开设20多门课，让学生们有更多机会走出课堂，在体验中学习、在过程中学习，实现课程向生活的回归，进而转变学生的学习方式，使学习成为学生发现问题、分析问题、解决问题的过程。

近两年校本课程开设科目表

室外科目	室内科目	动手科目
男子篮球	奇幻影视之旅	书法
男足	古希腊神话	手工编织
射击	独摩孤旅	蝴蝶与贝壳标本制作
女子篮球	奇幻的旅行	剪纸上的艺术
开心农场	21世纪军事强国	放飞梦想有泥精彩
校园啦啦操	中韩关系	DIY手工制作
燃烧你的卡路里	说话的艺术	面点烘焙
女足	西游记的奥秘	甜品小达人
羽毛球	朗诵与演讲	手绘葫芦娃
排球	中国古典名著欣赏	生活中的装饰画
散打搏击	中国历史名人轶事	中国风手绘包
风筝乐园	趣味汉字	电脑绘画
游古都，做导游	魔术中的物理	生活小妙招——手工艺品制作
武术与军体操	走进知名高校	中国象棋
太极柔力球	数学思维方法	寿司的制作
二十四式太极拳	英美国家文化	中式传统动漫制作
田径	人际交往团体	
骑兵营	模拟法庭	
瑜伽	疯狂记忆	
	歌与文学	
	愤怒的地球	
	伊洛探幽，龙门访古	
	手开平方	
	圆明园探秘	
	公民成长体验营	
	化学与生活	

▐ 下课铃一响，报名桌瞬间被包围

2019年2月27日中午，2018—2019学年第二学期校本课程选修报名活动在运动场举行，最受学生欢迎的是英美国家文化、化学与生活、模拟法庭、散打搏击、奇幻影视之旅等20门校本课程。

2018年9月11日中午，2018—2019学年第一学期校本课程选修报名活动在运动场举行，最受学生欢迎的是瑜伽、中国象棋、趣味数学、手工制作、漫威英雄之旅等27门校本课程。

2018年3月13日中午，2017—2018学年第二学期校本课程选修报名活动在运动场举行，最受学生欢迎的是四大名著金曲赏析、校园啦啦操、中式传统动漫制作、走进美国等18门校本课程。

2017年9月13日中午，2017—2018学年第一学期校本课程选修报名活动在运动场举行，最受学生欢迎的是大国关系中国崛起、漫游奇幻文学王国、黏土世界、西方美食制作等15门校本课程。

2017年2月22日中午，2016—2017学年度第二学期校本课程选修报名活动在运动场举行，最受学生欢迎的是太极从零开始、走进历史影片、书法、风筝乐园、模拟法庭、古希腊神话、漫谈数学史、奇幻旅程、开心农场等20门校本课程。

……

回溯这些年和校本课程相关的"校园新闻"，每条新闻后面，都有同样的两句话：

"深深吸引着同学们的目光，他们瞬间就把报名桌'包围'起来。"

"同学们热情高涨，不仅踊跃报名，还帮助老师卖力宣传，而作为校本课程的开发者、实施者，老师们更是主动参与。"

一位网名Lillian的二外毕业生，2019年6月21日曾在网上这样

校本课程报名

留言：……还可以报名参加校本课程，老师会成立很多兴趣课程班，什么

样的都有。我初一上学期抢到了一个寿司课程，下学期抢到了电脑flash动画制作（因为热门课程名额很有限，我都是运气好抢到的，后来发现去旁听的人也没有被赶走）。

上学期"抢"、下学期"抢"，可见校本课程在同学们中多么受欢迎。自2004年开办每周一节供学生自主选修的校本课程，学校还经常对学生进行问卷调查，依据学生的兴趣爱好、意见和建议，每学期对课程进行调整和增删，从课程选择上给了学生很大的自主性、灵活性。从学生出勤率、课堂听课状况来看，学生积极参与、态度端正，教学效果非常理想。"校园新闻"里写的瞬间就把报名桌"包围"起来，真是毫不夸张！

也许，正是这位抢到了寿司课程的Lillian同学，曾在校园贸易节上卖过自己亲手做的寿司呢。

▌200 多门校本课程：多元、融合、个性

在洛阳二外，每周二下午第四节课统一开设校本课程，教务处、教科研室会根据学校每位教师的专业特点及老师的自荐，安排授课；学生则打破年级和班级界限，自愿报名、自主选择学习内容。

学校教务处负责校本课程的规划、审定、评价。校本课程充分考虑到学生的需要、兴趣与经验，为学生全面发展提供课程保障。教师是校本课程开发的主力军，学校一直很重视将教师的专业发展与校本课程开发相结合，很多老师在校本课程开发之初优势并不明显，也曾遇到这样那样的问题，但他们能够坚持不懈地摸索、实践、积累，与校本课程同成长共进步。

在洛阳二外，教育的立足点远远不是让学生学到什么，而是让学生学会探索什么。在校本课堂上，学生自主学习，直接参与实践；教师走下讲台，与学生的实践活动融为一体，真正体现了师生的民主平等，学生也真正感受到了做学习的主人和主动学习的滋味。校本课程的开展，不强调严格的知识体系，强调的是学习要与学生的生活和社会紧密联系，提倡教学活动

的多样性，教学时间和空间的开放性，学习方式的自主性，评价标准的差异性，因此，通过参加校本课程学习，学生的实践能力和探究能力都有了不同程度的提高。

　　坚持开设校本课程是洛阳二外深入推行素质教育、研发卓越课程、丰富学校课程体系的重大举措，有利于充分发挥教师的爱好和特长，倾其所有，授其所会、展其风采，让每个孩子学到适合自己兴趣发展的课程，立足于其创新精神和实践能力的培养、个性发展和潜能的发挥。

　　在2019年6月16日召开的"开放·人文·多元——2019年基于核心素养的中小学课程建设专题研讨会"上，8位洛阳知名学校的校长向到会专家分享了他们在"一线实践"中的教育智慧，作为洛阳基础教育的旗舰学校，白校长也是其中之一。白校长认为，经历了白手起家的艰苦创业历程，令洛阳二外迅速走出困境的法宝，是课程，其中包括自2004年开始研发并已形成特色化优势的校本课程。

　　在校本课程发展的16年间，洛阳二外始终循着"从活动趋向课程""由经典走向常态"的行动策略，聚力于"校本化"，因此，洛阳二外的200多门校本课程主要有以下三个特点：

　　1.课程活动场地由室内扩大到户外、田间。如骑行、开心农场、气象站，课程紧密结合初中知识，充分利用学校资源，不仅倍受学生欢迎，而且得到了不期而遇的众多收获。

　　2.理论与实践相结合，动手与动脑相结合。如针织、烘焙、手工DIY等，它不仅为学生学习知识提供了丰富的生活经验的支撑，而且对于培养兴趣爱好、升华情感态度价值观、提升社会责任感十分有效。

　　3.个性化社团课程，以发展学生个性、培养学生特长为宗旨。每个学生都有自己的优势智能，学生间的差异主要就是优势智能间的差异。面对异质的学生，应该因材施教，尽可能为学生提供适宜的教育和更多的选择。

▍ 新的方向：精致化、科学化、规范化

校本课程的开发与实施是学校贯彻教育方针、实施素质教育，培养全面发展的未来人才的具体体现。目的是更好地满足学生的实际发展需要，培养学生的兴趣特长，创新思维能力、动手能力；培养学生分析问题和解决问题的能力以及团队协作和社会活动的能力。特点是突出学生的自主性、自愿性和灵活性，更好地满足学生有差异的学习需求，更好地满足师生和学校的需求。

以校为本、以学生需求和兴趣为出发点、以教师为主力军、以学校资源为载体的校本课程，是课程改革中的新生事物，与必修课一起构成了学校的课程体系。从这个角度来说，作为校本课程的开发者和实施者，老师有多强大，校本课程就有多强大。因此，也就更凸显了"人才工程"的意义。

未来社会对人的需求，决定了学校教育到底要培养什么样的人。基于此，在当前社会发展的大背景和新形势下，洛阳二外所作出的这些努力和尝试，为孩子全面充分而富有个性的成长和发展提供了保证。但这还远远不够，如何基于学生的核心素养建设学校课程，打造更新的课程模式、形成更有效的课程体系，是二外领导不断思考和实践的问题。

关于这一点，教育部基础教育课程教材发展中心研究员、教育部基础教育课程杂志主编付宜红给洛阳二外提出了极有价值的建议。

付宜红研究员首先肯定了洛阳二外16年来在校本课程方面的探索，她认为：在课改初期，学校凭借探索的热情，第一步把校本课程开出来、第二步把课程数量提起来，做到几百门课程，这是该"点赞"的！新的发展阶段，如何充分考虑质量，做到精致化、科学化、规范化，在有限的时间里做更有价值的事情？付宜红研究员认为有三个关键环节：一是分析学校、学生的需求与现状；二是理清学校课程整体结构图；三是完善课程纲要、实施方案。有专家的指导、老师们的积极参与，洛阳二外的校本课程必将一届比一届更精致、更科学、更规范。

2020—2021学年第一学期校本课程安排表（1）

课程	经典影视欣赏	B-BOX	伊洛探幽、龙门访古	让子弹飞	圆明园探秘	西方文化	轻羽飞扬	武术	女篮	男足	男篮
任课教师	刘珂珂、杨春丽、徐亚楠	袁磊、杨文婕	宋娟、白彩娜	符天明、吕连志	李亚斌	赵洁、徐燕歌	侯兴巧、乔宝宝	魏瀚青	锁鹏举、张洋洋	孟亚飞	闫峰、王彬、姚世豪、付小兴
上课地点	小教室19	国际部222	小教室20	图书科技楼前	小教室9	小教室28	教学楼东侧	操场旗杆下	行政楼后篮球场	足球场	餐厅南侧篮球场
9月15日第八节	第一课时	第一课时	第一课时	第一课时	第一课时	第一课时	第一课时	第一课时	第一课时	第一课时	第一课时
9月22日第八节	第二课时	第二课时	第二课时	第二课时	第二课时	第二课时	第二课时	第二课时	第二课时	第二课时	第二课时
9月29日第八节	第三课时	第三课时	第三课时	第三课时	第三课时	第三课时	第三课时	第三课时	第三课时	第三课时	第三课时
10月13日第八节	第四课时	第四课时	第四课时	第四课时	第四课时	第四课时	第四课时	第四课时	第四课时	第四课时	第四课时
10月20日第八节	第五课时	第五课时	第五课时	第五课时	第五课时	第五课时	第五课时	第五课时	第五课时	第五课时	第五课时
10月27日第八节	第六课时	第六课时	第六课时	第六课时	第六课时	第六课时	第六课时	第六课时	第六课时	第六课时	第六课时
11月3日第八节	—	第七课时	第七课时	第七课时	—	—	第七课时	第七课时	第七课时	第七课时	第七课时
11月10日第八节	—	第八课时	第八课时	第八课时	—	—	第八课时	第八课时	第八课时	第八课时	第八课时
11月17日第八节	—	第九课时	—	第九课时	—	—	第九课时	第九课时	第九课时	第九课时	—
11月24日第八节	—	第十课时	—	第十课时	—	—	第十课时	第十课时	第十课时	第十课时	—
12月1日第八节	—	第十一课时	—	第十一课时	—	—	第十一课时	第十一课时	第十一课时	第十一课时	—
12月8日第八节	—	第十二课时	—	第十二课时	—	—	第十二课时	第十二课时	第十二课时	第十二课时	—

2020—2021学年第一学期校本课程安排表（2）

课程	公民成长体验营	中国象棋	演讲与口才	校园啦啦操	以歌会友	生活中的数学美	爱国电影赏析	数学CLUB	开心农场	探索世界电影文化
任课教师	陈柯宇	高毛、任梦超	张阿楠、刘佳	蔡红艳	张宇苗、徐欢	李冬丽、化静静、刘清洁、赵爱云	周文扬、李宇峰	韩秀丽、陶洁、段永芳	张振波、崔凤娥、张庆华	周彦菁、刘明洁
上课地点	小教室12	教学楼东	小教室15	行政楼前	小教室13	小教室10	小教室29	小教室17	图书科技楼前	小教室23
9月15日第八节	第一课时	第一课时	第一课时	第一课时	第一课时	第一课时	第一课时	第一课时	第一课时	第一课时
9月22日第八节	第二课时	第二课时	第二课时	第二课时	第二课时	第二课时	第二课时	第二课时	第二课时	第二课时
9月29日第八节	第三课时	第三课时	第三课时	第三课时	第三课时	第三课时	第三课时	第三课时	第三课时	第三课时
10月13日第八节	第四课时	第四课时	第四课时	第四课时	第四课时	第四课时	第四课时	第四课时	第四课时	第四课时
10月20日第八节	第五课时	第五课时	第五课时	第五课时	第五课时	第五课时	第五课时	第五课时	第五课时	第五课时
10月27日第八节	第六课时	第六课时	第六课时	第六课时	第六课时	第六课时	第六课时	第六课时	第六课时	第六课时
11月3日第八节	第七课时	第七课时	第七课时	第七课时	—	第七课时	第七课时	第七课时	第七课时	—
11月10日第八节	第八课时	第八课时	第八课时	第八课时	—	第八课时	第八课时	第八课时	第八课时	—
11月17日第八节	第九课时	第九课时	第九课时	第九课时	—	第九课时	第九课时	第九课时	第九课时	—
11月24日第八节	第十课时	第十课时	第十课时	第十课时	—	第十课时	第十课时	第十课时	第十课时	—
12月1日第八节	—	第十一课时	—	第十一课时	—	第十一课时	—	第十一课时	第十一课时	—
12月8日第八节	—	第十二课时	—	第十二课时	—	第十二课时	—	第十二课时	—	—

第 12 章

优秀班主任的"十六字秘籍"

2018年12月4日上午，在洛阳二外的2号报告厅，全体班主任、副班主任、政教员老师看了一段非常温馨的"秘密"视频：国庆节前夕，学生给蔡忠义老师过生日。孩子们纯真的笑脸和蔡忠义老师幸福的笑脸在屏幕上叠加着，让与会老师既感动又羡慕。

蔡忠义老师是学校的人才工程培训导师，更是一位有着30多年教育教学经验的老班主任。常言道：教育是一门科学，管理是一门艺术。一位班级管理不成功的班主任，其失败的理由可能会有一百条，而每一位优秀班主任成功的经验中，最重要的一条必然是热爱学生。视频播放之后，蔡老师向与会老师分享了他的"老班心得"。

这样的班主任工作定期交流会，是洛阳二外实施班主任系统培养工程的重要措施，学期内每周二上午都会召开。

班主任工作是学校实施德育工作的主渠道，也是学校德育工作能否取得实质性成效的关键。"十年树木，百年树人"，班级管理、学生教育是一项复杂的系统工程，一项项大刀阔斧的举措、一串串累累硕果的背后，都有春风化雨般的班级管理工作。所以，在洛阳二外的领导和老师们心里，优秀班主任"秘籍"就是十六个字：婆婆的嘴、衙役的腿、包公的脸、菩萨的心。

▌ 婆婆的嘴

教育家叶圣陶说："教育就是培养习惯。" 而习惯的养成，绝非一朝一夕之功。

王烁焱老师从教17年、担任班主任工作17年，深切感受到小学班主任扮演的就是"婆婆嘴"：充当学生家长和教师双重身份，侧重于学生的教育管理，必须用"婆婆嘴"天天讲，时时提醒，处处跟踪，严格督导，形成习惯。

王烁焱老师所在的东校区实行寄宿制和午托制并存，寄宿制学生要上晚自习，由任课教师进行学业辅导；午托制学生中午在校统一就餐就寝，以解决上班族家长接送难的问题。王老师接的新一年级是寄宿班，班里的孩子基本都是第一次住校。一般来说，第一天孩子们感觉比较新鲜，暂时忘了爸爸妈妈，睡得都挺好。第二天就不一样了，孩子们开始不断地问："王老师，今天是不是可以回家了？""王老师，我想妈妈了。""王老师，我想回家。"……更有甚者什么都不说，默默地趴在桌子上哭泣。面对这种情况，为了让全班安静，王老师只能发挥语言魅力——说教。等她说完，孩子们的情绪基本都能平复。但类似情况会反复很长一段时间，老师必须不厌其烦地发挥"婆婆嘴"的功能。

孩子们刚入小学，大都没有规矩意识，王老师就利用语文课、班会课、道德与法制课等一切可以利用的时间，给孩子们讲规矩、说规则，不厌其烦一遍又一遍，发现有什么不好的苗头第一时间就制止，而且反复说、反复教。有个小女生，由于之前什么都没有学，字也不认识，还老是因为想妈妈哭泣。王老师看在眼里，急在心里：这怎么行呢，必须让她赶紧融入班集体！课堂上，王老师经常提问她，下课后，拉着她的手告诉她："有什么困难告诉我，我会像妈妈一样帮助你。"刚开始孩子有些抵触情绪，老师说的次数多了，才慢慢地开始和老师有了简单交流。王老师趁热打铁，安排这孩子认识了一个学习好、规矩意识强的同学，并告诉她：这是你的小老师，有不懂的可以问他。时不时地，王老师还会询问她生活和学习上的一些琐碎事儿。渐渐地这孩子变了，课堂上发言很积极，做作业也特别认真，不懂的还主动问老师，而且能利用课余时间主动学习——这都是王老师的"婆婆嘴"起作用了。

班级管理工作纷繁复杂、学生问题常常让人措手不及，因此，干教育工作就是要时时说、反复说，以达到防患于未然的目的。哪位同学表现好了、谁进步了，要及时表扬；哪位同学做错事了，和谁闹矛盾了，要及时提出批评，及时调解；课堂纪律、食宿纪律时时都要提醒；学生日常作业、听写、测试出现问题，要及时关注，个别的还需要单独谈话；哪些行为存在安全隐患、什么事不能做，天天都要叮嘱……凡是涉及学生的，无论学习的、生活的、家庭的、社会的、行为的、安全的，一个不漏都要及时讲、及时说，必要时还要反复强调，这样才能确保班主任工作准确到位。

在教学一线从事历史教学工作30年的河南省优秀教师、河南省名师宋昆岚认为，班主任老师要有"婆婆嘴"，但也不是无原则地絮叨，必须有针对性和目的性，要把话说到点子上、说到理上、说到学生的心上，这样学生才会遵照，心服口服：

古人飞箭，讲究有的放矢。这一点用在班主任工作中，就是话要说到"点"上，要学会隐忍，把握好火候和说话的时机。与学生个别谈话前，一定要多调查、多观察、多了解、多倾听、多思考。要透过现象看本质，这样的谈话才能切中要害。

班主任对学生进行说服教育，除了动之以情外，还要晓之以理。首先树立学生即朋友的观念，放下"师长"的架子，因势利导，循循善诱。其次，多用辩证法。过头、偏激的话容易伤害学生，误导学生对有些问题的认识。与学生谈话时，要一分为二，比如说到某个学生身上的不足时，同时要肯定他身上的优点；说到他的成绩时，还要指出他的不足和努力的方向。同时要用发展或联系的眼光看问题。比如谈到学生们身上一些看似很小的问题时，就应指出如果任其发展下去，将产生由量变到质变的后果。对于一些所谓追求个性、认为自己的不良生活和学习习惯是自己的事情，与他人无关的学生，要用联系的观点进行说服教育。人生活在集体中，自己的一言一行、一举一动都会对他人、对集体产生影响，要规范自己的言行，提高个人修养。

把话要说到"心"上，首先以心换心，与学生交流时说假话、说空话、说大话的做法，注定是劳而无功的。必须真诚，在理解的基础上交流，才会事半功倍；其次要以情动之，面对一群朝气蓬勃、感情丰富的年轻人，班主任要善于用真诚的友情鞭策学生，用无私的亲情感化学生，用火热的激情鼓舞学生。以情动之，即使是批评的话语，学生也能感觉到老师是在关心他、帮助他、爱护他。

总之，班主任必须要有一张婆婆的嘴，但班主任的话不是"韩信用兵，多多益善"。要言简意明，言简意诚，言简意丰，恰到好处。

▌ 徭役的腿

段向利老师的班里有一位孙同学，曾经让他十分头疼。孙同学是一个聪明的孩子，但脾气特别执拗，只要是自认为对的事情，不管老师怎么说对他都没用。因为脾气倔，他跟同学相处得也不好。因为总是被指责，得不到同学的理解和友谊，这只离群索居的孤雁时不时地就会以一种极端的方式宣泄愤怒。有段时间，段老师每天要马不停蹄地收拾他发怒时用钉子钉过的一根根木桩，每天中午奔波在教室、宿舍、办公室之间，解决他与老师、与同学之间发生的各种小插曲，同时也了解到他在与同学的日常相处中的一些委屈和无奈。于是，段老师就经常找他去操场聊天散步，倾听他的讲述，分析他遇到的困境，告诉他，任何时候，不管发生任何事情，不管其他同学怎么看，老师都永远愿意听他解释，给他机会。在沟通交流的过程中，也发生过几个小插曲，但段老师知道，这个孩子正在寻找与人相处的正确方式，他还需要时间、需要宽容。现在，孙同学已经能虚心接纳别人意见、与同学和平共处了。

所以，班主任不仅要有婆婆的嘴，还要有衙役的腿：在教室、走廊、操场、餐厅、宿舍、楼道、医务室、校门口等校园里任何一个地方，都会有班主任的身影——老师跑断腿，为的是及时解决孩子的问题，给予孩子更多的关爱。

班主任每天总会早早赶到教室，和学生一起迎接美好的一天。他们不仅要上好自己的课，课间还会赶到教室去帮助孩子们，如果教低年级的孩子，班主任甚至会提醒他们多喝水，帮他们接水，提醒他们上厕所，到走廊看看孩子们在上厕所的路上有没有奔跑、有没有摔倒，是否需要提醒和帮助；午饭时间到了，班主任要先到教室组织孩子们排好队，然后带着他们安静有序地走进餐厅，还要在餐桌中间走来走去，和生活老师一起照顾孩子们把饭吃好；午饭后，班主任要组织孩子们回宿舍，要在上下楼层之间来回巡视，一方面提醒孩子们保持安静，另一方面还要为没盖被子的同学及时盖上被子；孩子们生病了，要立刻带孩子到医务室检查，如果病情严重，还要和校医一起送孩子到医院；当孩子们六一、元旦等节日需要演出节目的时候，班主任老师又得奔赴服装店，一趟趟挑选合适的演出服装。

洛阳二外的老师们常开玩笑说，"自从当了班主任，腿都细了不少"，这都是跑出来的。因为只有来来回回地奔波，才能离孩子们更近，才能给予孩子们更多细致周到的关爱，让孩子们更健康苗壮地成长。

▌ 包公的脸

2019年4月的一个上午，范丽云老师同往常一样去班里"巡视"，看看有没有"违纪"的学生。刚走到前门，就听到乒乓球落地的"啪啪啪"声。范老师觉得声音来源是"调皮大王"王同学，便把正在上数学课的王红果老师悄悄叫到走廊询问，王红果老师也认为是王同学。下课以后，范老师把王同学叫到办公室，告诉他，他影响了课堂纪律，但王同学拒不承认。范老师询问了班长，并走访了王同学周围的同学，大家都确定是他。于是，范老师在下午大课间时很严厉地批评了王同学，并对王同学展开了思想教育："少年时期是花一样的季节，它的主色调是鲜亮还是灰暗，不取决于别人的看法，而取决于自己言行是否美好。人不怕犯错误，敢于承认错误并能及时改正，就是个好孩子。"

经过一番摆事实、讲道理及苦口婆心的心理疏导，王同学终于认识到自己的错误。后来他又犯了一次错误，被范老师叫到办公室后，他一看到范老师的"包公脸"，马上就承认了。范老师问他："这次为啥不狡辩了？"他诚实地说："反正最终您都能查出来是我，就干脆承认了。"范老师当着全班同学的面表扬了他，说他终于长大了，是个男子汉，敢做敢当。现在，这位王同学虽然已经毕业，但每年春节还是常常给范老师发微信说起这件事，说他非常想念范老师。

范丽云老师是河南省骨干教师、河南省文明班集体班主任、洛阳市优秀教师，多次获得全国优秀英语辅导教师称号。范老师认为，一个班主任只有刚正平等、以理服人才能让学生心服口服，达到育人的目的。做好班务工作不是一件简单的事情，但灵活运用好"包公脸"，无疑是巧妙应对千差万别的学生个体和千头万绪的教育情境最合适的方法之一。

包公脸原本是中国传统戏曲中勾画在演员面部的特殊图案，它通常使用不同颜色来展示人物的不同性格。迁移到班务工作中，就是运用表情、语言和行为的变化来体现班主任在班级中的中立角色、刚正平等。

"包公的脸"是洛阳二外"班主任观"里很重要的一点，金颖慧老师曾写过一篇论文《惩戒是必须的教育手段》，文中认为："现在的孩子成长环境都比较优越，在家里亲人宠爱，到学校老师赏识，如果父母的家庭教育能跟得上的话，孩子不会有太大的问题，一旦家长的爱缺失了理性与科学，自私、任性的孩子就出现了，这些孩子到了学校，就成了学校德育工作中的难点。我们崇尚民主和尊重，但是我们更有责任去修正学生身上的不良行为，纠正他们思想中的错误认知。教师春风化雨式的教导是对学生的爱。学校教育要为社会培养合格的公民，教会学生懂得感恩，懂得尊重，懂得管理自己的情绪，懂得遵守行为规范，使学生敬畏生命、敬畏规则、敬畏尊长。面对学生的不良言行，学校和家庭要通过合理的惩戒让孩子怀有敬畏之心，将来才不会无视家规国法、公序良俗。"

就以上观点，在分析了自己班上的一个案例之后，金颖慧老师谈了她的五点认识：

1. 没有惩戒的教育是缺钙的教育。

批评、惩罚是班主任对学生进行教育必须的手段之一，学生的成长正像树木的生长，在长大长高的同时枝枝杈杈会旁逸斜出，要想让学生笔直地、顺利地长大成材，教师必须做修剪的工作，掐去坏叶，砍去歪枝！对于被修剪的树木来说，掐也好、砍也好，都是要痛的，它会不舒服，会逆反、会反抗。人们把教师比作"园丁"，"园丁"对待每一棵"小树苗"不仅仅要翻土、浇水、施肥，更要修枝打杈。

班主任面对性格各异的学生，对于自尊心极强且敏感的孩子，批评只需点到即可。对于个别行为顽劣且屡教不改的学生，就需要施加一定的压力。班主任要有几招"镇妖法宝"，面对狂妄自私的孩子，一味地苦口婆心就是软弱，就是没有原则，就是姑息迁就！

2. 惩戒学生之后要做好安抚工作。

批评和惩戒是一剂猛药，是药就会有副作用，所以批评过后必须有善后，避免留下后遗症，不能让学生与老师的关系疏远，甚至产生心理障碍。老师教育、惩罚学生不是和学生本人过不去，而是和学生身上的缺点错误过不去，老师要以动态发展的眼光看待学生，不能给学生贴标签。只要怀着治病救人的心态与学生相处，最终就能"收服"学生并建立健康和谐的师生关系。

3. 惩戒学生要得到家长的支持。

教师惩戒学生应提前和家长沟通，要获得家长的支持，家校联合，目标一致，才能形成教育的合力。每一个问题孩子的背后必然有一个问题家庭，每一个问题家庭中必然有不当的家庭教育理念，教师要先和家长交流自己的管理理念，取得家长的信任，让家长心服口服、没有怨言，使家长明白所有的惩戒都是对事不对人，这样就能尽量避免出现家校冲突，并能较好地维护班主任权威。

4. 惩戒学生的前提是不损害学生的身心健康。

苏联教育家马卡连柯指出："正确地和有目的地使用惩罚是非常重要的。但是笨拙地、不合理地、机械地运用惩罚使我们一切工作受损失。"教师面对的是具有鲜明个性的学生，采用的教育方式也应因人而异、因时而变，可以是正面的引导，也可以是反面有力的鞭策。

惩戒学生，是为了帮助学生认识错误、改正错误、获得进步。惩戒本身不是目的，惩戒的前提是不损害学生的身心健康，即不伤害学生身体，不侮辱学生人格。

5. 惩戒学生应公平公开。

公平就是学生犯了同样的错误，要受到同等程度的惩戒，所以，具体怎么惩戒并不是最重要的，公平才是第一位的。惩戒学生要公开透明，在班集体建立初期，应该由学生集体讨论制订班级惩戒规则，再经过班主任修改，最终形成人人知晓的惩戒方案，张贴于教室的醒目位置，并通过班会等形式解读。家长也需要了解规则，班主任应将规则文本送达家长并收取回执。这样，宣传教育在先，教师、家长、学生达成共识，遇到学生犯错误时就能做到"有法可依"。

▶ 菩萨的心

所谓菩萨的心，不仅仅是爱心，还要有责任心、耐心等。正是因为老师的菩萨心，孩子才能生活在微笑和关爱中，就犹如让花草生长在春风雨露里。因为有爱，我们才有耐心；因为有爱，我们才会关心；因为有爱，我们才会和孩子们更贴心。

在洛阳二外，一位教师的成长史，基本就是一位班主任的成长史。那些当年入校时心怀忐忑担任班主任的年轻老师，多年后回望来时的路，心里满满当当的，全是学生带给自己的成就感与幸福感。而这一切，都是源于他们对学生的爱。

洛阳市首届中小学名师、河南省文明班级班主任王屹青老师曾经接手过初二年级一个班，当时，班上有一个李姓学生表现很不好——总是丢三落四、放肆说笑、违反纪律。但还没等王老师找家长"告状"，家长却找上门来，说："作为一个后进学生的家长……"

家长的话激起了王老师的同情心和教育"公正心"及责任感，她告诉家长："孩子的发展不可估量，未来成功与否很难通过一时的表现来判定，不要因为孩子一时的不优秀就放弃孩子，更不能给孩子贴上标签，打击孩子，伤害孩子的自信心。"

没想到，王老师的这番话竟让这个孩子大为感动，他在作文里说："从来没这样喜爱上语文课，我的王老师是那样生动有魄力，她站在讲台上谈笑风生，手之舞之，足之蹈之，把我带进文学的世界里。"这几句话也让王老师心生感慨：一个孩子的赞美让我快乐，是不是我对孩子的欣赏会给孩子带来更多的快乐呢？原来，面对学生，只需要爱就行。

因为小李同学，王老师改变了对"后进学生"的教育态度。她意识到：要爱优秀的孩子，更要有意识地去爱暂时不优秀的孩子。

这种爱，也体现在关注学生的家庭情况等细节中。有一个学生的父亲因为工作性质特殊，一年到头难得回家几次，父子关系有些疏离和紧张。

一次家长会后，学生父亲对王老师说："在儿子心里，有我没我一个样，他不听我的。"王老师赶紧劝他："没有哪个孩子不在乎家长。但如果家长传递'不在乎'的情绪，孩子就会有不在乎的行为。很多时候，孩子是跟着暗示来行动的。你要坚信，父子永远是父子，血浓于水。"后来，这个家长改变了态度，父子关系也得到了极大改善。

诚然，爱学生有很多角度、很多方式，可以是微笑、照顾、安慰、拥抱、轻声细语，也可以是制止、批评、惩罚、严肃、引导、示范，甚至是睁只眼闭只眼，但无一例外，都需要"爱"这一前提。

班主任培训是洛阳二外深入实施班主任系统培养工程、不断提升班主任班级管理艺术、构建新时期教育改革下的德育队伍的重要举措，班主任老师在这个互分享、互学习、互促进的交流平台上，与时俱进、不断学习、不断提高，在工作的方式、方法上扬长避短，争取更大的进步。

教师的成就感，不仅仅来自优秀的"栋梁材"，而且来自每一个学生——那些看起来与多数同学不一样的孩子，却往往能够使教师对教育的认识更全面，也更深刻。

西校区是2016年9月才开始招生的新校区，幼儿园、小学区、初中区，各自的教学楼、各自的运动场，一切都是崭新的，给老师们的天地也是崭新的。遇到相似的问题，年轻班主任、老师们的处理办法也是崭新的。

2019年9月，初到二外西校区，孙娇老师担任一年级一班班主任，班里的孩子有一部分是刚刚年满6周岁的小娃娃。给孙老师印象最深刻的，是活泼、好动的郭同学。

开学第一天，孙老师在黑板上写完字转身时，郭同学悄然无声地走过来，伸着胳膊用手指指孙老师手里的粉笔，有些口吃地笑着说："孙老师，我家里也有这个粉笔，我妈妈给我买了好多好多。"之后，孙老师总会不定时地接到其他任课老师"告郭同学状"的电话，请求她帮忙"解决问题"。将大部分纪律良好的孩子稳定住后，孙老师开始悄悄跟在郭同学后面观察。

开学两周后的一天，郭同学站立在班级门口眺望，转身的时候看到孙老师，他像发现新大陆一样跑过来说："孙老师，这个学校好大啊！"

原来，他不是坐不住，只是对外界的环境太感兴趣了，太想去看一看偌大校园的角角落落。这完全符合了儿童心理发展的特点——好奇。

知道了原因，就对症下药。孙老师和郭同学约法三章：只要能够坚持坐满一节课，老师就带他参观整个校园。那节课他真的坐足了40分钟，孙老师也信守承诺带着班里的孩子参观了整个学校。

当大家都心满意足地坐回自己座位上时，孙老师开始给他们立规矩。孩子们欣然接受了第一波的规则，那就是上课不随便离开座位……

班主任工作是一个很特殊的工作，是个良心活儿，强烈的责任心则会促使班主任热忱、自觉、积极、认真地投入工作。责任心强的班主任不需强制，不需责难，甚至不需监督。她们将教书育人内化为自身需要，把责任升华为博大的爱心，于细微中发现丰富，于琐碎中寻找欢乐，于平凡中创造伟大。

洛阳二外的老师和同学们都非常喜欢校门口的地标石，毕业时尤其喜欢在那里合影。照片上，有些人只能看见地标石正面的"洛阳市第二外国语学校"，而更多的人却还能看见地标石背面的"爱满校园"。

解决义务教育管理中遇到的所有问题，都可以用"爱"这个字来解决。没有爱，教育就无从谈起。尽管爱从来就不仅仅只有一面，但无论哪一面，爱，都是一种力量、一种品质，是班主任必备的修养，是一所学校教育成功的秘诀。

第 13 章

外国语学校的外语特色

　　洛阳二外教学楼里，所有走廊的墙壁上都张贴有英语名言警句。同学们随时随地，一抬头就能看到中外名人佳句。这些涵盖励志、尊重、责任感、友谊、勤奋、合作等各种主题的英文标语，让同学们在学习课本知识的同时，还更多地了解生活中的文化哲理。

　　为打造全国知名的外语品牌学校，洛阳二外始终坚持多管齐下，突出学校的外语特色。作为教育部中国教育国际交流协会和美国美中关系全国委员会项目定点学校，洛阳二外积极开展对外交流，与美国、加拿大、澳大利亚、新西兰、日本、尼泊尔等国的一些学校友好合作，与美国威斯康星州拉克罗斯市娄根高中、娄根初级中学、北林小学以及苏州外国语学校、南京外国语学校仙林分校等国内外知名学校密切互访，强强联合，共谋发展。2011年，洛阳二外与美国威斯康星州立大学拉克罗斯分校签署《洛阳市第二外国语学校与美国威斯康星州立大学拉克罗斯分校教育合作备忘录》，为双方的教师和学生提供了更多的交流学习机会，大大加快了洛阳二外办学国际化的进程。

　　优秀的教师团队、先进的教学理念、浓厚的英语氛围、丰富的英语活动，极大地激发了学生学英语的积极性，为学生搭建了良好的英语平台。学生的英语演讲水平和综合素质提高很快，外语特色成果显著。

　　洛阳二外学生的本土情怀和前瞻性国际视野，受到家长和社会的肯定，也受到来访各国校长教育代表团的赞扬。随着国际交流不断扩大，洛阳二外先后接待了来自世界许多国家的教育代表团，受到国际同行的认可和高度评价，并与加拿大、美国、尼泊尔等国相关机构签署了教育合作协议。

▌ 在"小班"迷上了《典范英语》

从母校毕业、回母校教书的赵洁老师，是洛阳二外的第一届学生，"那个时候，我们全年级只有6个班，每个班42人。作为一个外语特色学校，为保证英语教学效果，我们是分A、B班上课的，也就是上英语课时，我们被均分为两个班，每个小班21人。"

为激发学生学英语的积极性，使英语真正成为学生生活中的第二交际语言，自建校起，洛阳二外的外语课堂就坚持全英教学，将一个班分为两个小班，以充分保证教师与所有学生的外语交流；同时，学生与教师之间、学生与学生之间人际交往的密度

2014 年 10 月典范研讨会

提高，情感交流的机会增多，也大大增强了教师对学生的影响力、亲和力。

在多年的探求、摸索、借鉴、吸收中，洛阳二外逐渐形成了一套以培养学生听说读写能力、交际能力、自学能力为主的外语课堂小班化教学模式。其中一周两次的典范英语课，是孩子们的最爱，你当导演，我当编剧，他是道具师，她是化妆师，每一个参与者都是主角……

郭立苗老师第一次接触典范英语，是在2012年年初。那年3月5日，北外课题组专家来洛阳二外作了一场精彩报告，郭老师听了之后，很惊讶北外老师在演讲中提到的学生学习典范英语前后的变化，一下子喜欢上了这套原汁原味的英语教材，也盼着学校能早点儿引进这套教材，看看自己的

学生是否也能因此在语言能力上有质的飞跃。因此，郭老师拿到典范英语的第六集教材后，爱不释手，一口气读完了这套教材。但看到故事中大量的生词和听着地道的英语，她又担心孩子们会不会被吓到。

其他老师接触到典范英语教材后的心情，也和郭老师一样。因此，2012年3月28日，学校组织老师去山西太原外国语学校考察学习《典范英语》的教学使用情况，姚臻臻老师就是此行的教师之一。去太原之后，看了学生的展示，她觉得可行。与同行的领导、老师沟通，大家也都有同感。

4月下旬，洛阳二外启用了这套教材。果然，经过一段时间的学习后，郭老师、姚老师和同事们就发现，之前的担心是多余的，学生们每到周一和周五都相当兴奋，因为这是他们的典范学习日。学生们对这套教材如醉如痴，都争着去模仿故事中的人物、甚至是小动物说话的语音语调。

事物的发展，就是发现问题、解决问题的过程。课堂上表演时，老师们发现：学生没有时间读书，不能很好地理解故事，表演时只能拿着书本念台词。为了推进《典范英语》的有效使用，洛阳二外每周安排2个课时专门讲授此套教材，每天安排20分钟时间，全体学生大声跟读课文录音，强化语言习惯。

作为阅读教材，朗读是重头戏。为了调动学生朗读的积极性，老师们会在课堂上设计不同形式的活动，吸引学生们积极参与，展示每个小组朗读的不同风格：有齐读的，有两重奏朗读，有分角色朗读，也有小组以说唱的形式朗读，甚至情不自禁地带动作朗读；竞赛朗读时，就像军训"拉歌"一样，这个小组挑战那个小组，课堂气氛特别活跃。这种每天阅读典范的习惯，很快成了孩子们学习生活的一部分。姚臻臻老师曾经提到过，有一次她带领十几个学生到北京办理签证，在火车上正说说笑笑，孩子们突然齐刷刷拿出了《典范英语》——原来是到了每晚的读书时间。

因为喜爱《典范英语》，就想表演《典范英语》。因为要表演，就得记住台词。孩子们开始自发地背故事中的对话、背章节、背整本书。经常可以见到有同学在校园的小道上脚步匆匆、嘴里嘟嘟囔囔，走近时才知道，他是在背《典范英语》中的故事。书读到位了，孩子们在课堂上就能更好地配合老师，表演时也可以脱离书本，更好地投入到人物角色中。

熟悉课文、在当堂课上给学生几分钟准备时间然后进行章节表演，比之前拿着书表演进步了很多，但由于时间有限，学生很难背下大段台词。于是，老师们会在前两章讲完后安排学生将最喜欢的章节改写为剧本，并强调每一个小组成员都要脱离书本、都要有台词，即使表演的只是一条鱼、一张渔网、一条狗、一棵树，也要根据情景让它们活起来、有话说。这样，学生们在表演时基本可以脱稿，

典范英语展演

增加了更多的肢体语言和面部表情。每一届都有一批被老师们戏称"为典范而生"的学生，他们在课堂上表演时，为了逼真地还原人物，用斗鸡眼、歪鼻子、斜嘴巴的外形，演绎出丑陋的偷盗者；把衣服塞在T恤里，装扮成怀孕的妈妈；把围巾缠在头上、餐巾纸涂黑变成眼罩，摇身变成海盗……孩子们充分发挥自己的想象力，在教室就地取材，课堂上笑声不断，就连平常最安静内向的孩子也愿意参与其中。

教学实践证明，《典范英语》的使用，有助于学生升发智力，开阔视野，启迪思维，陶冶情操，了解文化差异，树立良好的世界观，全方位提升学生英语语言综合运用的能力，使学生更加自信。

除了课堂表演，《典范英语》的作业也深受学生喜爱，是孩子们展示才艺的天地。老师们设计的典范作业由浅入深，最初，要求学生在反馈本上做摘抄，孩子们配上故事书中的人物和插图，积攒了很多生词和美好的句子，办的手抄报图文并茂，特别吸引眼球；接着，学生们尝试着用英语解

释生词，并试着使用这些生词造句，在课堂上听老师结合故事带领他们进行人物分析后，又在自己的反馈本上写人物分析，以读促写慢慢渗透——从复述到续写和改编，学生们对英语语言的实际应用水平明显提升了。

典范作业

为了进一步激发学生们学习英语的热情，也为了满足学生对表演的需求，学校每年5月底都会有一场典范戏剧展演。孩子们在老师的带领下，利用午休或者自习时间，研究编写剧本、分析人物的心理活动、精修台词。在每一年的舞台上，都可以看到孩子们插上想象的翅膀，尽情享受"典范世界"带给他们的无限乐趣。有感于展演中学生的精彩呈现，2019年9月，学校特增设英文戏剧课，为学生进一步发挥才艺提供舞台。

走过"英语角"，听"二外之音"

如何将外语教学从课堂向课外延伸，各个学校都八仙过海各显神通，但洛阳二外的办法别有新意。

2014年10月北京外国语大学霍庆文教授和白校长与学生同台演讲

早在2003年，为了鼓励学生开口说英语，根治中国学生"哑巴"英语的弊病，学校借助"疯狂英语"创始人李阳先生来洛阳讲学的机会，特聘李阳先生为"荣誉教授"，组织"疯狂英语"俱乐部。每天上午大课间集合的时间，外教和外语教师会带领同学大声读英语，每天5个句子。5分钟，时间虽短，但日积月累效果相当可观，它培养了学生们大胆开口说英语的习惯。

除了"疯狂英语"活动，学校还落地了一系列配套措施：在校园设立演讲台，创办"二外之音"，鼓励学生在公众场合作即兴英语演讲；每学期开展一次外语影视作品配音大赛、英语语音拼读比赛、演讲比赛和《典范英语》剧展演等活动；在每个星期一举办的升旗仪式上让学生进行双语演讲，检阅学生的英语口语演讲能力；每学年组织学生赴美、英、澳、加、新西兰等国参加夏（冬）令营活动，深入学校、社区参观访问，拓宽学生的语言实践空间，丰富学生的域外文化底蕴；每周举办"英语角"活动，学生可以与校长、访问学者、外籍教师对话聊天，探讨外语学习中的问题；成立学生英语社团，定期开展西方社交礼仪、模拟联合国活动等，为培养具有国际视野的国际公民奠定坚实的基础；开展中英文经典诵读活动，营造传统文化与世界视野相结合的"书香校园"氛围。

这一环扣一环的举措，就是洛阳二外"英语特色"的直观体现。其中大多数学生最感兴趣的，是"二外之音"。

2016级国际18班的郭柳熙同学以高分考入洛一高后，在一篇随笔里这样说起Voice of Erwai（二外之音）：

这个小小的舞台增强了我的心理素质，提升了我的口语水平，练就了我的台风，培养了我的自信。"今天你在这里讲，明天世界听你讲。"每一次站上演讲台，我都觉得自己离梦想更近了一步。也因为对于Voice of Erwai风雨无阻的坚持，我获得了年级首批"口语之星"称号，这个荣誉让我更多了一分对英语的喜爱与自信。我在英语课上发言更积极了，也更敢于和外教交流了。后来，我作为交换生去美国居家交流，在那期间，我更是感谢Voice of Erwai，让我有了胆量在异国他乡与住家愉快交流……

与郭柳熙同级的国际17班史博文同学，却是在入学两个多月后，才在朋友的鼓励和老师的肯定下，萌生上台演讲的想法，"但刚一上台，脚还没站稳，就有些后悔了，面对台下的观众，大脑一片空白，腿开始打战，寒风中的我额头上渗出了一滴滴豆大的汗珠。紧张的神情、呆板的语言，仅仅坚持了不到一分钟，我便跑下台去。"

这次"失败"的经历，让史博文同学暗暗下定决心：在哪里跌倒就要在哪里爬起来！一定要学好英语，掌握演讲技巧，在二外之音上展现自己的精彩。通过锲而不舍的努力和一次次勇敢地站上演讲台，史博文同学终于用流利的英语、自如的表达，吸引了越来越多的观众，赢得了排山倒海的掌声。后来，他在洛阳市"外研社杯"英语演讲比赛中夺得冠军，继而获得省一等奖，并成为"模联"郑州赛区的"最佳代表"，但史博文同学仍没有放弃每天上二外之音演讲的习惯。毕业告别母校时，说到"二外之音"，他几度哽咽："这块小小的舞台，见证了我的点滴成长，承载着我们的梦想与成功。最后一次走上二外之音的舞台，一切都显得那么熟悉。阳光透过层层叶子，洒下斑驳的光影，映在我的身上，轻轻地拿起话筒，嘴边的话却怎么也说不出口，放下话筒，却发现自己早已泪流满面，世界安静得只剩下了心跳。"

▌"双语教学"的"教"与"学"

双语教学，就是用两种语言作为教和学的媒介，以达到掌握专业知识和运用两种语言进行本专业知识交流的能力，最终达到双赢的效果。洛阳二外自2009年开始在部分学科中开展双语教学，出发点是提高学生的英语水平，在更广泛的学科领域中、在更丰富的语言层面上，拓宽英语学习的渠道，改善英语学习的环境，培养英语思维能力。

众所周知，洛阳二外东校区的特色是"英语、英唱、科技、国学"。作为一所外国语学校，这四大特色都和双语教学有密切的关系，其中"英唱"更是非常受学生欢迎，而且极具影响力。

赵秀老师2001年7月毕业于洛阳师范学院音乐教育专业，同年即到洛阳二外成为一名音乐教师。2008年9月她休完产假回到学校时，正巧赶上学校鼓励非英语专业的老师每周参加双语教师培训，最终达到能用英语教一门小学科的目的。于是，原本就非常喜欢英语的赵老师立即报了名。从第一节课拿到文章磕磕巴巴开始读，到培训后期参加"三分钟演讲比赛""冠军解压式音标拼读大赛""英语配音大赛"，她拿了两个第一名和一个第二名。三年后，她如愿以偿成了洛阳市教育局第二批双语教师，参加了在洛阳举办的为期两个月的集中培训后，又在北京外国语大学封闭学习了三个月。在北外学习期间，赵老师茅塞顿开，开始思考怎么把音乐与英语结合起来形成自己的教学特色。

2012年元月，培训结束回到洛阳，赵老师给白校长递交了一份申请，打算在小学部开发校本课程《英文歌曲唱游教程》：选择欧美经典童趣童谣和易学易唱的原版儿歌，"跟着音乐学英语，让英语学习变得快乐而简单"。每册书12个单元，每一课分成四大板块，"Let's chant""New words""Sing this song""Practice"。先带孩子读童谣，再熟悉新单词，唱歌曲和随着律动表演歌曲，最后是拓展延伸。

这个申请被批准后，赵老师就在东校区边做教材边推广。她的想法很快得到了验证：学生对这门课程的热衷程度超乎所有人的想象，回家后都说非常喜欢，以至于很多家长争相打听《英唱》到底是一门什么样的课程。就这样，这门课程在东校区推广开了，孩子们一个学期至少唱会六首英文歌，一个学年12首英文歌，6年积累下来是70多首。每天放学排队离校的过程中，英文歌曲大比拼成了东校区一道靓丽的风景线。

现在，在校领导和同事的共同努力下，校本教材已经从第一册出到了第五册，东校区还成功举办了两届"英文歌曲大奖赛""Super Singing Star"。

一项好的制度，就像一个好的生态环境，让与此相关的一切都欣欣向荣。在洛阳二外，数学、语文、生物、历史、地理、物理、政治等各科课堂，也都有着独具魅力的双语特色。

"习得双语能力，理解多元文化。"洛阳二外的张明娟老师曾写过一篇论文，题为《物理课堂渗透双语教学的探索与思考》。在这篇论文中，张老师认为"在物理课堂中渗透双语教学，有助于学生理解、区分物理量及物理量的单位符号；有助于学生理解物理概念，区分并掌握物理公式；有利于培养学习兴趣、激发求知欲，活跃课堂气氛。物理课的双语教学应是用第二语言来传授物理知识，而不是把物理知识用外语来讲解。"

从事地理教学22年的金颖慧老师，是洛阳市教育局认定的双语教师，在准确把握双语教学定位的基础上，金老师将地理双语教学分解为三个培养目标：使学生能够听懂英语课堂教学用语、使学生逐步掌握地理学科的专业术语和词汇、使学生能够用英语就地理学科的问题进行简单交流。

正因为老师们都如赵秀、张明娟、金颖慧老师这样，善于思考、善于总结，活学活用，洛阳二外的老师们在双语教学过程收获更大、成长更快。

为了给双语教师创造成长条件，洛阳二外采取了一系列有效手段：组织各种培训，矫正老师们的发音，使双语教师的语言更加规范；推行双语教学公开课，促进教师之间的交流和互鉴；举办英语电影配音大赛和演讲模仿秀，提高教师的英语表达能力；积极争取机会，推送教师参加上级有关部门举办的培训，并为双语教师争取更多出国学习英语的机会。

2010年，经过洛阳市教育局组织的两个多月双语教师暑期前期培训，9月底，洛阳二外的历史教师尤玉平、生物老师潘珊珊和洛阳其他学校的8位老师一起，离开洛阳来到加拿大马尼托巴省布兰登市，开始为期3个月的校园生活，他们和当地学生一起上课、吃饭、听讲座、沉浸图书馆、走进社区、参加学校的各项活动。

因为此行的主要任务是学习英语、提升英语语言能力，10位老师被分成三个小组，分别参加了Listening and Speaking、Writing and Drama和Social Study课程。

除了正常上课，这批"大学生"每周有两次特别的学习体验：一次是每周二晚上社区组织的聚餐交流；一次是周日的教堂聚会。

珍惜所有的学习机会，感恩一路遇到的每一个人。十年过后，回想那次学习，两位老师都还记忆犹新，潘珊珊老师说，那三个月，"我们与加拿大大学的老师们不断交流，接受英语的熏陶，提高了自己的英语水平。各位老师的授课，也带给我全新的教学理念，让我改进了自己的教学方法，做到教学相长"。尤玉平老师说，"感谢那段五彩斑斓的经历，它充实了我的生活，丰富了我的生命！它将永远珍藏在记忆的宝库里"。

第 14 章

漂洋过海的参与者和见证者

作为一所拥有国际化办学特色的外国语学校，洛阳二外的教师队伍里有一道靓丽风景线，那就是来自英国、美国、加拿大等世界各地的"洋"教师们。他们均有相关的研究生或本科学历，国际英语教师资格TEFL或TESOL证书，人数虽不多，但个性鲜明、各具特色，经历丰富、视野开阔。

外教合影

他们从遥远的故乡漂洋过海来到中国，来到古都洛阳，在二外安家，加入奋斗和创业的队伍中，是二外走向辉煌的参与者和见证者。

▌ 心向二外的 Gail

Gail Chou，中文名字是"周格儿"，美国人。2004年8月，时年51岁的她来到洛阳二外，后于2016年回国。Gail是二外建校以来在校工作最久的外教，人缘好得像"大熊猫"，学校里的学生和教职工，没有一个不认识这个见人就笑、逢人就招呼"你好"的可爱的美国老太太。

郭佳蕊同学初三时写过一篇作文，提到了她的外教老师Gail，她说2011

年9月第一次见到Gail老师时，她有着"尚未及肩的金色卷发，水波般澄澈的碧蓝大眼睛，显得有些憨态的微胖身躯"。但没想到，这位有些憨态的微胖老太太，却是个热血的得克萨斯篮球迷。得克萨斯州有3支NBA（美国男篮）球队，Gail熟知他们的每场比赛，对于战术也有自己的观点。

Gail 的课堂

　　为了发扬这项她挚爱的运动，Gail牺牲午休时间，以一人之力组织全校的班级篮球比赛，并拍摄下每场比赛，在课堂上用幻灯片的形式将比赛规则、比赛精神和比赛口号教给学生，教育学生要胜不骄、败不馁，要有团队精神。

　　那段时间，几乎每个中午都可以看到这个穿花裙子的老太太带着她的记录本，在太阳底下的篮球场上和大汗淋漓的男孩子们用英语沟通比赛内容。不知不觉，孩子们的口语提高了很多，在掌握语言的同时，还学会了如何成为一名品质优秀的运动员。

　　因为她对篮球赛的贡献，校长特别命名这个比赛为"Gail杯篮球赛"，一直到现在，这个篮球赛依然是洛阳二外的保留体育项目。

　　如果你问Gail，你最喜欢的国家是哪个？除了祖国，她一定会答：中国。最喜欢中国哪座城市呢？那一定是洛阳。如果你继续问她：你最喜欢洛阳的哪儿呢？她一定会答"二外"。二外的英文名是Luoyang No. 2 Foreign Language School，因为名字里有个Number 2，这就成了她每次开玩笑的一个梗。她总是说Luoyang No. 2 Foreign Language School is the best school，so No. 2 is No. 1!（洛阳市第二外国语校是最好的学校，因此，第二就是第一。）

　　现在，这位长情的老太太虽然远在大洋彼岸，但依然会在大大小小的节日前夕用邮件问候她所有的中国朋友。2020年6月，Gail还在写给二外同事的信中这样说：

I spent 12 of the best teaching years of my life at Luoyang No. 2 Foreign Language School. I ask myself what impressed me the most, and I honestly must say everything. From Mr. Bai, our principal, to the vice principals, to Li Caixia, the Foreign Affairs expert, to Mr. Zhai, our English Department head, to the entire English Department, to all of the non-English-speaking teachers, to the staff for administration, driving, cafeteria, and especially to the students and their parents as well as the campus itself, everything is impressive.

（我在洛阳市第二外国语学校度过了人生中最美好的12年教学时光。我问自己印象最深刻的是什么，老实说，那必须是二外的一切。从白校长到各位副校长，从外事办李彩霞主任到英语教学领头人翟冠军老师，从全体英语老师到其他非英语学科老师，再到行政、驾驶和餐厅的工作人员，尤其是学生及其父母和校园本身，这一切都令人印象深刻。）

▌幸福安家的Jordan

Jordan，英国人，来自尽人皆知的小说《傲慢与偏见》中的小镇谢菲尔德Sheffield，也许是对英国经典文化的司空见惯，好学勤奋又对生活充满好奇的他对中国文化产生了无限的期待和向往。他怀着"世界那么大，我想去看看"的心情，于2013年来到了洛阳二外，开始了教学生涯。

Jordan 的课堂

正所谓岁月如歌，7个年头悄悄过去，Jordan从中国文化的爱好者成为专业优秀的口语外教，并在洛阳安了家。

让我们来听听Jordan情真意切的 "二外告白书" ——

Hello! My name is Jordan, I have been a teacher at Erwai for over 7 years. I come from a small city in the UK called Sheffield, which is also where I graduated from my University. After I finished my studies I decided I wanted to go on an adventure and China was always a big goal of mine. After reading 三国演义（in English!）when I was 14, I was fascinated by the culture and history so I always wanted to come here to be part of it. After a long search trying to find a school, I was lucky enough for Erwai to find me. After a whirlwind few months getting everything together, here I was in Luoyang in a very hot, sticky summer in 2013.

（大家好，我是乔丹。我是一名在二外工作了七年多的外教。我来自英国的一个小城市——谢菲尔德，这里也是我上大学的地方。在我大学毕业之后，我想来一个冒险之旅，中国一直以来是我的远大目标。14岁那年，当我阅读完英文版的《三国演义》之后，我深深地被中国的历史和文化所吸引，因此我一直想去中国，并成为它的一部分。寻找学校的过程很漫长，我很幸运二外选择了我。于是，在经历了几个月的风风雨雨后，我终于在2013年一个闷热的夏天来到了洛阳。）

It is now 2020 and I'm not sure where the time has gone. I had planned to stay for 1 or 2 years to gain experience before returning home, but actually I found home was right here in the middle of China. I got married and now have a beautiful daughter and haven't thought for one second about leaving.

（光阴似箭，现在已是2020年。我原计划在中国待一两年，积累些经验，然后回英国。但事实上，我发现家就在这儿——中国的中部地区。现在我成家了，并且有了一个漂亮的女儿，而且我从未想过要离开这里。）

Erwai has a reputation for being an excellent school, with parents around the city wanting their child to attend. I very quickly learned that this was the truth. From my first year teaching I have seen the amount of effort and passion the school has for excellence in making the future leaders of the China as bright and as prosperous as possible. Each year there has been a clear drive to always improve and make the school the best it can be.

（二外是一所声名远扬且卓越的学校。我很快发现全洛阳市的家长都想让自己的孩子来这所学校上学。在我第一年的教学中，我看到学校为了培养中国未来精英而竭尽全力付出的努力和热情。学校每年都有清晰的教育目标，不断改进，直至做到最好。）

These years the school is expanding more and more thanks to the efforts of the leadership team and Mr. Bai at the helm. The main campus here in Luolong is always being perfected with new features being added every semester. It's a little paradise with a menagerie of animals, fruit and educational art. It really is a nice safe place to live and study. The newer campuses are growing nicely too and I can't wait to see what they can become in the next few years.

（这些年来，在白校长和校领导团队孜孜不倦的努力下，学校规模越来越大。洛龙主校区不断完善，每学期都有新发展新特色。这里成了一个有动物、水果和教育艺术的小天堂。而且，这儿也确实是一个适合居住和学习的宝地。新校区发展得也很好，我迫不及待地想看看它们在未来几年里将会有怎样焕然一新的变化。）

I would like to give my sincere thanks to all the staff at the school, to all the students who have entered my classroom, to Ms. Li for finding me and bringing me to this school (which has completely changed my life!) and Mr. Bai for trusting in my ability and allowing me to stay at the school each year.

[我由衷地感谢学校全体教职工以及那些上过我课的学生。感谢李老师找到了我，带我来到二外（它彻底改变了我的生活！）感谢白校长对我的信任，让我继续在学校任教。]

Looking at the past is fun, but I can't wait to see what the future holds.

（回顾过去逸趣横生，但我迫不及待地想知道未来会发生什么。）

⚑ You Are Amazing

　　洛阳二外洛龙校区有四栋主教学楼，前三栋分属初中三个年级，各一栋楼；最后一栋是专为英语小班教学而修建的小教室楼。为了方便每位外籍教师都有独立的教学和办公场所，小教室楼一楼的教室分给了各位外籍教师。这样的安排和规划也为外教们集体备课和课后沟通提供了便利。在一楼这片小天地里，不仅仅是Gail和Jordan，每一位外教都集思广益、各显神通，给师生们带来了许多惊喜和感动。

⚑ David

　　柴子舒同学最难忘的外教老师是David。白头发的David虽年过半百，但只要上过他的课就会发现，他简直就是个老顽童。

　　David第一天给柴子舒他们班上课的时候，微笑着说为了记住同学们，他要给每个同学拍一张照片，同学们也都非常开心地配合。每拍完一个人，他都会愉快地说："Ok，so good!（噢，太棒了!）"轮到柴子舒同学，她发现David摆弄相机的动作非常娴熟。看得出，David是一位资历不浅的"摄影发烧友"。

David 和他的学生

　　拍完照片，David的课进入第二个环节：向他提问题，比如几岁了，住在哪里，有什么爱好，等等。却不料同学们有些调皮，一个劲儿地问他老婆长得如何？看到David尴尬的样子，柴子舒同学赶紧出来解围，问他会不会唱歌。David回答："I can sing, but I can't dance. hah."（"我会唱歌，但我不会跳舞。哈哈。"）表情也回到自然状态。

就在全班同学都以为这个问题已经回答完、要进入下一个环节时，David居然唱起了一首中文歌："你问我爱你有多深，我爱你有几分……"不太准的发音、会"施魔法"的眼神和滑稽可爱的动作，把同学们全都逗乐了。

⚑ Willam

外教Willam在学生中圈粉无数，2013级国际18班的刘斐然便是其中之一。

刘斐然同学现就读于加州大学圣塔芭芭拉分校。当年她在国际班时，最难忘的是一周六节的外教课。但比起外教课上每节课都有的新奇活动和贴合当下的新闻话题，她印象最深的是William的教学方式：他们曾学着用不同的方式来表达一个垃圾桶：trashcan，a box contains garbage，a place to put trash，a container with waste。这一个小小的技巧让刘斐然同学后来在国外生活时，不再拘泥于一定要知道某个事物的特定称谓，而是学会通过多种途径去表达自己的观点。

有一次，William让孩子们画自己想要的未来学校，孩子们在纸上画，他在黑板上画。当孩子们还在茫然无措不知该怎么办时，William已在黑板上完成了他的大作。顿时，班上同学赞不绝口，完全被William的想象力和绘画能力折服。William也很骄傲，不停地眨眼，就像个得到奖赏的小孩。

每当上完课，William都会主动和孩子们说Bye-bye，偶尔也会说几句中文，常逗得孩子们哈哈大笑。

这个外教总是班上最受欢迎的老师之一，因为他的幽默，因为他的知识渊博，也因为他那孩童一样的率真。

⚑ Zinder

汪晨凯同学最难忘的一课，是Zinder的单词课。当时，为了让同学们记住鱼、鱼饵、渔夫、渔船、海洋等多个单词，Zinder在黑板上画了一幅画：在苍茫的大海上，一个渔夫坐在一条小船上，用挂着鱼饵的鱼钩钓鱼。

Zinder一边画着还一边声情并茂地表演，学生们看得开怀大笑，一下子记住了那些陌生的单词。

Zinder幽默风趣。有一次，汪晨凯同学被提问，因为紧张一时想不起来答案，Zinder便走下讲台，用带着美国腔的汉语说："不要紧张，好好想一想。"这一句话把全班同学都逗笑了，汪晨凯同学也笑了，随即很轻松地回答了提问。Zinder听了答案，高兴地说："Good（好）！你能行！"当时，Zinder还为学生们播放了一首美国摇滚歌曲，身体随着音乐有节奏地摆动，引得大家都跟着她一起摇摆了起来，整个课堂氛围一下子变得轻松活泼。

每次上外教课，Zinder总是早早地来到教室，领读"疯狂英语"时，她会领着同学们多读几遍，纠正发音，再三强调读音要点。遇到英语基础较弱的同学，她会不厌其烦地教他们发音口型……而每次下课，她总是依依不舍地说："See You（回见）！"

汪晨凯和他的同学们都非常喜欢Zinder。同学们珍惜每一堂外教课，英语水平提高得特别快。

从建校初期只有一名外教到如今有十余名外教，所有外籍教师都兢兢业业、视校如家，积极投入教学工作，毫无保留，把最美好的时光留在了二外讲台，把最精彩的岁月献给了二外校园，把最高光的一幕刻在了二外的光辉岁月里。作为骄傲的二外人，他们中有的已经离开，但带走的是无尽的回忆，留下的是绵绵的深情。离开的外教带着二外的印记，去到世界各地，把二外激情创业、蓬勃发展、恒心聚力、再创辉煌的故事也带到了世界的天涯海角，洛阳二外、古都洛阳、中国文化也成了他们身上特有的色彩。

2000年至今在洛阳二外工作过的外教名录表

学年	姓名	国籍
2000—2001	Ryan	美国
2001—2002	Carmen Deyoe	美国
2002—2003	James Carter	美国

续表

学年	姓名	国籍
2003—2004	Travis Rusin	美国
	Karen	美国
	Ralph Baber	加拿大
2004—2005	Ala	白俄罗斯
	Gail Chou	美国
	Samuel John Walton	美国
2005—2006	Samuel Walton	美国
	Gail Chou	美国
2006—2007	Jonathan Day	加拿大
	Gail Chou	美国
2007—2008	Karen Wrolson	美国
	Gail Chou	美国
2008—2009	Marivic Cardinez	菲律宾
	Aaron Golec	美国
	Gail Chou	美国
2009—2010	Gail Chou	美国
	Marivic Cardinez	菲律宾
	Tracie Ann Happel	美国
2010—2011	Gail Chou	美国
	Benjamin MC Dermott	美国
	Michael Corrigan	美国
	Skyla Corrigan	美国
2011—2012	GaiL Chou	美国
	Theresa Bush	美国
	Zachary Haralson	美国
	Jessica Marie Grindstaff	美国
	Austin Slade	美国
	Paige Slade	美国
2012—2013	Gail Chou	美国
	Lawrence Mullin	美国
	Alastair Michael Mckee	美国
	Laleinia Louise Mckee	美国
	Maurer William Edward	美国
	Benjamin C. Olson	美国
	Andrew Jacob Peterson	美国

续表

学年	姓名	国籍
2013—2014	Humphries Jordan Paul	英国
	Gail Chou	美国
	Packham David Charles	美国
	Frances Zinder	美国
	Lauren Elizabeth Noelani Nelson	美国
	Michael Parsons	美国
	Maurer William Edward	美国
2014—2015	Gail Chou	美国
	Humphries Jordan Paul	英国
	Packham David Charles	美国
	Maurer William Edward	美国
	Matthew Franklin Cooper	美国
	Carr Chelsea Kay	美国
	Whitney Lyn Harward	美国
	Eric Jorge Schessler	美国
	Bryan Alfaro	美国
	Jarom Shurtliff	美国
2015—2016	Gail Chou	美国
	Humphries Jordan Paul	英国
	Packham David Charles	美国
	Mason Tate Bennett	美国
	Jamie Anne Wheeler	美国
	Jacob Steven Maughan	美国
	Leah Catherine Maughan	美国
	William James Kennedy	英国
2016—2017	Humphries Jordan Paul	英国
	Steven John Jacobs	英国
	William James Kennedy	英国
	Ben Lawrence Finesilver	英国
	Michelle Rae Burgess	美国
	Isaac Steven Heinitz	美国
	CarrieJoy Harder	加拿大
	Joshua Michael Wilberg	美国
	Felicia Anne Wilberg	美国
	Andrew Michael Ferguson	美国

续表

学年	姓名	国籍
2016—2017	Jasmine Averee Berthelson	美国
	John Thomas Mcdonald	美国
	Angelica Mcdonald	美国
	Kendra Lynn	美国
	James Griffitts	美国
2017—2018	Humphries Jordan Paul	英国
	Carrie Joy Harder	加拿大
	Michelle Rae Burgess	美国
	Trevor Eric Simonson	美国
	Hadlee Emma Jensen	美国
	Isaac Steven Heinitz	美国
2018—2019	Jasmine Lynn Westmoreland	美国
	Isaac Steven Heinitz	美国
	Michael Oscar Harder	美国
	Graham Leslie Coglan	澳大利亚
	Carrie Joy Harder	加拿大
	Humphries Jordan Paul	英国
2019—2020	Jared Lyn Little	美国
	Michael Oscar Harder	加拿大
	Chanal Laureal Petersen	南非
	Humphries Jordan Paul	英国
	Marcelino Valle Gomez	美国
	Carrie Joy Harder	加拿大
	Damian Gerrard Ghansar	南非
	Katharine Anne Arroyo	美国
2020—2021	Jared Lyn Little	美国
	Michael Oscar Harder	加拿大
	Chanal Laureal Petersen	南非
	Humphries Jordan Paul	英国
	Marcelino Valle Gomez	美国
	Carrie Joy Harder	加拿大
	Daniel Benjamin Welker	美国
	Yassir Rakhmi	摩洛哥
	Marina Pranikova	俄罗斯
	Michael kou Feny	美国

第 15 章

世界因交流而融合

"我们把中国的文化带到美国去，让更多的美国朋友了解中国、关注洛阳，同时也把美国学校的课程设置、教学活动、学校文化、管理经验等带回洛阳与师生们共享，让中美学校建立起更加深厚的友谊和更加紧密的合作关系，共同谱写中美教育合作的新篇章。"

1998年，白帆校长、翟冠军老师受教育部中国教育国际交流协会、美中关系全国委员会资助，作为首批访问学者赴美国拉克罗斯市两所高中进行为期一年的学习工作。在此后的20多年间，洛阳二外从未间断与拉克罗斯市的教育文化交流，多次接待来自拉克罗斯市的市长代表团、UWL大学生海外研修团、Viterbo大学访华团、友好城市代表团等。与此同时，洛阳二外还接待了尼泊尔代表团、尼日利亚拉各斯大学学生访华团、"驻华使馆官员中国文化行"访问团，以及日本东京、冈山市教育代表团，安大略省加拿大苏克教育局、上加拿人教育局访华团，等等。

同时，洛阳二外还格外珍惜国家教育部国际合作与交流司、中国教育国际交流协会、河南省教育厅、洛阳市教育局等上级部门和单位给予的各种机会，争取更多交流项目，培养更多英文好、有见识的老师，带动二外的英文教学，也为二外的老师和同学们争取到了更多利用平时所学为二外、为洛阳、为河南、为中国争取荣誉的机会。

这些文化交流项目使请进来、走出去的美好愿望变为现实，双方师生的学习互访、活动交流，使洛阳二外的师生成为跨文化交流的使者。同时，这样的学习机会对师生们来说，开拓了多元文化视角、开阔了双方眼界，对各自外语听说能力的培养与提高都大有益处。

▌ 一封来自中国教育国际交流协会的感谢信

2007年初夏，国家教育部国际合作与交流司向陕西省教育厅、河南省教育厅、北京大学、西安交通大学四个单位下发《关于接待美国优秀高中毕业生访华团的通知》，大概内容是：应教育部邀请，美国优秀高中毕业生访华团将于2007年7月12日至7月25日来华进行为期两周的访问，各有关单位务必协助做好接待工作。

"美国优秀高中毕业生"就是当年获得"美国总统奖"的高中毕业生。"美国总统奖"设立于1964年，是美国政府为表彰和鼓励本国在学术、艺术、领导能力、社区服务等领域取得杰出成就的优秀高中毕业生而设立的，每个州只有学业最优秀的一名男生和一名女生获奖。再加上在艺术上有杰出表现、来自美国几个属地的优秀学生，全美国每年最多有141名高中毕业生获奖。2007年的"美国优秀高中毕业生访华团"一行13人，由12名当年获得总统奖的优秀高中毕业生和1名领队组成，主要访问北京、西安、洛阳三座城市，通过讲座、参观、游览、座谈、住家等多种方式，了解中国的历史、文化、教育以及人民生活等情况，增进同中国青年学生之间的理解与友谊。

洛阳市第二外国语学校由于历年在国际交流活动中的突出表现，被教育部中国教育国际交流协会和美中关系委员会指定为接待单位。接到通知之后，赵忠义副校长立即召集相关老师，在阶梯教室就日程安排、接待条件、外事纪律和接待家庭名单，召开了一个预备会，并确定了各项活动的负责人。

除了一些必须的常规要求，预备会还对接待家庭提出了具体要求：热情好客，有意愿为增加中美友谊做出努力；愿意无偿为一名美国学生提供3天的食宿；接待家庭的学生可全程参加访华团在洛阳期间的全部活动；家庭设施较好，能为美国学生提供单独的房间；无不良嗜好。并特别提到了饮食问题：美国人不喜欢喝粥，有人不喝牛奶，有人不吃海鲜……为此，学校特意准备了一份美方学生的饮食情况清单，发给每个接待家庭，并注明，饭菜不一定要很丰盛，但一定要干净，不要浪费。

事无巨细，洛阳二外将整个接待活动安排得妥妥当当。

半个月后，一封来自中国教育国际交流协会的感谢信，贴在了学校的文化交流橱窗里。

中国教育国际交流协会

感　谢　信

洛阳市第二外国语学校：

应教育部邀请，美国优秀高中毕业生代表团于 2007 年 7 月 12 日至 25 日来华进行期期 14 天的交流访问活动。在贵校访问期间，代表团成员通过讲座、座谈、学习中国传统艺术、游览名胜古迹等多种方式了解和认识中国的历史、文化、教育以及人民生活等情况。住家活动的精心安排受到了美国学生的极大欢迎。通过在接待家庭的生活，中美两国青年学生之间互通有无，相互学习，增进了彼此之间的理解与友谊。

此次访问活动受到了白帆校长和外事办公室主任李彩霞老师的高度重视，从会场安排到后勤保障，从师生联欢到互相交流，校领导及全体工作人员付出了大量的时间和精力，为学生们提供了热情而周到的服务。贵校出色的接待工作展示了贵校的办学特色以及我国改革开放以来所取得的成果，给美国青年学生们留下了深刻的印象和美好的回忆。

在此，我们代表中国教育国际交流协会秘书处及所有美方代表向贵校领导及有关同志们表示衷心的感谢！我们希望能继续加强与贵校合作，在未来的工作中能够继续得到贵校的支持与帮助！

中国教育国际交流协会秘书处
2007 年 7 月 27 日

中国教育国际交流协会给洛阳二外的感谢信

十多年来，中国教育国际交流协会安排的任务，洛阳二外总是完成得非常漂亮，诚如中国教育国际交流协会秘书处在2011年9月2日的感谢信里所言："一直以来，洛阳市第二外国语学校对项目的开展给予了大量的人力、物力和财力的支持，对项目的实施和发展做出了突出的贡献。"因此，每次活动结束后，洛阳二外都会收到这样的感谢信。

▌ 来吧，请评价你们的中方教师领队

所有的付出，都会被看到；所有的努力，都会被记住。根据上级安排妥妥当当地搞好接待工作，是洛阳二外的传统，也是洛阳二外的能力——无论是学校还是参与接待的老师，都因此得到了广泛的赞誉。

牛擎老师毕业于西北第二民族大学，从大二开始便利用寒暑假做英文导游。这段经历对她2005年来洛阳二外工作的影响非常大。

2011年年初，牛擎老师参与到学校的外事接待中。做英文导游是自己熟悉的工作，也有更多机会提升自己的口语水平，牛老师很开心。但一想到这么多年没再做导游，心里又有些忐忑。于是她在努力搞好教学工作的同时，利用业余时间汇总洛阳及其周边的名胜古迹的英文介绍资料。开始着手做这件事的时候，她才发现相关景点的英语介绍资料很少并且都是文献之类，完全不适合讲解，于是，她尽量搜集有趣的汉语资料，再结合仅有的英文资料，一点一点翻译成自己想要的东西。功夫不负有心人，2013年3月，牛老师带领加拿大驻华教育参赞黄先生一行人员到龙门石窟参观游览，由于之前准备充分，牛老师非常顺利地完成了讲解工作。其间，黄先生对她的专业讲解表示了赞赏与肯定，还在游览之余和她分享了自己的人生经历。

不同客人感兴趣的内容不一样，因此，牛老师每次带外籍友人去周边景点游览时，都会当成全新的任务，不仅提前调整讲解内容，还提前作好各种计划和预案，比如告知天气、订餐厅、讲解购物指南等，她的用心得到了客人的认可和学校的表扬。

2015年10月6日，星期二，翟冠军老师到了办公室，像往常一样首先打开邮箱，一封发自凌晨2:57的邮件，让他有些意外，也有些惊喜。这是一

封来自富布莱特项目工作人员Amy的来信，大意是说，最近他整理了2015年富布莱特项目参与者对翟老师的评价。

Amy的来信是礼貌的、也是温暖的，信里16位美国老师对翟老师的评价是——

Responses from Participants:

（项目参与者的反馈：）

Mr. Zhai was amazing! Words cannot describe how loving and caring he was toward each and every one of us. He was always there to share his insight or help with any problem that arose.

（翟先生棒极了！言语无法表达他对我们每个人的关爱与关心。他随时在身边与我们分享他的见解或帮助处理发生的任何问题。）

Mr. Zhai's warmth, good humor and helpfulness made so many days easier and more enjoyable. He helped foster a great sense of camaraderie and engagement.

（翟先生的热情、幽默与乐于助人使得那些漫长的时日变得轻松而有意义。我们建立了深厚亲密的友情。）

Mr. Zhai added so much of a personal touch to the whole trip and his sincerity and commitment were only exceeded by his extreme generosity of time, energy and repeated thoughtful gestures. He spent a lot of time with me and others, helping us to practice the little Chinese we had sought to master. He went out of his way to attend to those who fell ill or expressed specific needs or concerns. We felt as though he had adopted us and I will always cherish the memory of getting to know and interact with Mr. Zhai.

（翟先生的个人魅力对全程产生了很大的影响。他的真诚与奉献只能由他慷慨付出的时间与精力以及细心来诠释。他为我和其他人花了很多时间，帮我们练习我们急需掌握的汉语。他想尽办法去帮助那些生病或有特别需求的人。我们感觉他已经接纳了我们。我会永久珍惜与翟先生相识、相处的美好记忆。）

......

5年过去，这封邮件现在依然保存在翟老师的办公邮箱里。翟老师偶尔也会翻出来看看，回忆那几年在炎炎夏日带团从北到南、穿越大半个中国的日子，辛苦但却自豪：那个时候，Mr. Zhai只是一个代名词，代表的是洛阳市第二外国语学校的一名教师、一名中国教师！这些邮件也不属于个人，邮件中的鼓励和赞誉更不属于个人，因为每一位参与过此类活动的老师，都值得这样的赞誉。

洛阳二外中方教师领队

翟冠军：2007年7月，美国富布莱特·海斯中国历史文化语言研修团中方领队，率代表团一行17人赴北京、上海、南京、常州、西安、吉林延吉访问，历时四周。

2009年7月，美国富布莱特·海斯中国历史文化语言研修团中方领队，率代表团一行17人赴北京、上海、西安、重庆访问，历时四周。

2010年7月，美国富布莱特·海斯中国历史文化语言研修团中方领队，率代表团一行17人赴北京、上海、西安、重庆访问，历时四周。

2011年7月，美国富布莱特·海斯中国历史文化语言研修团中方领队，率代表团一行17人赴北京、上海、西安、重庆访问，历时四周。

2013年7月，美国富布莱特·海斯中国历史文化语言研修团中方领队，率代表团一行17人赴北京、上海、西安、重庆访问，历时四周。

2014年7月，美国富布莱特·海斯中国历史文化语言研修团中方领队，率代表团一行17人赴北京、上海、西安、重庆访问，历时四周。

2015年7月，美国富布莱特·海斯中国历史文化语言研修团中方领队，率代表团一行17人赴北京、上海、西安、重庆访问，历时四周。

李彩霞：2009年6月，"美国总统奖"代表团中方领队，率代表团一行13人赴北京、西安、郑州、长沙交流访问，历时两周。

2010年7月，"美国总统奖"代表团中方领队，率代表团一行13人赴北京，西安、郑州、长沙交流访问，历时两周。

2011年7月，"美国总统奖"代表团中方领队，率代表团一行13人赴北京、常州、长沙交流访问，历时两周。

2012年4月，受教育部中国教育国际交流协会委派，带领12名首批中国优秀高中生代表团赴美国访问。历时两周。

2018年6月，知行中国——中美学术影响力代表团中方领队，率11名美国州立大学学术带头人赴上海、西安和北京三地进行研修和访问，历时三周。

2019年6月，知行中国——中美学术影响力代表团中方领队，率11名美国州立大学学术带头人赴上海、西安和北京三地进行研修和访问，历时三周。

郭立苗：2012年7月，"美国总统奖"代表团中方领队，率代表团一行13人赴北京、西安、长沙交流访问，历时两周。

2013年7月，"美国总统奖"代表团中方领队，率代表团一行13人赴北京、西安、长沙交流访问，历时两周。

薛　莲：2013年7月，美国富布莱特·海斯中国历史文化语言研修团中方领队，率代表团一行16人赴北京、上海、西安、重庆访问，历时四周。

2016年7月，"美国总统奖"代表团中方领队，率代表团一行13人赴北京、北川、成都、岳阳交流访问。

赵　健：2014年7月，"美国总统奖"和英特尔少年天才奖获奖学生访问团中方领队，率代表团一行13人赴北京、西安、成都等地交流访问。历时两周。

姚臻臻：2015年7月，"美国总统奖"代表团中方领队，率代表团一行13人赴北京、北川、成都、岳阳交流访问，历时两周。

白　岚：2017年7月，中美优秀学生交流项目中方领队，率代表团一行13人赴北京、成都、贵阳、汶川交流访问。

2018年中美优秀学生交流项目中方领队，率代表团一行13人赴北京、成都、贵阳、汶川交流访问。历时两周。

▌长期交流、学区交流与UWL研修交流

自2002年建校以来，洛阳二外与拉克罗斯互派教师往来的文化交流活动从未间断。除此之外，洛阳二外还想尽一切办法开展新的交流项目，利用多年来交流教师与拉克罗斯当地的朋友们建立起的联系，经过多方沟通与商议，先后开展了学区交流与UWL研修交流等项目。

自2010年起，洛阳二外与拉克罗斯学区每年开展为期一个学期的交流项目，即学区交流，每年派两名英语教师前往。2011年，洛阳二外和威斯康星州立大学拉克罗斯分校（UWL）签订合作备忘录，每年派两名英语教师前往学习ESL课程并进行文化交流。自2012年秋季起执行。以下为洛阳二外长期交流、学区交流与UWL研修交流名录及时间。

一、长期交流访问学者名录及交流时间

1998—1999学年	白　帆	美国威斯康星州拉克罗斯市娄根高中
1998—1999学年	翟冠军	美国威斯康星州拉克罗斯市中心高中
2000—2001学年	赵忠义	美国威斯康星州拉克罗斯市中心高中

2001—2002学年	张 力	美国威斯康星州拉克罗斯市娄根高中
2002—2003学年	李彩霞	美国威斯康星州拉克罗斯市娄根高中
2004—2005学年	吴荣珍	美国威斯康星州拉克罗斯市娄根高中
2005—2006学年	赵莉丽	美国威斯康星州拉克罗斯市娄根高中
2005—2006学年	姚臻臻	美国威斯康星州拉克罗斯市娄根高中
2005—2009学年	张园园	马耳他大学客座讲师
2006—2007学年	郭立苗	美国威斯康星州拉克罗斯市娄根高中
2007—2008学年	李跃民	美国威斯康星州拉克罗斯市中心高中
2008—2009学年	薛 莲	美国威斯康星州拉克罗斯市娄根高中
2008—2009学年	梁 凤	美国威斯康星州拉克罗斯市娄根高中
2010—2011学年	赵 健	美国俄克拉荷马州福特吉布森堡市学区
2011—2012学年	秦 薇	美国新罕布什尔州威尔市高中
2012—2013学年	许 珂	美国新罕布什尔州威尔市圣约翰高中
2012—2013学年	韩 铸	美国南卡罗来纳州斯巴坦堡市实验中学
2013—2014学年	白 岚	美国马萨诸塞州惠特曼汉森学区
2015—2017学年	冉利甫	美国俄克拉荷马大学孔子学院淘沙分院
2017—2018学年	吴 燕	美国洛杉矶北岭市安达索尔小学

二、学区交流教师名录及交流时间

2010年春　　翟冠军、王园春

2011年春　　白　岚、卢丽琴

2012年春　　梁　凤、范丽云

三、UWL研修教师名录及研修时间

2012年秋　　郭立苗

2013年春　　姚臻臻

2013年秋　　王　欣

2014年春　　杨国荣

2014年秋	郭　璞
2015年春	张文婷
2015年秋	牛　擎
2016年春	张　磊
2016年秋	尚晓娟
2017年春	白　冰
2017年秋	李　琳
2018年春	张　楠
2018年秋	白阳洋
2019年春	谷　黎
2019年秋	刘明洁
2020年春	赵珑珑

　　洛阳二外与拉克罗斯市的频繁交流互访为洛阳二外师生们搭建了一个放眼全球教育、汲取先进理念、丰富完善自我的广阔平台，给学校老师创造了更多出国学习、开阔视野、增长见识的机会，促进了学校教育方式的转变，进一步提高了学校教育的国际化水平和办学的核心竞争力，也延续和增进了洛阳与拉克罗斯市之间来之不易的珍贵情谊。

▌"牵手行动"：书还可以这样教

　　在加强国际交流的同时，洛阳二外还非常关注国内相关领域的交流，每年都会接待兄弟学校的领导和老师前来参观学习，也会走出去，到兄弟学校去"取经"。对于上级有关部门组织的教师培训等公益活动，更是不遗余力，热情参与。

　　"牵手行动——基层英语教师培训"是由中国教育国际交流协会发起并组织实施的面向基层英语教师进行培训的社会公益项目，号召海内外优秀英语教师利用暑期时间深入基层，志愿帮助当地中小学英语教师提高英语水平及教学实践能力。洛阳二外自2007年至2013年分别在河南汝阳、内蒙古二连浩特、安徽绩溪、安徽金寨、湖北赤壁、安徽青阳、湖北黄梅、湖北天门、安徽滁州与全椒县，参加了此项活动。

　　这世上从来就没有随随便便的成功。每一节课，无论是在校内还是在校外，无论听课对象是学生还是教师，洛阳二外的老师们从来都只有一个要求：每一个环节，都力求完美。因此，得知将成为基层英语教师培训的志愿者，老师们根据课程安排做了充分的准备。培训结束后，有位接受培训的老师说："太实用了，满满的干货。我教了大半辈子书，都不知道书还可以这样教。"洛阳二外参与活动的老师们也觉得，能参与"牵手行动"、服务基层教育，意义非凡。

　　以下为历年参加"牵手行动"志愿教师名单——

洛阳市第二外国语学校参加教育部中国教育
国际交流协会"牵手行动"志愿教师名单

时间	地点	讲座内容	志愿者姓名
2007 年 7 月 22 日 —8 月 5 日	河南汝阳	中美教育两重天	白帆
		中美文化差异	翟冠军
		正确使用课堂评价语	李彩霞
		语音、英文歌曲和英语学习兴趣的关系	吴荣珍
		美国校园活动	赵莉丽
		中美文化差异、课堂游戏活动	姚臻臻
		美国文化趣谈	郭立苗
		美国课堂教学及课程设置	Gail（外教）
2008 年 7 月 14 日 —7 月 22 日	内蒙古二连浩特	英语语音冠军解压式拼读法	翟冠军
		五环教学模式	张力
		如何有效地进行课堂教学	李彩霞
		美国校园活动、英语课堂教学	赵莉丽

续表

时间	地点	讲座内容	志愿者姓名
2009 年 7 月 19 日—8 月 1 日	安徽绩溪	中美文化差异、英语语音冠军解压式拼读法	翟冠军
		美国的校园文化、高效课堂	李彩霞
		如何提高英语教师的口语交际能力	李跃民
2010 年 8 月 3 日—8 月 14 日	安徽金寨	英语语音冠军解压式拼读法	翟冠军
		美国校园活动、英语课堂教学	赵莉丽
		中美文化差异、英语课堂游戏与活动	姚臻臻
2011 年 8 月 2 日—8 月 15 日	湖北赤壁	英语语音冠军解压式拼读法	翟冠军
		英语说课艺术、美国校园文化	李彩霞
2011 年 7 月 23 日—7 月 31 日	安徽青阳	五环节教学在英语课中的应用	李跃民
		新课程体系下英美语言文化背景的探讨	赵健
2012 年 8 月 10 日—8 月 22 日	湖北黄梅	中美文化差异	翟冠军
		美国教育理念对中国英语教学的影响	赵健
2012 年 7 月 15 日—8 月 25 日	湖北天门	如何上好初中英语听说课	李跃民
		语音教学和单词记忆的内在关系	吴荣珍
2013 年 7 月 27 日—8 月 7 日	安徽滁州与全椒县	英语语音教学	翟冠军
		浅谈美国课堂活动	秦薇

中国教育国际交流协会

感 谢 信

洛阳第二外国语学校：

　　贵校推荐选派的李彩霞、翟冠军、李跃民、赵建4位老师参加了由我会秘书处发起并组织实施的2011年度"牵手计划—基层教师培训项目"，他们牺牲暑假休息时间志愿到安徽省肯阳县和湖北省赤壁市开展教师培训活动，圆满完成培训任务。他们教学作风严谨务实、一丝不苟、悉心讲述中美语言文化教育之要义。

　　"牵手计划—基层教师培训项目"实施5年来，坚持送教上门，应基层教师之需，解基层教师之渴，受到了当地教育主管部门及广大受训学员的一致好评和高度认可。共计90余位"中美教师交换项目"回国教师及有志愿者精神的非项目教师发扬志愿精神，牺牲个人休息时间，以志愿者的身份加入到项目中来，培训了2000余名基层教师。项目对提高基层地区教师的教育教学水平及教学实践能力，对增进不同地区间教师的交流和互动产生了积极影响。

　　目前，志愿者教师队伍正逐步扩大，来源更加广泛，结构更加合理，未来的培训形式将更加多样化，培训效果将更加显著，影响也将更加深远。

　　一直以来，洛阳第二外国语学校对项目的开展给予了大量的人力、物力和财力的支持，对项目的实施和发展做出了突出的贡献。值此新学年开学和教师节来临之际，中国教育国际交流协会秘书处向白帆校长及全校领导班子成员，向全体师生员工献上最真挚的问候。

　　衷心感谢贵校对教育事业的发展及国际交流工作的大力支持！

中国教育国际交流协会秘书处
二〇一一年九月二日

中国教育国际交流协会

感谢信

洛阳第二外国语学校：

　　2012年度中国教育国际交流协会"牵手计划-基层教师培训项目"于8月10日至20日分别在湖北省天门市、黄梅县和安徽省淮南市、潜山县开展。贵校再次响应我会号召，派出翟冠军、李跃民、吴荣珍、赵建4位老师分别赴湖北省天门市和黄梅县开展教师培训活动，圆满完成培训任务。4位志愿者老师严谨务实、精益求精的工作作风，倾情教育、全心投入的育人风范受到地方教育行政部门领导及广大基层参训教师的一致认可和高度评价。

　　值此新学年开学和教师节来临之际，中国教育国际交流协会秘书处向白帆校长及全校领导班子成员，向全体师生员工献上最真诚的感谢和最真挚的问候。感谢贵校一直以来对我会项目的开展所给予的人力、物力和财力支持。感谢贵校对教育事业的发展及国际交流工作的大力支持。

中国教育国际交流协会秘书处
二〇一二年九月十日

中国教育国际交流协会给洛阳二外的感谢信

下 篇

高度！

品牌决定未来

Waiting for you at Erwai.

Together we create a better future!

（在二外等你。我们齐心协力，开创灿烂未来！）

洛阳市第二外国语学校是一所高规格、高质量、高品位的现代化九年一贯制、寄宿制民办学校，素以"教风纯正、学风浓郁、质量优异、特色鲜明"著称，学校秉承"一切为了学生"的现代教育理念，坚持以人为本，实施特色办学。建校以来，赢得了社会各界的广泛认可和赞誉，被誉为中原教育的一面旗帜、一颗明珠。

近几年，无论在哪里看到洛阳市第二外国语学校的对外招生简章，首先看到的，总是这幅"素描"，简单几笔，开宗明义。

洛阳市第二外国语学校一直以培养具有"中国情怀、国际视野"的优秀小公民为己任，致力于新课程改革与开发，先后进行了"五环节"有效课堂改革、特色课程创建、特色班级设立等一系列举措。此外，二外课程改革还以培养学生的"核心素养"为中心，致力于打破学科间的壁垒，根据学生全面发展需要进行课程的全面整合研究。

第 16 章

突出办学特色，探索教育未来

立足变革前沿，引领行业发展，明晰教育未来。早在建校之初，洛阳二外就确定了"市场、服务、特色、集团"的发展方略。白校长认为，特色表现在众多方面，民办学校没有特色就难以生存。学生则能够通过特色班弘扬个性、激发特长，健康长足地发展。

"班班有特色，鲜明而突出"。洛阳二外的特色班发轫于2011年秋季，最先开办的是初中国际班，之后相继尝试开设了科技班、女子班、国学班、因特班。2015年8月，学校与加拿大、美国学校合作，开办了"1+2"北美国际高中项目班。经过几年的探索，洛阳二外的特色教育发展逐渐成熟。2017年，洛阳二外新招收初一年级20个班，除原有的特色班以外，新增设了文史班、数学班和小语种班。同时拥有英语、德语、法语、日语四个语种的外国语学校，在全国外国语学校中并不常见。

从最初的一个校区到现在的一校五区，洛阳二外走了18年。与此同时，"落实素质教育，张扬学生个性，满足多元化教育需求，着力突出办学特色"的路，洛阳二外也走了19年。

▌ 英语特色班

"一口流利的英语，一手优雅的笔译，一身民族的豪气。"这是洛阳二外的特色育人目标，也是洛阳二外的特色办班宗旨。

为了全方位提升学生英语语言综合运用能力，使学生更加自信，洛阳二外不仅开设了国家规定的义务教育课程，还使用英国牛津大学出版社出版的《典范英语》作为英语教学的阅读教程——这套教材以"原汁原味的语言文字""生动有趣的插图绘本""发音纯正的录音材料"著称，在英国，有80%的学校用它教学生学习母语。在坚持英语小班化教学的同时，洛阳二外还聘请专职外籍教师，讲授口语和英美文化课，扩展英语词汇量和文化背景知识，促进英语语言学习，培养学生的英语综合能力。

2010年7月29日，《国家中长期教育改革和发展规划纲要（2010—2020年）》正式发布。该纲要明确提出，加强国际交流与合作，坚持以开放促改革、促发展。开展多层次、宽领域的教育交流与合作，提高我国教育国际化水平。借鉴国际上先进的教育理念和教育经验，促进我国教育改革发展，提升我国教育的国际地位、影响力和竞争力。适应国家经济社会对外开放的要求，培养大批具有国际视野、通晓国际规则、能够参与国际事务和国际竞争的国际化人才。

2011年，洛阳二外顺应国际教育发展的新趋势设立了初中国际班，增设"Side by Side"朗文国际英语教程，特聘资深美国中学教师和经验丰富的访问学者联合授课，增进学生对国外语言文化、教育理念的了解，扩展学生的文化背景与知识，培养他们放眼看世界、接受多元文化的开阔胸襟，为学生日后的出国留学进行积极有效的衔接。

"在国际班的这三年，可以说是我快速成长、价值观养成的关键时期，也是我至今仍然十分怀念的青春时光。"

"如果将留学比作一场征途，那么二外于我而言就是漫漫长征路上的起点。相较于班级里其他有英语基础的同学，进入国际班于我更像是一场幸运的梦。二外用独一无二的教学方式使我认识、喜爱和运用英语。"

韩栩同学和刘斐然同学现在分别就读于宁波诺丁汉大学国际商务与法语专业和加州大学圣塔芭芭拉分校，他们是2013级国际18班的同班同学。

　　进入国际班后，韩栩同学最感兴趣的是小班教学、大量的外教课、丰富的英语活动和模拟联合国大会活动等。最让他受益的、印象最深刻的是他争取到了寒假赴美住家交流的机会。

　　小班的教学方式让他和每个老师都有更加直接的交流机会，每周大量的外教课和种类丰富的英语活动是他最宝贵的经历，特别是外教课上的小组讨论和情景表演，让他不再惧怕开口说英语。模拟联合国大会的相关活动开阔了他的视野，使他不再局限于自己的小圈子，而是真正开始了解外面的世界；赴美交换的经历，让他第一次深刻理解了不同文化差异的奇妙，也认识到英语作为文化间沟通桥梁的重要性。

　　正是在国际班的这三年，他养成了语言学习的好习惯，国际班的氛围也培养了他学习英语的浓厚兴趣，这些使得他高中及大学的语言学习事半功倍。"更深层的是，它教会我勇敢面对挑战，学会放眼长远，以包容的心态接纳不同。这些是不会被快速变化的时代所淘汰的能力，深刻地影响了我的性格和对未来道路的规划。大学期间我选择同时学习国际商务和法语，很大一部分归因于国际班对我的影响。"

　　在国际班，刘斐然同学最难忘的是住集体宿舍、在老师和同学面前用英语演讲和表演、策划社团活动。其中印象最深的是一周六节的外教课。回想当年，刘斐然同学曾无数次感慨二外是如何"强迫"自己迈出舒适区：住集体宿舍、适应集体生活，使她在国外的四年里，能照顾好自己并和住家沟通；英语基础不好，却必须站在老师和同学面前用英语演讲和表演，让她变得更加自信和勇敢；参与创建轴心社，策划和创办一系列社团活动的宝贵经验，帮助她在美国高中也能通过建立国际社团来学习和交流各个国家的文化习俗。

　　与韩栩同学和刘斐然同学一样，国际班的同学们说起母校、说起国际班，总是说："这段经历帮我成为更好的自己，也让我更坦然、更自信地面对未来的每一个选择。"

姚臻臻老师带过两届国际班。带第一届国际班时，她刚从美国威斯康星州立大学拉克罗斯分校学习进修回来，也因此带回了不一样的英语教学方式。她尝试在课堂上用在美国学到的一些有实效性的游戏和教学方法，比如Fly Swatter（苍蝇拍）和Puzzles（拼图）等，再加上一些Guessing games（猜猜看游戏），孩子们沉浸在游戏中，很快思维就被打开了，不断有惊喜出现。2014年，姚老师在教初三18班学习《英国巨石阵之谜》一文时，让孩子们以小组为单位，用各种形式为大家分享世界未解之谜。孩子们或用ppt的形式或用小组表演的形式，为大家带来了"复活节岛之谜""百慕大之谜""尼斯湖水怪"等。那堂课恰好有两个老师进班听课，和姚老师一样，他们也非常惊叹于学生的表现能力和探究能力。

为了让孩子对课堂外的知识有更多了解，姚老师还邀请家长走进国际班的班会，请见多识广、博学多才的家长从不同角度对比着给孩子们讲中西方文化的特点：介绍世界建筑风格与中国建筑风格时，家长鼓励引导孩子们为二外设计教学楼；讲国际金融时，家长把孩子们分成小组，参与虚拟的国际经济市场操作。

随着学校的特色化发展，2019年9月，初中国际班改为英语特色班。而此前一年，学校已经开始使用《Real Life朗文环球英语教程》。

2018年7月，张园园老师入职洛阳二外，开始接触这套教材。作为一名一线老师，她在课堂上逐渐调整自己的角色，尊重学生天马行空的思维，激发他们的学习兴趣，创造课堂学习的兴奋点，孩子们也经常会给她无法想象的惊喜。

最近的一次惊喜来自学习《Real Life朗文环球英语教程》第9单元"Go green"（"热衷环保"）的一篇文章*KT goes green*（KT热衷环保）。

上课铃声一响，张园园老师就踌躇满志，打算按照自己的教学设计和课件上课。但是幻灯片上一出现"KT goes green"这个题目，李睿恒同学马上开玩笑地说："老师，KT goes green是不是KT变绿了？"然后哈哈大笑起来，班里顿时有几名同学也笑了起来。

其实，KT全称Kate Tunstall，是英国一名倡议绿色环保生活方式的原创歌手。张老师当时一愣，本想纠正学生的这个翻译和理解，但想到也许大部分学生都觉得这个题目确实很有趣，便并没有急于表现出不满意的态度，而是接着孩子们的笑声追问：

"你们知道她是怎么'变绿'的吗？"

"你们想知道她是通过哪几个方面'变绿'的吗？"

学生们见老师没有生气，便齐声回答："不知道！"

张老师趁势说："相信你们一定很想知道吧！那咱们就一起研究一下KT'变绿'并成为环保使者的过程吧！"

学生们都很兴奋。张园园老师迅速跳过课件上的引导和提问部分，进入阅读任务环节。随后，学生们开始两两合作、小组合作与讨论，通过预测、略读、扫读、细读等阅读方法，大家很快知道了KT是一名与众不同的明星歌手，她通过自己的实际行动充分展示了个人的努力对环保的重要意义。她加入"Global Cool"、参加慈善义演、穿着环保衣服和饰品、使用绿色交通出行、变公寓为环保住宅、捐赠唱片收入修复森林等种种行为都激励着学生，然后学生们开始讨论KT的行为：

What do you think of KT's doings?（你认为凯蒂·彤丝朵环保做法怎么样？）

If you were KT, what would you say to the teenagers?（如果你是凯蒂·彤丝朵，你会向青少年呼吁什么？）

Would you want to become green as KT?（你想变得像凯蒂·彤丝朵一样环保吗？）

What can we do as middle school students?（作为中学生，我们能做些什么？）

经过讨论、总结和小组汇报，大家在意见和精神上达成了共识。大家表示愿意成为"绿色"的环保少年，采取多乘公共交通、随手关灯和关水龙头、循环并回收利用、缩短淋浴时间等方式改变自己的生活方式。最后趁着这股热乎劲儿，张老师提议各小组把这些总结和建议写出来，并形成文字资料，整理成初一10班的《绿色少年环保倡议书》，学生纷纷表示同意。课后还有学生在小教室里投入地讨论着如何搜集环保知识和信息，谋划着倡议书的设计。张老师很享受地听着，观察着这群叽叽喳喳的、充满生机和活力的学生，心里感到无限快乐和满足。

是的，课堂没有按照原本设计的课件进行，但这有什么关系？不用着急，让学生们表达他们的想法，然后抓住这转瞬即逝的教学契机，用更好的方式与学生们一起完成这堂课是多么美好啊！

▌ "1+2" 北美国际高中项目班

Education is not the filling of a pail but the lighting of a fire.（教育不是注满一桶水，而是点燃一把火。——爱尔兰诗人叶芝）教育是我们共同面对的一个历久弥新的命题，也是我们共同面对的一个全球性话题，它不仅需要我们以实际行动对推进教育理念的更新、方法的改善做出各自的回答，也需要我们相互之间多沟通、多交流，扩大了解，相互借鉴，共谋发展。

2018年11月6日下午，在"洛阳市第二外国语学校北美国际教育论坛"上，国际教育专家、美国法拉古特海军上将中学中国校区校长Justin Poupart先生，围绕"家长和老师如何帮助孩子准备好国外的学习"等角度，通过对比中西方家庭的差异、分析影响出国留学的因素，细致地阐述了"孩子出国学习需要具备的能力，包括英语沟通能力、学习能力、独立能力和自信心"。幽默风趣的演讲风格、发人深思的观点不仅博得会场内近300位来自洛阳市区各中小学的英语教师和家长代表的阵阵掌声，也赢得了会场外以及线上实时关注的更多观众的点赞。

转眼，当时坐在台下听Justin Poupart先生讲座的洛阳市第二外国语学校2018级北美国际高中项目班的同学，已完成了在洛阳二外的一年期学习，即将奔赴美国、加拿大完成之后两年的学习了。

北美高中国际项目始于2015年8月，为洛阳二外与加拿大BC省苏克教育局、安大略省上加拿大教育局、美国圣玛丽中学强强联合实施的"1+2"合作办学项目。项目整合国内外优质教育资源，结合中西双方的教育优势，在教材选择和考评体系方面接轨国际教育，在提高学生英语水平的同时，保护和培养学生的创新意识和能力，全面提升学生综合素质和领导力，让学生升入世界一流大学后与全球学生站在同一起跑线上。

这个项目的具体培养模式是：中国一年，10年级（高一）学生在洛阳二外就读，注册北美高中学籍。学校引进北美课程体系、原版教材、教师和学分考评体系，让学生提前体验原汁原味的西式教育，修读北美高中毕业文凭学分。帮助学生在出国前，从语言、生活、心理和学术等方面做好充分准备，确保平稳过渡并提前适应北美的留学生活；北美两年，学生转入北美高中就读11、12年级（高二、高三），与北美本土学生一同上课，寄宿北美当地家庭或学校，感受真正的北美教育，接受西方高品质、个性化素质教育，修读丰富的必修与选修课程，完成北美高中学分课程，取得北美高中毕业文凭。高中毕业后，他们与北美本土学生享受同等待遇、同等条件，申请北美国家世界一流大学。

项目聘用了4位中方教师、3位外籍教师，都具有丰富的教学经验和学生管理经验。课程设置方面，洛阳二外高一年级的学习严格按照北美课程体系和学分考评方式，引进北美原版教材，中外优秀教师联合执教，实行小班化授课、情景互动、以"学生为中心"的教学方式，让学生提前体验西式课堂，提前修读北美高中毕业学分。因为开设了课程占比较高的英语听、说、读、写课，该项目除了可以强化学生的英语水平之外，还为学生创造了一个浸泡式的纯英语学习环境，学生可根据自己的英语水平选择适合的课程。

"1+2"北美国际高中项目班课程设置表

课程模块	科目	教学目标
学分课程	语文 计算机 数学 体育	国内高中传统学科，北美高中承认其相应学分
	科学 社会学	适应外文教材和外教纯英文授课方式，配有中方助教。帮助学生夯实学科基础，熟悉外文教材和专业词汇，获得相应学分
语言强化课程	ESL 雅思 英语文学 英语交际	全面提高英语听说读写能力，了解英语语言文化
素质拓展	社会实践海外升学指导	全面提高学生的综合素质，培养学生学习兴趣、自我管理能力和团队协作精神

高二、高三年级，学生在北美高中与北美本土学生一起上课，学生根据自身的兴趣爱好、大学专业定位以及未来职业规划，在丰富多彩的自选课程和AP课程中，自主选择各类个性化课程，接受高品质、个性化教育。截至2020年9月，参与这个项目的学生共有58名，其中2015级10人、2016级11人、2017级10人、2018级11人、2019级16人。已经毕业的三届学生中，74%收到多伦多大学录取通知书，100%获得了加拿大医博类Top 6（排名前六）大学的录取通知书和奖学金。

▶ 国学班：立学中华诵经典

为了传承国学经典，弘扬传统文化，提升学生文化底蕴和道德修养，与素质教育、思想品德教育相结合，探索构建学校、家庭、社会三位一体的国学经典教育模式，洛阳二外在2014年秋天创办了"国学班"。

李艳军老师在2015年9月成了国学班班主任，《道德经》《论语》《弟子规》《大学》《中庸》《孝经》《增广贤文》《笠翁对韵》成了国学班的首批教材。

作为洛阳二外特色班的重要组成部分，除国家规定的义务教育课程外，国学班增设了与国学相关的课程，以国学教育为基础，吸纳古圣先贤智慧，培养具有民族情怀，气质高雅、德才兼备的优秀学生。所以，有15年教龄的李艳军老师系统地梳理了主流声音对"国学"的解读，并认真再读《论语》《大学》，读"修身，齐家，治国，平天下"，读"自天子以至于庶人，壹是皆以修身为本。其本乱而末治者，否矣；其所厚者薄，而其所薄者厚，未之有也"。深刻领会到：学习国学，为的就是修自己，改善自己，并在这个基础上，更好地"修"学生，实现教育理想。

每周一节的国学课安排在星期二下午，主要学习形式除听专家讲座外，多数时候是各种形式的诵读、大声齐读。读诵每一本教材之前，李老师都会告诉同学们这本书的来龙去脉及其对人生的特别价值，之后就是反复诵读、大声齐读。要读出效果，必

经典诵读

须有遍数的保证、时间的保证、量的保证，每周一节显然不够。于是，同学们把早读前十分钟、下午上课前十分钟、晚自习前十分钟利用起来。那一届有位同学本来不是班干部，但她主动提出组织大家诵读。五十多人，要做到整齐、声音洪亮并不容易。这位同学不断总结经验教训，诵读效果越来越好。就这样坚持了三年，她的胆量、能力、气质都得到了提高，学习成绩也从中等偏下一路上升，考上了省重点高中。

"为天地立心，为生民立命，为往圣继绝学，为万世开太平"，这是北宋张载的"四为句"，也是国学班各位老师的教育理想。高远的理想可以通过惊天动地的大事去实现，也可以在平平常常的生活中去达成——"大处着眼，小处着手"，这就是洛阳二外坚持国学经典诵读的意义。

▌ 科技班：培养拔尖创新人才

洛阳二外成立科技班，是为了通过普及科学知识、开展动手实践和合作探究创新三位一体的整合，培养学生严谨求实、勇于探索的科学精神，提高动脑动手、实践创新能力，造就富有创造力的探究型人才。科技班在开设国家规定的义务教育课程外，还将科技教育列入教学计划，增设科技特色课程。早期介入物理学中力、热、光、电的基础知识，中后期在开设物理课的基础上，鼓励学生大胆想象、动手实验，着手进行科技小发明的设计、制作，如自制潜望镜、无动力小船等。科技班的办班特点在于"寓教于乐，培养科学兴趣；动脑动手，培养综合能力。强调训练学生的专注力（观察）、想象力（假设）、动手能力（实验）和解决问题的能力（结论）"。鼓励学生运用所学知识进行科技小制作、小发明，集知识、实践、创新于一体，培养学生的创新精神和应对未来挑战的能力。

科技班航模

科技班第一次招生，是在2014年。在那之前，为了让学生在外国语学校感受到更多元的素质教育，学校在发展特色英语教学的基础上，已经陆续开设了好几种特色班。当前已进入信息高速发展的时代，在课堂上学习的物理、化学、生物等知识已经无法满足学生对未知世界的渴望，未来世界对人才的要求也不仅局限于他们有足够的专业知识，更需要他们有核心素养，并用这种能力去学习新知识，开拓学科知识以外的领域，探索未知的世界——这便是洛阳二外创办科技班的初衷。

最初，科技班每年招收两个班，有兴趣的同学需要在暑假提前报名，因为报名的同学太多，2019年新生入学时扩招到4个班。科技特色班每周

1~2节课时，课程涵盖物理、化学、生物、地理等相关的学科知识。张玲老师已经连续6年担任科技班班主任，开设过制作叶脉书签、太阳能小车、望远镜、照相机等课程。每年课程都在换，淘汰一些、更新一些，同时保留下一些经典的学生喜欢的课程并加以优化。

张玲老师印象最深的，是制作叶脉书签的课程。早期开设这门课程的时候没有太多经验，仅仅是将叶肉处理后保留叶脉就完成了，虽然叶片已经经过大量的清水冲洗，但因为氢氧化钠的残留，还是会让孩子们的手指出现起皮现象。第二年再次制作的时候，同学们就有了一次性手套，而且在制作工艺方面也有了进步，通过"过塑"来保存同学们的作品。第三年再开课的时候，孩子们已经能设计制作精美的叶脉书签了。"浪漫的想法＋自由的创意＋唯美的落叶＝美妙的图案"，这些落叶画分别呈现了不同的图案，讲述了不同的故事。参加学校举办的展示活动时，一布展就吸引老师和同学们驻足观看，然后分享、点赞。除了创造美的作品，科技班的同学还认识了常见的植物，并初步学会了"采集—压制—上台纸—贴标签—加盖纸—过塑"的标本制作过程。

2016年11月，张玲老师去上海参加由中国陶行知研究会、中国民办教育协会中小学专业委员会和远播教育集团主办的北美国际教育交流论坛，首次接触了steam课程。经过大半年的准备，2017年9月份，学校将steam课程引入到八年级科技班的课程中，并为科技班专门购买了"月球移民计划"和"病毒暴发预警——如何对抗流行病"两套课程。2018年3月，学校还派科技班任课教师前往上海，系统进行steam课程的培训。steam课程的引入，使得科技班的课程更加系统和规范。

科技班不仅培养了学生的创新精神和应对未来挑战的能力，还给了同学们很多意外惊喜：2016年8月，科技班的8个孩子前往台湾高雄参加世界机关王大赛，获得初中组二等奖；2017年6月，第一届科技班的白颢阳同学以优异的成绩被西交大少年班录取……

▶ 数学班：数理逻辑思维"提升营"

洛阳二外于2019年9月创办数学特色班，首次招生4个班；2020年9月，第二次招生6个班。

除开设国家规定的义务教育课程外，数学班增设了数学文化与数学发展史、数理逻辑推理、数学应用软件等课程，通过帮助学生夯实数学基础知识、基本技能、基本思想，提高学生的数理逻辑思维能力，培养他们应用计算机软件辅助探究数学问题的能力，以及将数学应用于实践并进行创新的意识。让学生在探究数学问题的过程中，培养学习数学的兴趣、信心和能力，同时促进学生的全面发展。

数学特色班的兴趣课程平均每周1.5课时，初一课程主要为数学发展简史以及著名的数学问题、数学游戏等，内容涵盖：数独、幻方、逻辑趣题、七桥问题、莫比乌斯带与克莱因瓶、生活中的数学美、神奇的数学现象、有趣的方程、24点、拼图、祖冲之与圆周率等；初二课程主要为几何画板初步、知名数学定理赏析等，内容涵盖几何画板软件的认识、使用，毕达哥拉斯定理、欧几里得定理、欧拉定理、巴布斯定理、斯图尔特定理、婆罗摩笈多定理、托勒密定理、爱尔可斯定理、梅涅劳斯定理、塞瓦定理等。

这些源于课本却又高于课本的数学特色课程，意在拓宽学生的知识面，培养学生严谨的逻辑思维能力、动口动脑动手操作的能力，充分调动学生的积极性、激发学生学习数学的兴趣，鼓励学生大胆猜想、开拓创新。

在学习过程中，数学班的同学们告诉老师，他们每一次走在校园里，走在数学大道上，都是一次数学文化王国的遨游，对每一块雕塑、浮雕背后的历史、故事都有了更深刻的理解。特别是算筹，在此之前，学生对于这些长长短短的木桩既熟悉又陌生，每日饭前路过都能见到却又不甚了解，当他们了解到这些不起眼的木桩背后有这么多知识时，都兴奋不已。可见，这些数学特色课程既能激发学生对于数学学科的学习兴趣，有利于之后课程的学习，又能使学生感受到学校的品位与格调，同时还打破了传统数学课堂的桎梏，使老师和学生都能以新的角度对数学学科进行思考：在课堂上，当老师问"车轮为什么做成圆形"时，有同学大胆设想还可以尝试着做成一种特殊的形状，比如莱洛三角形；当老师问及"四叶草为什么又叫幸运草"时，有学生颇有兴趣地讲起与树叶数目相关的"斐波那契数列"……这些被学生讲出来的鲜为人知的数学知识让老师为之震惊。

兴趣是学习获得良好效果的重要条件，是学生主动学习、勇于探索的内驱力。在特色课教学中，老师们总是设法激起学生强烈的求知欲和探索欲，逐步培养学生对数学的兴趣，努力钻研数学知识、提高解题能力。

经过一年多的发展，数学班的课程设置已经有了明确方向，相信今后跟随学校的发展，班级特色会更加凸显，更多学生会因数学班的特色课程而受益！

小语种班：以语言为钥匙，开启世界大门

2017年9月，洛阳二外同期开设了日语、德语、法语三类小语种班。

目前，洛阳二外三个年级共有5个日语班。

许媛珂老师是洛阳二外第一位日语老师。她毕业于日本尚美学园大学，一个小姑娘刚出大学校门便进了中学大门，不懂教学、不知道怎么和学生们相处，心里的茫然可想而知。好在洛阳二外有"人才工程"制度、有"拜师"传统，在老师们、特别是师父薛莲副校长的帮助下，她在学

日语班

习中慢慢改进，逐渐摸索出了一套很有特色的日语教学方法，逐渐找到了和学生相处的最佳方式。

对于许老师和她的学生来说，第一次考验来自2018年的校园贸易节。当时，学校在校园贸易节上新增了国际场馆。如何才能在日本馆中体现原汁原味的"日式风格"呢？许老师和学生们讨论后，决定从文化、美食、游戏等几个方面，把日本街头庙会的相关传统保留项目搬入日本馆：馆内有代表性的日本景点、抹茶泡芙和可尔必思饮料、纸捞金鱼……既有知识点又有好吃好玩的，日本馆成了校园贸易节上的一大亮点。如果说第一年的"日本馆"还处于"展示"层面，第二年，"日本馆"便成功转型，进入"贸易"层面——许老师带着她的学生做出了好吃的寿司和漂亮的日式团扇，很快就售罄了。

日语班的同学们通过演唱日语歌曲、分角色日语配音、亲手做寿司等活动，不仅学好了日语，还开始更深刻地理解了日本文化。日本冈山井原市兴让馆高等学校石下景教校长、日本东京帝京中学·高等学校铃木先生一行来访时，都称赞同学们标准的日语口语和日语氛围，希望同学们可以通过学校搭建的国际交流平台，借助语言这一载体，有更多的机会了解和学习多元文化。

2019年夏天，许老师带着同学们参加了第一次日本夏令营研学活动，同学们不仅到日本东京帝京中学·高等学校学习参观，与日本的中学生一起交流，感受文化差异带来的体验，还游览了世界文化遗产金阁寺和著名的富士山等。他们用眼睛观察异域风情、用心灵体味普世美好、用笔墨记录点滴收获，开阔了眼界，更开阔了心胸。

目前，洛阳二外三个年级共有3个德语班。

赵翊琳老师是洛阳二外的第一位德语老师，天津外国语大学德语语言文学专业硕士毕业。2017年夏天经过笔试、面试，她开始了在洛阳二外的工作经历。起步时"一穷二白"，没有任何经验，怎么办？还好，学校有师徒帮带活动。她的师父李彩霞老师是资深英语教师，虽然科目不同，但同属外语类学科。经过李老师的悉心指导以及不断听课、磨课，赵老师快速成长起来。这期间她得到学校领导的极大支持，2017年刚入校便有机会到南京外国语学校交流学习，2019年又参加了全国中学德语骨干教师高级研修班。

日常教学逐渐稳定下来以后，学校鼓励小语种班举办一些特色活动，给学生展示自己的机会。德语班便举办了小语种手抄报、 烘焙和小语种音乐会等活动。其中影响最大的，是小语种音乐会， 由学生主持， 演唱日语、法语和德语歌曲，包括两三个人的小合唱和整个班的大合

德语班

唱，最后用日语、法语、德语、英语、汉语，共同演唱一首歌曲收尾。学生们的表现让赵老师感到非常惊喜，尤其是那个喜欢Beatbox（一种音乐表现形式）的男生，把Beatbox和德语融合起来，现场效果特别震撼。

随着教育部把德语加入高中课程， 未来会有更多的学校开设德语课。高中开了德语课，初中学习德语的学生就有了衔接，初中学习德语的人数也会大大增加。在期待有更多学生学习德语的同时，洛阳二外也正将住机遇，把德语班发展壮大，使学校小语种特色更加凸显。

目前，洛阳二外三个年级共有4个法语班。

开班之前， 学校对法语班的教材选用很慎重，希望是比较权威并且在讲解后配有练习的教材。毕业于山东大学法语系的程稚老师向一些教授法语的同学求助，经过反复挑选并参考法语联盟使用的入门教材，最终，学校选定了外研社出版的法国原版教材中译本《你好，法语》A1级别。

开学后，从同学们的反映来看，这个教材没有选错，一方面，教材课文涉及很多生活场景，语言原汁原味。另一方面，语言能力目标和欧标等级相对应，便于学生后期参加相应等级考试。还有就是课本设计活动比较

多，比大学的专业教材更有趣味性。

第二学期，2018年5月，学校举办校园贸易节，三个小语种班的老师接到了一个"任务"：有没有什么样的活动形式，可以让小语种班在校园贸易节中展示与众不同的特色？

老师们在一起讨论，聊着聊着，说起自己读大学时参加过的一些外语学院举办的外国文化周、多语种文化节等，便初步确定了方向，然后一步步丰富方案，最初打算让小语种班的学生在班级里搭建一个外语文化区，穿上相应国家的特色服饰，展示

法语班

该国家在文化、礼仪上的特色，出售学生手工制作的具有该国文化元素符号的工艺品和特色美食，让其他同学在品尝美食的同时，也对这个国家的语言和文化有所了解。后来得知学校决定在校园贸易节增加"世博展区"，小语种班就加入了世博展区，成为独具特色的展馆。

在准备法国馆的过程中，同学们有的从网上购买材料，制作了绕线画；有的手工制作了八音盒。场馆需要一部分具有法国文化元素的装饰品和小手工，同学们便利用午休时间一起在图书馆集体制作。因为想要参与的人数太多而场地和工具有限，同学们还自发达成了协议，轮流参与手工制作。

贸易节当天，同学们自豪地带着朋友和家长来参观自己的作品，指着成品讲解其中哪块颜色、哪个零件是自己的劳动成果。除了埃菲尔铁塔、巴黎圣母院模型，同学们还用超轻黏土手工制作了梳着"花轮同学"发型的小王子胸针，造型惟妙惟肖的马卡龙、可丽饼和羊角面包，缩小版的平面埃菲尔铁塔，一支集迪奥、香奈儿于一体的口红。因为场馆的文化主线是"小王子"，所以校园贸易节当天，还有学生自告奋勇穿上了《小王子》

电影中的同款服装作为形象大使，给进入法国馆参观的人盖章留念。

2018年6月，三个小语种班在学校举办了"小语种音乐节"。学生们听到有这样一个独属于他们的表演机会，都很兴奋。当时他们在音乐课上刚观看过法国电影《放牛班的春天》，许多学生非常喜欢电影中的插曲，所以选择了其中的一首合唱曲目*Vois Sur Ton Chemin*（眺望你的归途）。选定歌曲后，他们利用课堂上的时间学习歌词和旋律，用午休时间排练分声部合唱，还来办公室"加餐"，学词、学歌，互相帮助纠正发音。就这样，同学们在音乐节上演唱了法国童声组合的经典歌曲*On Écrit Sur Les Mur*（我们写在墙上），效果非常棒，完全可以在更大的舞台上一展身手。

第 17 章

我们的"三专"社团

　　教育的目的和意义，是尊重个性。所以，必须努力办孩子们喜欢的学校、做适合每一个孩子的教育。从校本课程到特色班，洛阳二外一直都走在这条路上。2010年7月29日，国家教育部颁布《国家中长期教育改革和发展规划纲要（2010—2020年）》，要求各级学校根据实际情况大力发展学生社团活动。于是，学校又着手启动学生社团筹备工作。从2011年到2013年，洛阳二外以"配备专业的老师、通过专业的活动、培养专业的学生"为原则，成立了5个学生社团。之后几年，边开展活动，边完善社团管理机制和考核办法，目前，已经形成了20个稳定的学生社团。

　　"专业的老师、专业的学生、专业的活动"是洛阳二外社团最大的特色。在师生的共同努力下，社团活动已成为教师专业成长的舞台、学生自主发展的乐园。社团建设作为洛阳二外实践新教育理论，深化课程改革，促进学校内涵发展，扎实推行素质教育的重要手段，作用日益突出。

▌ 趣味生物社团：体验自然之美

　　"趣味生物社团"是在校团委领导和支持下较早开展活动的社团之一，旨在丰富和活跃学生的课余生活，培育学生的探索、实验创新能力，学生的动手能力，让学生在乐中学、学中乐，培养和激发学生学习生物的兴趣。经过每年一次的社团成员的新老交替，现在有社员10名，其中社长1名，副社长1名，负责人是张庆华老师。

趣味生物社团活动地点有实验室、教室、开心农场……洛阳二外是学园，更是家园、乐园和果园，"趣味生物社团"的活动范围有多大？来看看赵爱红老师这篇随笔——

校园拾趣

初三年级语文组　赵爱红

课间，临窗举目，看草长莺飞，念春华秋实，遂成此文。

撇开优渥的教学硬件不谈，我们二外的校园环境布局实在是可圈可点的。

且不说墙上地下随处可见的语、数、英、历史等校园文化，也不说遍布校园的几十尊大小不一、形色各异的文化石头，单是花草绿地，便足以让人驻足流连。

学校的绿化面积委实够大，在本市教育行业同等级别中首屈一指当不为过。植物种类繁多自然不在话下，可令我汗颜的是，能让我指名道姓者却寥寥无几。但这丝毫也影响不了我享受它们带给我情韵的心绪。常绿植物自是宜人，众花之趣更摄人心。姹紫嫣红的花们你方唱罢我登场，争奇斗艳，招蜂引蝶。白玉兰傲踞树巅，紫藤萝飞瀑而下；樱花碧桃如入赛场，置谦让于不顾：万朵竞发，密密匝匝，绽满枝头；牡丹花形硕彩异，自然是华贵雍容，酢浆草朵小色单，却也粉妆大地，不容小觑。当蔷薇花枝招展，热情奔放地向围栏投怀送抱后，它们的华丽结合便引来粉丝无数，于是，这面花墙便昂首挺胸地和诸多俊男靓女们并肩携手，迈进手机里，定格在照片上。

刚刚从紫槐的浓香中清醒，便大快朵颐了桑葚。泛黄的枇杷忍不住向你抛来了媚眼儿，桃儿、杏儿、梨儿、李子、樱桃们也不甘示弱，挤挤挨挨，缀弯了枝条。就连高不及人的小柿树，也戴上了一顶顶"遮阳帽"，而成架的葡萄也已初具规模。再等等，还有向日葵、大南瓜。对了，没有梧桐树，招不来金凤凰。可惜环绕国际部的梧桐树太高，我只能望果兴叹，忍住口水，默默回味幼时采食梧桐籽的乐趣和清香了。

蜡梅的盛开为寂寥单调的冬天增添了生机与色彩。我原以为随着大地回暖，香消玉殒的她便完成了使命，却不知，褪去一身繁花后，蜡梅竟枝繁叶茂，又呈献出累累硕果。前几天才看到并知晓真相的我，当时只有一个念头，那就是恨地无缝了。不过，正是这些在课余饭后带给师生们清新、舒爽之感，并能让大家逞一时之口福的植物们，日益丰富着我的见识，陶冶着我的心性。

一条小河自西向东，将校园划为两部分。绿柳夹岸，青草护堤，流水淙淙，小桥横跨，北岸红墙蓝瓦掩映于树间，此景最宜入画吧。南岸花丛中有一石刻：学园、家园、乐园、果园。对于一年四季花果飘香的校园来说，这些名称的确是当之无愧啊。

现在，小河西北角又入住了许多新成员：兔子或黑或白或灰，活泼可爱；鸭子和大白鹅们游弋于小河中，悠然自得；小巧精致的鹿舍正虚位以待。有了他们的加盟，校园更添了生活情趣。

二外校园，趣味何极。

奇珍异木、花花草草就不说了，小河西北角的孔雀、大鹅、鸭子、兔子和"开心农场试验田"，也全都属于"趣味生物社团"。应和着节气，张庆华老师就会定时带着学生来这里学习生物知识。

张老师来学校工作不久的一天午饭后，溜达着来这里给"开心农场试验田"浇水，植物的苗太小，不能漫灌，张老师就抱着水袋让水从高处往下流，手按住出水口，使水像下雨一样落到地面，

开心农场

以减少对幼苗的伤害。正忙得不亦乐乎，满脸水花、满鞋是泥时，后面有

个声音传来："张庆华，你们试验田里种的都有什么？"声音熟悉而又陌生：熟悉的是在教工会上听到过这个声音；陌生的是，这么近距离的听到，还是第一次，而且还叫出了自己的名字！张庆华老师有些激动地和白校长交流社团的活动，两人说了一阵儿，白校长还没走远，她就已经不记得自己回答了些什么，脑子里就只有白校长的一段话：

我们需要培养的，是孩子"面对一丛野菊花而怦然心动"的情怀，是"在乎沙滩上每一条小鱼生命"那样的情感。有了这样的情怀和情感，孩子们就没有了对世事的冷淡、对他人的冷漠、对生命的冷酷，就有了对生命一往情深的爱怜与呵护，对人生一往情深的憧憬与向往，对天空一往情深的仰望与膜拜。

一个热爱生活的人，内心必然充满阳光。后来，张老师多次隔河看见白校长在试验田里转，白校长还参与开心农场校本课程，和孩子们一起锄地、施肥、采摘果实，和大家合影留念。

之后，开心农场每年都有新的变化，浇水的管子也变成了喷灌和滴灌；试验田的变化更明显，先是梯田中间铺上了砖，再也不用担心雨后进入试验田粘得满鞋都是泥巴了；外面有了篱笆墙，看起来整齐美观。再后来，开心农场试验田西边的那块草坪就成为赵爱红老师文中的"动物的家园"，用铁栏杆围起来，既坚固又安全，既大气又壮观，俨然苏州园林建筑风格——隔而未隔，界而未界，成了校园一道美丽的风景！

趣味生物社团开展了一系列的课外生物科技知识拓展活动，每学期社团还以手抄报、图片和论文等方式进行成果展示，激发了学生走进自然、亲近自然的生物科学趣味和探索精神。2016年，张欣悦同学的论文《番茄的培育》获省二等奖；2017年王柯晴同学的论文《趣味嫁接实验》获得省一等奖……通过一系列活动的举办，趣味生物社团在帮助学生学习生物知识方面取得了显著的成效，学生的创新能力变强了，合作能力变强了，探究能力也变强了，随之，带来的是文化课成绩的显著提高。

"社团不仅给他们打开了一扇看世界的窗，还能提高他们的动手能力和团队协作能力，也是对学生综合素质的培养。"张庆华老师认为，人心如良苗，得养乃滋生。课外社团活动的开展，培养和激发了学生的学习兴趣，加强了学生的学习自觉性，充分发挥了学生的特长，培养了学生的创新精神，开发了他们的创造力。回到课堂上，同学们个个比先进，人人有收获，有效提高了生物教学课堂效率，实现了学生的全面发展，最终使生物教学实现了知识性和趣味性的和谐统一。因此，趣味生物社团已经不单单是一个社团组织，而是一个充满温暖和梦想的大家庭，每一位社员都可以在这里找到属于自己的角色，发光发热，丰富精神世界！

▌ 雏鹰剧社：与吉祥物同名

与趣味生物社团这位"学长"比，雏鹰剧社还是个"小学妹"。

雏鹰剧社成立于2018年5月，每周三中午12：50—13：50在学校一号阶梯教室开展活动。剧社活动现由杨春丽、刘珂珂两位老师组织开展，杨老师从事初中教学15年，善于激发学生的学习兴趣并培养学生的兴趣爱好；刘老师是优秀班主任，善于引导孩子养成良好的学习习惯，鼓励发展孩子的个性。

剧社以学校的吉祥物"雏鹰"命名，旨在为热爱表演艺术，喜爱剧本创作的同学提供一个自我展示的平台，在丰富学生课余生活的同时，为其成就远大的梦想奠定坚实的基础。

剧社主要针对初中语文课本中的经典篇目，中外名著中的经典作品进行剧本编写、排演、展演，培养学生的语言表达能力、舞台把控能力、观察分析生活能力，增强学生的团结协作精神。为了更好地开展剧社的各项表演活动，加强对剧社的管理及提高学生的自律性，雏鹰剧社制定了一系列管理制度，对社团成员的权利和义务都有明确的规定。

雏鹰剧社每年新学期开始时招募社团成员，报名剧社的同学通过面试考核后方可正式加入剧社，剧社社长、副社长通过竞选产生。指导老师在每位成员自愿的前提下结合他们的特长，把社团成员分为演员组、编导组、舞美组三个小组，每组竞选产生一个实力雄厚且认真负责的成员担任组长。

在剧社活动中，演员组主要负责角色饰演，编导组主要负责编写剧本，舞美组主要负责舞台道具、演员服装、背景音乐等，所有成员都在各司其职的同时相互配合。剧社已经成功展演过《西游记——三打白骨精》《范进中举》，已经排练完成了《皇帝的新装》。

舞台剧场社团

目前这一届的社长是王泊然同学，副社长是刘奚萌同学，宣传部长是王欣怡同学。

七（14）班的林恺欣同学刚进入社团时，性格腼腆和内向，不太敢与人交往。来剧社不久后的一个星期三的中午，他像往常一样，一个人悄悄来到第一阶梯教室，坐到最后一排。社团活动一开始，老师就让同学们分组，林恺欣同学不想上台表演，便选择了编剧组。

又一个星期三中午，阶梯教室里安安静静的，表演组的同学都在看《皇帝的新装》原文，他们很认真地将朗读语气批注在课文旁边。林恺欣同学有些纳闷：老师也没有说让我们提前预习课文呀？在彩排时，表演组的同学认真地做好每一个动作，脸上的表情也非常传神，并且不辞辛苦地一遍遍练习，力求把节目表演到最完美的状态。林恺欣同学深深地被触动了，一种没有认真工作的羞愧感很快占据他的心头。于是，从那之后，他认真写稿，也强迫自己和其他同学交往，让自己变得越来越外向，并逐渐明白了：

"每一部话剧，折射的都是不同的人生。把梦想带进现实，将现实融入梦想，这便是雏鹰剧社的魅力所在。"

▌ 心理社团：为成长护航

心理素质是学生素质结构的核心与基础，心理素质的发展"既是素质教育的出发点，又是全面素质教育的归宿"。正是基于这个原因，2009年，洛阳二外建立了心理咨询室，面向全校学生、教师和家长，开展心理健康教育工作，提供心理咨询、指导和服务。

当时，心理咨询室的具体功能有五条：开展面向全体学生的心理健康教育活动，指导学生自助，促进学生良好心理素质和健康人格的形成，为有特殊需要或心理问题倾向的学生建立心理档案；针对学生的身心发展特点，积极开展学生成长关键期和关键点的指导工作，帮助学生充分认识自己的个性能力特点，以利学生作出合适的选择；接待有心理辅导需求的学生，对有一般心理问题的学生进行个别辅导，发现和鉴别出具有较为严重和严重心理问题的来访者，向家长或监护人提出建议，将其转介到有关专业心理咨询和治疗机构；开展对学校教职员工的心理健康教育知识和简单操作技能的培训，帮助教职员工掌握心理保健和心理健康教育的基本方法；向家长提供有关亲子关系和家庭教育的咨询，指导家长正确认识孩子的心理特点、成长规律和教育策略。

正是有了前期"心理咨询室"的成功创办，才有了如今洛阳二外的两大心理社团："心谐会"和"心艺学生成长社团"。

"心谐会"成立于2014年9月，由心理老师张燕舞带领各班的心理委员组成。

张燕舞老师毕业于河南大学应用心理学专业，2012年来二外工作，是洛阳市优秀社团辅导教师、连续六年河南省心理剧比赛一等奖的辅导教师。"心谐会"成立之后，她首先带领心理委员实现内心成长并获得心理帮助的技能，这样，一方面心理委员在与同学的朝夕相处中，能随时随地帮助同学；另一方面，教师也能通过所反馈的信息及时有效地进行心理危机干预，保障同学的心理健康和生命安全。

每年的10月底11月初，"心谐会" 还会举办"心理健康活动周"，从2014年至今，已经举办了六届。心理委员们在校园内宣传心理辅导的理念和预约制度，帮助新生入学适应，帮助初二初三的同学减轻学习压力、做职业生涯规划。"心理健康周"采用心愿墙、趣味图片、小书签、职业岛屿等生动活泼的形式，吸引了广大师生的积极参与。现在，"心谐会"是洛阳市优秀社团，张燕舞老师也被评为优秀辅导教师。

"心艺学生成长社团"则源于"学生心理成长团体训练营"，是由桑竹婷老师在心理剧、心理团体活动、心理小报的基础上于2017年建立的。桑竹婷老师，毕业于上饶师范学院心理学专业，2009年来二外工作，连续11年都是河南省心理剧比赛一等奖的辅导教师。

"学生心理成长团体训练营"只针对学生进行单纯的心理团体活动，"心艺学生成长社团"则是学生心理剧社团、学生心理成长团体训练营的丰富和升级，为学生提供心理训练和提升，使学生在享受艺术美妙的同时也能让内心得到平静，更加健康全面地成长！社团以一个学年为单位，上半学期为学生设置心理团体训练，在时间管理、合作、沟通、面对学习压力、克服考试焦虑等方面给予专业的指导训练；下半学期结合绘画、心理剧等艺术方面，给予孩子们更加丰富的体验和指导，并给孩子们提供展示的舞台，让孩子们全面成长。

在洛阳二外，心理社团已经和心理剧、心理手册一起，成为"三驾马车"，从保障心理健康角度，为学生的成长护航。

▌"动漫"＋"悦读"：脑洞无极限

19个学生社团中，既有"趣味生物社团"和"雏鹰剧社"这样的传统社团，也有"动漫社团""悦读社"这样的"小清新"。

八（1）班关润钰同学进动漫社两年了，在她眼里，动漫社团的氛围是愉悦的，作品创作不设限、很自由，切合主题即可，所以从教室前排走至尽头，每个同学的作品都有自己的想法，你画的是人物，我考虑画动物或者是景物；你用了暖色调，我可以采用冷色调或者选用黑白画风。她和伙伴们在这里随心创作，尽情呈现不一样的自己。社团的老师除了给同学们普及专业知识外，还会和孩子们分享校园生活的点滴趣事：学校的动物园饲养了很多呆萌可爱的小动物，备受宠爱的非珍珠鸡莫属了，同学们为它取名"点点鸡"，老师在社团的交流群里不时分享它各种姿态的萌照，为动漫创作提供素材。

在动漫社，关润钰同学不仅结交了很多"同道"小伙伴，还与大家一起分享作品、交流画技，畅谈对动漫的见解。

与关润钰同学同班的高曼荧同学在动漫社既收获了画技，又结交了初三的学姐、初一的学妹等许多朋友和"大佬"。大家都在一个"圈子"里，共同话题多，彼此相处得十分融洽。在动漫社，举办各种主题节日画展便是大家大展身手的时候，还有校园贸易节的独立创意贩售摊位，和中国传统动画皮影的制作，每一项都很有趣。在动漫社和大家相处的日子里，高曼荧同学的收获很多，有画功的，也有思路上的。最最重要的是，每到周四，踏进社团教室的那一刻，她觉得身上的压力神奇般消失了，留下的是各种激动愉悦的心情、大开的"脑洞"和泉涌的灵感创意。

悦读社成立于2019年2月，社团主要由学校热爱文学、热爱阅读的同学组成，现有新老社员40余人。活动方式主要以学生自主阅读、分享体会为主，老师从旁加以引导、加以辅助。活动内容涉及古今中外多种文学形式，旨在重温历史文化，开阔视野，放眼未来。在《宋明理学》《怎样写古诗词》《乌托邦与反乌托邦：对峙与嬗变》《长恨歌》《杜审言研究》《诗词常识》《人间词话七讲》、《中国古代士大夫的道义精神》等书之外，同学们在网课期间还分享了"唐诗江湖里的侠义精神",初三的学员还讲授了有关量子力学的知识和名人逸事。

在悦读社里,主讲学生侃侃而谈,颇有大家风范,其他学生则根据理解积极踊跃,各抒己见。悦读社与其他社团相比,其独特性就在于归还学生的主体地位,让学生也来做"教书先生"。社长范朔源说:"因为备课,我时常会将一些书反复读、深入读,可谓'教学相长'。"悦读社不是传统意义上的"阅读社",而是一个内容涉及多个领域的大综合性文学社团。从诗文中来,到生活中去,让知识的魅力深深扎根在学生心中。

洛阳二外现有社团一览表

社团名称	成立时间	社团创始人	现辅导教师
校管乐社团	2005 年 9 月	吕作权	吕作权
"燃·啦啦操"社团	2011 年 9 月	蔡红艳	李宇峰、周文扬
我爱 STS 科技社团	2012 年 9 月	任靖	李丽、杜舞
趣味生物社团	2013 年 3 月	张庆华	张庆华
"心谐会"心理社团	2014 年 9 月	张燕舞	张燕舞、张含
足球社团	2017 年 9 月	董家宝	闫峰、孟亚辰
校园动漫社	2017 年 9 月	王春、刘佳琦	王春、刘佳琦
"让子弹飞"射击社团	2017 年 9 月	于江瑞	符天明、樊高银、张爽
"翰墨"书法社团	2017 年 9 月	万言礼	董菲
心艺学生成长社团	2017 年 12 月	桑竹婷	桑竹婷
雏鹰剧社	2018 年 5 月	王璇、周彦菁、马姗姗	刘珂珂、杨春丽、徐亚楠
英语演讲辩论社团	2018 年 9 月	耿雨馨、吴燕	耿雨馨、张园园、张方方
Ambition 篮球社团	2019 年 3 月	王彬、锁鹏举、付小兴	王彬、姚世豪、张洋洋
"悦读"读书社团	2019 年 3 月	王屹青、张林青、刘亚猛、李津津	焦雪莹、郭亚飞、刘佳
飞羽社团	2019 年 9 月	乔宝宝、侯兴巧	乔宝宝、侯兴巧
"天平社"法律社团	2019 年 9 月	李松博、李彦利	李松博、李彦利
长空武术社团	2019 年 9 月	魏瀚青	魏瀚青
校古筝社团	2020 年 9 月	张辰旭	张辰旭
Keep 舞社	2020 年 9 月	袁磊、杨文婕	袁磊、杨文婕

续表

社团名称	成立时间	社团创始人	现辅导教师
节奏盒子	2020 年 9 月	袁磊、杨文婕	袁磊、杨文婕
二外数学联合会	2020 年 9 月	麻虎	麻虎
"争鸣"演讲与口才社团	2020 年 9 月	刘佳、张阿楠、胡丽娜	刘佳、张阿楠、胡丽娜
机器人编程社团	2020 年 9 月	王璞、王璐、赵俊璞	王璞、王璐、赵俊璞

延伸阅读：

洛阳二外社团工作流程

新晋社团工作流程：由准社团教师提交社团申请表，经团委研究后决定活动方向和大致内容，同时准社团教师了解社团活动规章制度。社团纳新并试运行一学期，学期末进行社团活动成果展示，准社团教师总结活动得失并提出后续构想，经团委评定后转为正式社团。

正式社团工作流程：筹备工作，每学期开学第二周校团委负责召开社团工作会议，指导各社团负责人进行社团纳新、活动计划、展示或参赛内容的设想和撰写，确定活动时间、地点和频次，根据每个社团活动特点制定相应的安全预案；纳新工作，每学年社团招新计划于上学期开学第三周中午在学校操场进行，在自愿报名的基础上根据各社团的专业特点进行适当选拔；社团活动，每次社团活动社员按要求签到，严格按照既定活动计划内容进行由浅入深、循序渐进的活动；展示与总结，每学期各社团根据自身不同特点和专业性，至少进行一次校级及以上公开展示或比赛活动，学期末各社团负责人提交工作总结及优化改进社团活动的方案和构想。

二外社团活动的开展为学生个性的发展、综合素养的提升搭建了很好的平台。每年校团委都会组织数十位专业老师开展数百次社团活动，丰富了学生的校园生活，培养了学生团结、合作、竞争的精神，磨砺了学生勇敢、顽强、进取的意志，确立了学生阳光、向上的心态，打造了健康向上的校园文化。

第 18 章

校园贸易节："连环体验式"德育特色活动

2005年9月，洛阳二外在柳林南街98号创办了第一届校园贸易节。这种社会实践模拟活动，历经十多年的逐步完善，现已成为学校的德育特色活动，不仅培养了学生合作、组织、应变、表达、创新的能力，还使学生初步具有了商品价值观，培养了他们勤俭节约、诚信交往的意识，激发了他们扶危济困的社会责任感。

年年岁岁活动框架都相似，但岁岁年年活动内容却不同。在洛阳二外的校园贸易节发展史上，2014年第九届是一个分水岭：那之前，可以称为"传统贸易节"模式，那之后则进入"主题贸易节"模式。

▌ "传统贸易节"模式

要了解"传统贸易节"模式，第9届校园贸易节不能错过。

2014年5月1日，《大河报》AII03版整版报道了由李晓波、董楠、王啸晨、金广川联合采写的新闻：

学生扮推销员，教师扮收银员，洛阳市第二外国语学校玩嗨了——校园变成大商场，买卖那叫一个火。

3 000余名师生、家长参与，交易额达5万余元，部分将捐福利院。

阅读提示：

每年春季，洛阳市第二外国语学校都会举行一场大规模的校园贸易节，全校师生扮演着各类角色，学生扮演推销员售卖着自制的手工作品，老师们则扮演工商、收银、安保等，整个校园仿佛就是一个商场。

昨日下午，该校第9届校园贸易节如期举行，3 000余名师生、家长参与。记者走进校园，感受现场的火爆，截至18时，据校方统计，此次校园贸易节，交易额达53 788元，部分收益将捐福利院。

现场：购买、纳税、监管校园"商场"啥都有

"看一看，瞧一瞧，走过的路过的不要错过。"昨日下午2时，洛阳市第二外国语学校校园内，人声鼎沸，叫卖声、讨价还价声不绝于耳。校园内大大小小的摊位有百余个，有装裱好的字画、手工编织的挂饰等，路过的顾客不时地驻足拍照，购买。"这就是我们学校第九届校园贸易节。"该校团委书记汪颜向记者介绍，每年春季，学校会找合适的时间，举办贸易节，3 000余名师生、家长参与，每个班级都有自己的摊位。从下午2时持续到4时，这段时间内，校园就像是一个商场，有艺术作品展销区、美食区、缴费纳税区等。售出的每件商品按金额交税，5元以上商品每5元收0.1元税金，5元以下的不收税。"学生们在忙活，老师们也没闲着。"汪颜说，一些老师扮演工商人员，负责监督学生的摊位，检查是否有"假冒伪劣"产品，一旦发现，将没收。另一部分老师担任收银员，买卖完成后，收据一式两份，一份收银员盖章，一份学生保留。汪颜说，校园贸易节，需要一定的购买力，所以学校采取开放式，进校人员比较复杂。这时，一部分老师则担任安保人员，负责整个贸易节的安全问题。另外，汪颜还特别提到，作为校方，每年也会以学校名义购买并收藏部分学生的作品，如精美的手工作品、书法等，保存到学校展厅里，让学生们感受到一种荣誉感。

特写一：9幅字、1幅画全部被校长买走

初三学生董仪霖、杨一帆，利用课余时间精心准备了9幅字、1幅画，在推销的过程中，被该校校长全部买走。

"行书、楷书、隶书都有，每幅20元，虽然便宜，但也是自己努力赚来

的。"董仪霖说。

"我俩分工很明确，字画由董仪霖创作，而我专门负责推销。"杨一帆说，赚来的钱彼此共同享用。

"去年准备了5幅字画都被学校买走了，为了这次交易会，准备了几十幅，从中挑选了9幅自己最满意的，没想到一下子全被买走。"董仪霖说。

特写二：作品很精致，但因价钱高生意没谈成

"定价1 800元，你觉得价位高不？"

"我花了近4个月纯手工做成的面塑，绝对不会让您吃亏。"

"你的作品非常漂亮，我们很喜欢，价位有些高。"

"如果您真的喜欢，可以再便宜些，价位可以商量嘛。"

"以后可以尝试捏一些小的面人，希望明年有更好的作品。"

传统贸易节

这是贸易节上，该校校长与初一学生李非凡的对话。李非凡第一次参加贸易节，就把自己的"宝贝"拿了出来。据了解，这些高40厘米、宽20厘米的面塑关公像是李非凡上小学时"历尽艰辛"捏成的，放在家里视为"珍宝"。

"这次一共准备了两个关公面人，一个以800元的价钱卖出，这个比较大，但还是有信心卖出去。"李非凡说，遗憾于没有被学校收藏。

特写三："都教授"帮忙，炸鸡可乐受欢迎

在美食区，一家可乐炸鸡店格外引人注目，门口挂着一张"来自星星的你"都敏俊的海报，吸引了学生纷纷合影留念，店外也排起了长长的队

伍。"我们一共准备了1 000份的量，不到一个半小时，600份已经售空。"负责现场的英语教师、炸鸡组组长邓小蓉说。

不仅可乐炸鸡火爆，初二年级的学生用废旧木板，纯手工制作的"来自星星的笔筒"也很受欢迎。"简约版20元，复杂版25元，另外还送都教授照片。"学生们尽力推销着作品。

特写四：老师自画头像，快快来抢购

在八（3）班的摊位前，吕帅捷站在凳子上，大声喊着："咱学校的足球教练自画头像、亲笔签名T恤，仅售20元，快快抢购。"

"T恤上的头像是初二年级体育老师杜树涛，他足球踢得非常好，人也很好，深受同学们喜欢。"吕帅捷说，"这些自画头像是杜老师花费一晚上时间制作的，还签了名，但他比较忙，就由我们班来替他卖。"

记者在走访时看到，不少学生都采取废物利用，变废为宝的方法，让废旧东西焕然一新。一个普通玻璃瓶，在程启迪同学手中，立即变成了一副精美的手绘油画作品。还有利用红白珠粘成的圣诞老人、马匹、用废旧易拉罐做成的帆船更吸引人眼球……

家长：锻炼了孩子们的动手、交际能力

"第一次参加，没想到这么火爆，孩子们做的东西很漂亮也很精致。"家长李季芬说。1个月前，她与孩子一起废物利用，制作了一些手工品。

初二学生张笑骋动手做了一个相框和钢铁侠画像。他的父亲张亚峰也是第一次在贸易节上看到儿子的作品。"没想到孩子还有这才艺，通过活动，孩子得到了鼓励，也锻炼了动手能力。"张亚峰说。

14岁的宫子康是一个魔方高手，他自制了6段视频，在贸易节上教同学们玩魔方。"孩子很下劲，一到家就回屋录制视频。"宫子康的妈妈王海静说，"今天特意和他姥姥一起到现场看他的表演，每次参加都会有些惊喜，孩子们的动手能力很强，通过贸易节，交际能力也会得到提高。"

学校：学生收获的不仅是金钱

"贸易节带给学生的，可不仅仅是金钱。"该校校长白帆说，学生们制作作品，培养了动手、动脑能力；在商品买卖过程中，增强了交际能力、语言表达能力，也培养了合作意识。买卖完成后，达到一定数额，还要纳税，让学生了解了经济贸易规律，培养了纳税意识。

昨日下午6时，根据校方统计，此次贸易节交易总额达53 788元。对于这部分钱，白帆说，往届他们会拿出一部分钱捐献给福利院、灾区，今年亦是如此。一部分钱捐给洛阳市福利院，扣除税金后剩余的钱还交给学生们，学校倡议孩子们能够用在孝心上。比如，父母生日，可以购买一些简单的礼品等。

2014年春天，洛阳二外的"校园贸易节"通过这篇报道，成为洛阳教育界被社会关注的"头条"。

▌"主题贸易节"模式

"传统贸易节"的特点是从无到有、从小到大，是一个成长的过程；而"主题贸易节"却是从大到强、从可以借鉴到难以超越，是一个树立品牌的过程。要了解洛阳二外的"主题贸易节"模式，则必须研究第13届校园贸易节。

主题场馆贸易节 1

2018年4月28日，古城洛阳繁花似锦、阳光灿烂。二外的校园，人头攒动、热闹非凡。下午13：30，洛阳市第二外国语学校的第13届校园贸易节准时开始。

第13届校园贸易节的全称是"'一带一路'世博校园贸易节"，是洛阳二外研发的新教育实践课程，18个沿线国家场馆全部由学生自主设计，旨在为学生搭建一个自主探索、实践、思考、创新的平台，引领学生深入了解"一带一路"倡议的涵盖内容、建设原则、合作重点、历史意义以及沿线国家的社会制度、经济状况、风土人情。

世博会展区里，中国、巴基斯坦、俄罗斯、美国、加拿大、法国、英国、德国、日本等国的场馆内集中展示该国历史文化民俗、歌舞及特色美食。中国馆位于中轴线上，以"一带一路"倡议串起沿线国家场馆，让大家近距离体验"一带一路"倡议沿线国家风情，彰显二外学子的国际化视野。

主题场馆贸易节2

这个展区受到了同学们的热烈追捧，小伙伴们拿着抢购的入馆"护照"，穿梭在各个"国家馆"之间，集印章、抢"神秘大礼"，更重要的是亲身领略、体验各"国"的文化风俗，感知异域文化的多样性，激发爱国热情。

除了核心的世博会区域，此次贸易节还有科技作品、书画展示、域外美食、科技作品展销区和学子音乐会5大区域，主推学生的小制作、小发明、书法、绘画、手工艺品等。

全校3 000余名师生摇身成为市井中的各色人等：学生是推销员，售卖自制的手工作品；老师们则是工商、收银、安保人员等。交易前，学校物价组指导学生对自己的作品进行合理定价；交易时，以班为单位，工商组指导监督交易过程，规范交易行为，税务组对商品征税，培养学生的纳税意识。

"顾客们"兴奋地穿梭在各个摊位前，摸摸这个、问问那个，讨价还价。

他们中，不仅有师生和家长，还有闻讯赶来的社会各界人士。和每一届校园贸易节一样，白帆校长也带领学校收藏小组，来购买学生的精美书画、科技小发明和手工艺品——办公楼墙壁上挂的字画、学校为来访的客人赠送的礼品好多都来自贸易节现场。

"走过路过，不要错过！""好物多多，欢迎选购！"贸易节活动现场，学生们都各尽其能，有做手工的，有现场作画的，还有写书法的；有食堂吃不到的美食，有私人定制的物件，有师生的照片签名和经典语录，还有专为收藏爱好者量身打造的收藏品小铺……各班制作的广告牌，设计的广告语，还有现场演讲式宣传，让人目不暇接；各班都使出了浑身解数，有的用五彩缤纷的实物图片吊起大家的胃口，有的用激动人心的口号"煽动"大家购买他们精心准备的商品，更有甚者，老师也被请上台来，卖力吆喝本班的签名笔记本、橡皮刻章、寿司、定制文化衫……掌声与欢呼声此次彼伏，全场气氛达到了高潮。

当天下午活动历时三个小时，交易额高达140 785元，创历史新高。

从2005年到2020年，和洛阳二外建校以来的所有举措一样，无论是"传统贸易节"还是"主题贸易节"，其实都走在先选准方向、后根据学校内外环境稳步推进的道路上。

第 19 章

走，去综合素质拓展训练基地

学生综合实践活动训练关系到学生全面发展，是素质教育推行的一项重要抓手。自2017年以来，洛阳市第二外国语学校以宜阳凤凰岭素质拓展基地为学校的素质教育拓展基地，进一步全面落实素质教育，张扬学生个性、培养兴趣特长、满足多元化教育需求、突出办学特色。

▌六大类自主开发项目

素质拓展基地所在的宜阳县，在洛阳西南部，是古代洛阳与长安古道上的咽喉，也是山陕与荆楚两地来往的要道，历史之悠久、文化底蕴之丰厚，可想而知。宜阳凤凰岭素质拓展基地，占地3000多亩，目前是河南省射击运动管理中心训练基地、河南省球类运动管理中心外训基地等六大体育专业训练基地，集射击射箭、国防教育、拓展训练、休闲度假为一体，是一所符合国际标准、多次承办国家级体育专业赛事的现代化多功能体育训练基地。

洛阳凤凰岭射击射箭基地划分为射击射箭训练区、青少年素质教育拓展区、农耕体验区、健身休闲区和后勤保障区五个区域，营地活动以射击射箭为龙头，以攀岩、军训、蹦极、山地自行车、沙滩摩托等休闲娱乐项目为支撑，是为省内外青少年和热爱体育运动的游客开放、打造的户外休闲体育运动品牌。

作为学校的素质教育拓展基地，洛阳二外以教育部《中小学综合实践活动课程指导纲要》为蓝本，紧扣"素质拓展、科学实践、生存体验、专题教育"四大板块，结合凤凰岭地域特色，自主开发了通用技术类、科学探究类、工艺制作类、拓展训练类、素质提升类、人防教育类共六大类项目，以期通过开展丰富多彩的实践活动，让学生"在生命教育中感悟人生、在生态环境中体验和谐、在生存磨砺中历练意志、在生活体验中习得真知、在素质拓展中培育真情、在主题教育中学做真人、在游戏活动中分享快乐"。

▌ 由室内到室外，从理论到实践

2017年9月新学期开学，洛阳市第二外国语学校综合素质拓展训练营正式开课啦！

25日，初一年级1~4班的200多名同学作为第一批营员，在学校精心组织下，兴高采烈地带着行李登上了大巴车前往位于宜阳凤凰岭的训练基地，开始他们为期6天的社会实践活动。

在基地礼堂举行过简短的开营仪式后，同学们开始分队，取队名、设计队徽、定队歌；然后就在教官的指导下熟悉基地环境、学习整理内务。在接下来的6天时间里，同学们在基地辅导员和学校老师的精心辅导下，由室内到室外、从理论到实践，先后参加了"趣桥世界""野炊""射击""篝火晚会""自救自护""陶艺"等训练项目。

综合性社会实践课程之颠球击鼓　　　　综合性社会实践课程之动力圈

淅淅沥沥的秋雨中，"一二三四"，嘹亮的口号声响彻训练场。单索、双索、单板、梯板、溜索、云梯、平衡木，绳索、铁索和木桩搭建的是一条勇敢之路：有的同学小心谨慎地从易到难，还有的同学一上来就选了"硬骨头"；有的喊着号子有节奏地通过，还有的同学故意摇晃着绳索增加难度……

雨后初晴，两百多名学生在基地内体验了射击射箭运动的独特魅力。在射击室内，教练给大家讲解了气步枪的握枪姿势及注意事项，学员们在教练的组织安排下练习步枪和气枪的姿势动作，并一一试射。通过此次练习，同学们感受到了射击运动的魅力，学习了射击技巧，有效提升了他们的专注力、自控力及意志力。

射击

在教练的指导下进行举弓训练时，现场教官告诉大家，射箭项目不仅能够提高个人的身体素质，还有助于锻炼心理承受能力，磨炼耐力。

……

6天时间，学生们进行了各种丰富多彩的锻炼。活动课程是学校课程的有机组成部分，同学们参加这样的拓展训练，既丰富了他们的课外知识，又提升了他们对困难的理解和应对能力。

参加这次拓展训练，大部分学生是第一次离家外宿，老师们每天都在家长群里及时发布学生照片和小视频，让家长们放心、安心。同学们头两天还有思家情绪，随队老师们便当起了临时父母。但同学们都明白，以前在家里很少做家务、长期依靠父母，现在参加这样的社会实践活动对自己的成长很有意义。所以，每个营员都听从指挥、认真训练，不仅强壮了身体、磨炼了意志，还加强了团结，有力地提升了个人的综合素养。几天的培训，强化了课堂教学效果的落实，加大了养成教育的渗透，充分体现了实践基地德育为首、素质教育并重的教育宗旨。

2018年6月19日，初二年级师生分3批入驻洛阳二外综合素质拓展基地，每批进行为期3天的综合素质拓展训练活动。这次拓展训练的主题是"向上吧，少年·做更好的自己"，让每一位同学在认识到团结协作和分享的重要性的同时，挖掘潜能、挑战自我、增强自信心，努力做更好的自己。

在其他班级经学校和年级的精心安排，有序进入基地进行拓展训练活动时，为期一周的北美国际班的拓展课程也于8月19日开始。课程内容丰富多彩，包括外教课speaking、双语数学课、ESL，以及特色课程诗词鉴赏、影视欣赏、VR（虚拟现实）体验等。随即，同学们迎来了紧张刺激的分组对抗竞赛：Amazing Erwai（极致二外）。比赛以分站点领取并完成四大校园主题任务为形式，用关键词引导大家寻找出隐藏在校园中每一处的谜题，计时少者获胜。在轻松愉悦的比赛当中，同学们了解了洛阳二外校园文化，培养了以校为家、以校为荣的主人翁意识，同时也适应了新的学习方式并逐步养成了良好的学习习惯。

8月22日，老师们带领同学们走出校园走向户外，来到了拓展基地。在教官的科学指导之下，先后体验了颠球击鼓、十米气枪、实地真人CS、射箭等趣味十足又充满挑战的项目。全新的尝试让同学们兴奋不已，初相识的拘谨也在团队活动中渐渐消散，汗水伴着欢笑洋溢在每一个同学的脸庞上。

每经过一次拓展训练，同学们都会更加珍惜同窗之谊，也更懂得团队合作的意义。

▎ 我们的"长征"

2018年入职洛阳二外西校区的布亚楠老师，平常是"可盐可甜小姐姐"，偶尔也是"正气凛然老阿姨"。梳理自己来洛阳二外这两年的经历，这位90

后班主任老师最难忘的，是2019年5月的"徒步旅行"。

2019年5月23日，洛阳二外西校区，一条漫漫的"长征"路拉开了帷幕：师生们从西校区出发，徒步走完8.5千米，在36℃的高温与炙热的阳光下，体会万里长征的冰山一角，去奔跑、去流汗、去哭、去笑、去用最好的年华与时光热泪盈眶……

"长征"组图

这场上千人参加的大型户外生命体验课程一共持续了两天时间。孩子们以"大手拉小手"的中学小学"混搭"为组，在23日12时准时出发。布亚楠老师也一路跟随着孩子们，她一直在担心，炙热的阳光下徒步8.5千米，就算是成人也需要努力坚持，何况是孩子们呢？作为小组的安全责任人，她紧张地观察着每个孩子的身体状况和精神状况。所幸她那个小组的孩子们都非常给力，大孩子会提醒小孩子喝水，小孩子也格外坚强。不光如此，她在前行的路上，还看到了许许多多感人的事儿——才七岁的小男孩，背包里装着两瓶水，在毒辣的太阳下，小脸晒得通红，他默默地向前走着，没有哭，没有撒娇，没有停下脚步。同行的哥哥说："晨晨，走不动了就说，哥哥背你。"他摇摇头，说："我可以！"

从小体弱的七岁小女孩中暑了，恶心、呕吐、满身大汗。医务老师建议她随着救护车一同上山，又紧急通知了她的父亲。但她仰着苍白的小脸拒绝了医务老师的建议，坚定地对满脸心疼的父亲说："爸爸，我想走完。"最后，她被父亲一路护送陪伴着抵达终点。

15岁的小队长负责着全队孩子的安危，责任对他来说重于泰山。他拿着全队孩子的水瓶去打绿豆水，他主动背起小孩子的背包，牵着他们的小手，在他们疲惫的时候为他们加油打气。额头的汗如豆般滚落，他也毫不在意。即便他的嘴唇已经皲裂，可他拉着队员拍合照的时候，笑得真的很美。

……

傍晚的时候，孩子们到达了凤凰岭，开始安营扎寨，支起帐篷。布亚楠老师说，和孩子们躺在一起看晚霞的那一刻，她心中充满了成就与感动，这样强烈的情感可能会让她一辈子铭记于心。

为了确保这次活动万无一失，学校不仅在五月初就成立了领导小组、制定了详细的活动方案，落实了各班主任为本班活动期间第一安全责任人、年级主任为本年级安全责任人，还同时成立了医务救护组，路口指引组，物资发放、回收组（兼任途中巡视组），宣传组，确定了带队老师、闯关环节老师、晚会现场协调老师等。所有细节都安排得非常周到，比如，医务组带足了解毒剂、感冒药、腹泻药、云南白药、镇痛药、纱布、胶带、绷带、花露水、红花油、创可贴、湿巾、纸巾、强力驱虫剂……还随时准备医治和抢救远足途中患病的学生，病情严重的，还要送去医院救治；而带队老师则全面负责本组学生的安全工作，他们提前半个月就开始参加培训会，了解自己具体的岗位分配及任务，途中要全程跟随本组学生参加活动，落实任务分工和合作情况，第一时间发现问题，要及时处理并上报给各负责区域的大组长，由大组长汇总到政教处——每个环节都是这样落到人头，最终才确保了这次"长征"圆满达成预期的效果。

举办这样的活动，是希望孩子们能像先辈那样坚持。征途中的你，会疲惫、会焦虑、会想到要放弃，可当你产生类似想法的时候，你能告诉自己：坚持一下，再坚持一下，只要再坚持一步，你就是自己的英雄。努力坚持走完全程，这个过程很艰难，需要长时间的努力，短时间里很难看到成效。然而，即便没有人能看得见整个世界的未来，却依然要通过努力尽量看清自己的未来，才是坚持的意义所在。那些淹没在历史长河里的先辈，那些很多我们看上去光耀无比的人物背后，必然都有着你我都看不出来的努力与坚持。每一个他，都默默坚持了很久，付出过、受伤过、等待过，也迷茫过，直到换来民族的未来。

一直以来，洛阳二外始终坚持"素质教育、德育为先、立德树人、奠基未来"的指导思想，坚持学校教育与社会实践相结合，依托各种资源，积极开展内容鲜活、形式新颖、贴近生活、具有强烈吸引力的教育实践活动，让学生从校园内走到校园外，从养成教育转化成主动实践教育。

第 20 章

"交流"架起友谊之桥

公元1997年是个吉祥和幸运的年份，拥有着厚重历史的"十三朝古都"、正在蓬勃发展的牡丹花都洛阳市，与远隔重洋、民风淳朴、环境优美、密西西比河畔的明珠——美国威斯康星州的幸福之城拉克罗斯市正式结为姊妹城市。从此，两座城市互通来往，经济、文化、医疗交往甚密，尤其是教育领域，开始频繁往来。两座城市以各自不同的优势互惠互助、共谋发展。

多年以来，洛阳二外与拉克罗斯市的教育文化交流，从双方互派校长到师生学习交流从未间断。自2011年起，洛阳二外每年都选派优秀中学生组成交换生代表团到拉克罗斯市居家体验、交流，并和美国学生一起上学、活动。两城之间频繁以"交换生"方式的交流互访，为洛阳二外师生搭建了一个放眼全球教育、汲取先进理念、丰富完善自我的广阔平台，促进了洛阳二外教育方式的转变，进一步提高了洛阳二外教育的国际化水平和办学的核心竞争力。

友谊之桥

▌ 冬令营之洛杉矶

每年寒假，当大部分中国学生开启居家度假模式的时候，洛阳二外的学生和带队老师已经打好行装、背上行囊，带着好奇与惊喜，赶赴首都机场，过海关、登飞机、跨大洋，满怀期待地开启他们的赴美交换生冬令营之旅了。

洛阳二外的冬令营为研学旅行，设计科学，行程紧凑，全程由带队老师保驾护航，由当地接洽人员引导协助，安全无忧，舒心充实。

在参观好莱坞星光大道时，学生们跳着、笑着、呼着、唤着，急急忙忙地寻找着自己崇拜的明星，拍下那些明星，细细品读偶

二外学生在美国

像们写下的格言。以前只在报纸和杂志上看到过的名字，这里有了更近距离的接触，于是对他们又有了新的认识。

在奥特莱斯购物中心，学生们询问价格、试穿、购买等，全程英文交流，既买到了自己心仪的货品，又练习了用英语购物，磨炼耳朵、学得语言，这样的实战演练，让孩子们在体验新鲜刺激的同时，也获益多多。

在圣地亚哥，学生们走进海洋世界，仿佛置身于远古大自然，与各种海洋动物近距离接触。观看虎鲸表演，亲自体验动物救援，各项活动让孩子们目不暇接，从而对海洋、对生命、对人与自然和环境如何和谐相处有了进一步的了解和体察。

小小少年，谁还没有一个公主梦、王子梦？迪士尼乐园就是实现这个梦想的地方。白雪公主、灰姑娘，米老鼠、唐老鸭、超级飞车、过山车、旋转木马、梦幻城堡、3D星际大战、加勒比海盗船寻找宝藏等一系列新鲜

刺激的游乐项目，让孩子们真切体验到了那难得的梦幻和刺激。

特别值得一提的是孩子们最喜欢的环球影城，一部部经典影视作品在这里拍摄，一部部好莱坞大片在这里诞生。孩子们在这里乘坐小火车身临现场，零距离观看电影拍摄，体验整个电影制作过程：通过3D效果跟随哈利·波特一起学习魔法、跟随小黄人一起欢乐搞笑、跟随功夫熊猫一起打坏人……所经所感、所看所思，无不惊险刺激。当晚同学们来到斯台普斯球馆观看NBA的篮球赛，球迷与否，此刻已经显得不那么重要。置身世界顶级的篮球馆，观看世界级球星和偶像挥汗如雨，东奔西突，驰骋球场，众球星那舍我其谁的气势，观众掌声雷动的呐喊助威，都让孩子们激动无比、终生难忘。

▌拉克罗斯，我来了

拉克罗斯市地处美国北部，临近密西西比河，春秋季绿意盎然，但冬季白雪皑皑，当穿着长长羽绒服的同学们看到厚厚的积雪，兴奋之余仍感到刺骨的寒冷。但这种寒冷很快就被当地老师和住宿家庭们的热情驱散，他们与学生们热情拥抱问候，有的还精心准备了礼物和鲜花。次日的欢迎仪式，学生与住家及当地"洛阳-拉克罗斯友好协会"的一百多人欢聚一堂。在短短的一夜相处之后，中美孩子已经拉近了距离，彼此用赤诚的心坦然接受对方，以惊人的速度克服了羞涩，跨越了语言的障碍。

对孩子们来说，同样的活动却有着别样的收获。王若筝同学第一次独自出国远行，就走错了住家。然而——

当住家知道后，笑得合不拢嘴，我想这就是缘分吧。住家妈妈为我在美国做的所有事，我的妈妈在中国都没为我做过……还在脸书上发表我的各种"第一次"。住家妈妈会问各种奇怪问题，比如"中国有没有图书馆？""中国有汽水吗？"……我都会回答："是的，我们有这些，你们有的我们都有！"

　　在洛阳二外的赴美交换生冬令营之旅中，孩子们可以和当地学生一起去中学和威斯康星州立大学拉克罗斯分校进行整整两周的纯英式课堂和活动的体验，孩子们的口语和听力能力有了很大提升，知识面得到了前所未有的拓展。

　　美国人特别注重动手能力和创新精神的培养，学校教室的装饰品几乎都是老师和学生们自己动手制作的。课堂上，不曾见到耳提面命，未曾有过说教灌输，师生之间平等交流，同伴之间深入探寻。洛阳二外这些十四五岁的孩子虽身处大学课堂，却在交流沟通时游刃有余。无论在学术英语（Academy English）课堂上跟着热情的老师了解、学习交流技巧，自信、勇敢地表达自己，还是在以前从未见过的美术课上手握画笔、欣喜地尝试，个个都轻松自在，乐享其中。

　　洛阳二外的学子们除了每天跟班上课以外，此次研学还有一个重要任务，就是宣传中国文化，让更多人认识和了解中国。在出发前，每个学子都精心准备了主题多样、内容丰富的PPT，并分组走进不同的学校，为不同年级的美国学生进行生动有趣的讲解。

　　2008年毕业于华南理工大学、获得外国语言文学及应用语言学硕士学位的苗克良老师是2018年洛阳二外冬季交换生项目的领队老师。时至今日，提到那年的冬令营，他依然十分激动。在威斯康星州立大学拉克罗斯分校（UWL）的文学课堂上，英美文学老师Catherine和两位助教引导孩子们放心大胆地用英语介绍他们引以为豪的家乡——洛阳，孩子们个个神采奕奕、流利自信地侃侃而谈，从龙门石窟谈到牡丹花会、从佛教圣地白马寺谈到女皇武则天、从牡丹燕菜谈到洛阳八汤。而老师的专注聆听和精彩点评，则让孩子们感受到了美国大学老师的亲善、博学和童心未泯。在UWL大学生哥哥姐姐们的引领下，各小组开始了解欧美文学，深入了解美国历史，用地道娴熟的英语交换着彼此对历史事件、美国现象、中华文化的理解。

　　在UWL的美术课堂上，美术老师把学生领进工作室，与在校生分成兴趣小组。满屋的画作让学生们大开眼界，既有往届学生的优秀习作，也有现读学生的新作新品，蜡染、素描、油画、雕刻、烫画、水墨画不一而足。老师讲解之后，孩子们每人领取一件白色的T恤衫，绘制自己喜欢的创意作品。在老师和大学生的协助下，孩子们操作烫画机，制作了他们人生第一份烫画作品。

上课之余，学生也会参观拉克罗斯公立图书馆、到首府麦迪逊参观州政府办公大楼、历史和军事博物馆等，去YMCA（青年活动中心）打篮球、玩桌游、游泳，访问Viterbo大学，参观当地著名医院，沿着密西西比河畔散步，探寻国际花园的中国园区。在那里，孩子们看到洛阳二外捐赠的鲤鱼跃龙门雕刻时，感到无比亲切，纷纷合影留念。

通过赴美交换生冬令营之旅，孩子们不仅对当地美国人的生活、学习及文化有了更加深入的了解，也开阔了眼界，进一步明确了奋斗目标。很多孩子都是第一次独自在外过春节。没有了家人的陪伴、没有了亲朋的互访，少却了很多热闹和繁华，身在海外的孩子们多多少少都会思念亲人，难掩孤独。住家和拉克罗斯学区及友好协会充分考虑到了这一点，都会邀请孩子们参加当地华人的春节联欢晚会。在享受美食和欣赏精彩节目的同时，洛阳二外的学子也会为母校送上最好的新年礼："感谢母校提供的国际平台，让我们能在最美好的年龄，获得接触世界的机会，未来，我们必将视野开阔、心胸宽广，对这个世界有更宏观的观望和更深度的参与。"

在欢乐旅途中，同学们处处留心，不时记录，写下了一段段珍贵的文字。而这些，在将来都会是最宝贵的回忆，就像司旭同学写的这样——

时光荏苒，白驹过隙。转眼间我们已经到达拉克罗斯市了。我们从曾经的不知所措、紧张、期待，到了现在的自信、阳光，这是逐渐熟悉的环境给我们的。在无数次的跌倒、迷途中探索，我们终于找到了适合于自己的交流方式。如果说，从北京到美国是我们身体上迈向了独立的旅程，那现在见到了住家，和美国的大学生一起交流，就是在心灵上迈出了自信的第一步。在到达拉克罗斯时，我甚至都不敢下车，面对未知的一切，我心中只有紧张。但是当我见到住家后，我被他们脸上诚挚的笑容打动了，被他们的真诚打动了，被他们发自内心的善良打动了！从那时起，我就相信这次旅程一定是阳光、灿烂的。我们不仅会更加自信，会锻炼我们的口语能力，也更会懂得与人交流的技巧及抓住机会的重要。来到UWL大学，在与学生的交流中，我了解到他们也是来自各地的充满对知识憧憬和渴望的学生。是啊，谁都是这样，将来我们不也是这样。为了自己内心向往中的光明，在自己人生的旅途中踩下一个个坚实的脚印。现在才只是来到大学学习交流的开始，我相信我们以后的英语水平会更加娴熟。我们将会更加自信，一步步走向属于我们成功的道路。我坚信，明天会更好！

▌ 一切都从这里出发

对于洛阳二外的学弟学妹来说，学姐朱家毅就是那个传说中的"别人家的孩子"：

从中国人民大学2015级商学院本科毕业，曾获得第22届"21世纪杯全国英语演讲比赛"亚军，曾担任人大校园国际交流大使，曾获国家留基委优秀本科生项目全额奖学金、大三赴爱尔兰都柏林大学商学院交换，2020年初受中国日报社邀请，作为6名青少年代表之一完成"时代大讲堂"疫情主题全英文演讲，参与全球直播活动……俨然是一位德智体美劳全面发展且具有国际视野的新时代青年。

朱家毅同学第一次出国，是2012年初三时参加洛阳二外的交换生项目。那一次在美国住寄宿家庭，和美国朋友一起上课、生活的经历，让这个从小就对外面的世界非常好奇的女孩，亲身体会到了那些让她惊喜的多元文化，交到了之后8年都还在联系的美国朋友。2020年抗疫宅家期间，朱家毅同学还通过视频和她的初中老师聊天回忆这次旅途："大家都说出国能开阔视野，但我很难用语言去描述那是一种怎样的感觉……好像，后来的一切都从这里出发。洛阳二外在对的时候给了我最好的探索和启发好奇心的机会，让我在此后变得更坚定和无畏。"

和朱家毅同学有相同感受的，还有赵文晴同学。

"老师，我在学校组织了一个野生动物保护的社团。近期要安排一个讲座，老师特别棒，是中国科学院的生物博士。因疫情原因讲座线上进行，所以可以有很多人参与。我想着把课程开放给咱洛阳二外的学弟学妹们，如果有兴趣，可以一起听听。" 2020年6月7日，洛阳二外一位老师收到她的学生赵文晴发来的微信，立即分享给了其他老师，特别是主持相关社团的老师。

2017年初，赵文晴同学有机会参加了冬季赴美交换生活动并居住在寄宿家庭，体验了美国高中生的生活。因为时间凑巧，她还参与了美国华人的春节，虽然没有彻夜的礼花，但有陪伴在身边的同学，而且远在异国他乡仍能看到春节联欢晚会，这一切给了她归属感和温暖。这次活动让赵文晴同学开阔了眼界、拓宽了知识面，对母校满怀感激。2018年从洛阳二外初中毕业后，赵文晴考入西安高新一中，在校期间相继获得NSDA陕西省比赛公开组第3名、2019年度USAD中国区比赛中小组最佳的好成绩。每次有了进步，她都会第一时间和母校的老师分享。

如果说朱家毅和赵文晴是通过交换生项目"更上层楼"，苗原诚则可谓逆袭，因为此项目而改变了"命运"。

如今已是洛一高实验班学生的苗原诚初进洛阳二外时，除英语成绩拔尖外，其余各科成绩都是年级垫底的，但"在尤为重视英语的国际班，这个火星一般的小亮点却被我的班主任姚臻臻老师无限放大，大到足以照亮我的整个初中生涯"，回忆往事，苗原诚同学非常感慨。

初二开学后不久，姚老师力荐他参加初中生英语演讲比赛，帮他找思路改稿子，还一句句帮他正音，最后他拿了第4名的好成绩。从此，他在学英语的路上一路狂奔，终于抓住机会通过了学校的交换生选拔。

在拉克罗斯，他和美国同学一起打篮球、台球，学习曲棍球、保龄球，与住家一同滑雪，在男生小团体中负责问路、点餐等一系列涉及交流的任务……这些机会不但帮助他培养了大量的生活技巧，还让他变得更独立、更成熟。这段经历以及洛阳二外的老师和同学们的支持帮助，对苗原诚同学来说，"影响之大已经让我无法从字典中找到合适的词语来形容。相信在未来的任何时候，我都会为洛阳二外国际班的出身而骄傲；相信在未来任何一个地方，都会为国际班独特的国际范儿而自豪！"

洛阳二外交换生到拉克罗斯居家交流

自2011年起，洛阳二外每年选派优秀中学生到美国拉克罗斯学区居家交流：

2011年春8名交换学生（带队教师：薛莲）

2012年春16名交换学生（带队教师：张力、李文铮）

2013年春16名交换学生（带队教师：李跃民）

2014年春21名交换学生（带队教师：薛莲、刘应丽）

2015年春25名交换学生（带队教师：李彩霞、吴荣珍）

2016年春33名交换学生（带队教师：翟冠军、赵秀）

2017年春26名交换学生（带队教师：李彩霞、白丽娟）

2018年春16名学生赴拉克罗斯学区，20名学生赴UWL（带队教师：白岚、尤玉萍、苗克良）

2019年春22名交换学生（带队教师：王欣、晏俊娟）

2020年春29名交换学生赴UWL（带队教师：赵莉丽、王芳芳、秦微）

注：自2019年起，学生去拉克罗斯的交换项目改为第一年去学区交流，第二年去UWL交流。

▌他们来自大洋彼岸

洛阳市与美国拉克罗斯市于1997年结为友好姊妹城市。1997年、2000年、2002年和2015年，洛阳市分别有市长、副市长到拉克罗斯市访问。

2002年建校至今，洛阳市第二外国语学校已经三次接待拉克罗斯市友好协会代表团，两次接待该市教育局的校长访华团，七次分别接待了该市交换教师和交换学生代表团。

2013年6月17日，洛阳二外首次接待了美国威斯康星州拉克罗斯市娄根和中心两所高中组成的学生代表团，陪同他们在洛阳二外进行了为期10天的访问交流。交流期间，代表团成员和二外学生一起上课、活动、做游戏，开展中英文对话练习，寄宿中国家庭，了解中国家庭的民

美国学生在二外

俗、亲情。作为东道主，洛阳二外为访问团学生安排了茶艺、书法、武术、剪纸、十字绣等中国传统文化专题讲座，带领他们参观了龙门石窟、白马寺、少林寺等名胜古迹，目睹了牡丹瓷制陶工艺、神奇的针灸疗法，领略了中国武术、传统礼仪、特色饮食、茶艺表演、民风民俗等，感悟了中国文化的博大精深，了解了中国悠久、厚重的历史文化。此类交流访问对于加强中美学生之间的了解与友谊，尤其是推动洛阳二外的国际化办学具有重要意义。正因此，这一友好访问交流每年开展并延续至今。

2017年5月25日，美国拉克罗斯友好城市UWL大学海外研修团16名师生首次前来洛阳二外进行为期三周的研修活动，并将学校作为海外研修基地。洛阳二外师生和接待家庭的父母早早就来到学校等待，对远方的客人表示热烈的欢迎。白帆校长用娴熟的英语发表了热情洋溢的欢迎辞："有朋自远方来，不亦乐乎！La Crosse就像我们的家一样。二十多年前，我和翟老师到拉克罗斯交流学习，播下了友谊的种子。此后，双方师生交流项目的全面开展，使得两个城市的友谊更加深厚。祝两市人民友谊长存！"随后，美

方带队老师也发表了致辞，她们感谢二外师生、家庭热情而细致的款待，期盼双方友谊历久弥新。接下来，美国师生深入二外课堂、入住接待家庭，开始他们的研修之旅。

交流期间适逢端午佳节。5月26日上午，美国大学生到学校，在学校英语老师的带领下兴致勃勃地参观了校园，之后就在接待家庭的带领下，包饺子、吃粽子、泛龙舟、品美食、逛名胜，访名人古迹，赏自然风光。他们不仅了解了端午节的由来和传统习俗，还感受了接待家庭的热情好客，收获了满满的跨国情谊和祝福。

洛阳－拉克罗斯友好城市 20 周年庆典

2017年适值洛阳-拉克罗斯建立友好城市20周年。6月14日，庆典大会在洛阳二外隆重举行。洛阳市副市长陈淑欣女士、市政府副秘书长高丽萍女士、市教育局局长黄晓玲女士、市外侨办主任张松峰先生等领导，以及美国拉克罗斯市长提姆·科贝特率领市政府及友好协会代表团一行出席了庆典大会，拉克罗斯市大学生代表团、洛阳市属高中校长、洛阳二外参加过拉克罗斯交流项目的教师及学生代表和友好市民代表400余人参加了庆典活动。庆典大会结束后，双方在学校四楼会议室召开了教育座谈会，黄晓玲局长为座谈会致辞，介绍了洛阳教育的发展概况，回顾了两市校际间、师生间的交流与合作；威斯康星州立大学拉克罗斯分校（UWL）教育学院院长维克洪恩、维特堡大学刑事司法教师安德森分别介绍了各自大学的概况。随后，双方就国外大学的申报、国际课程的引进、友好学校的缔结、教育文化领域的合作事宜等进行了深入交流。

拉克罗斯－洛阳友好城市 20 周年庆典

每一次接待的流程都是相似的，但每一次交流却又是独一无二的：因为人不同，即便经过同样的风景，感悟也不同。"风物长宜放眼量"，回望历史长河，曾有无数的文明使者以坚定的毅力和魄力奔走呼号，为不同文化的融合与繁荣作出贡献。展望未来，今天的交换生，可能就是明天的文明使者。

拉克罗斯学生来洛阳二外居家交流

2006年，娄根高中交流学生Kate，Leah

2009年，娄根高中交流学生Addison

2013年，拉克罗斯市交换学生及带队教师16人

2014年，拉克罗斯市交换学生及拉克罗斯—洛阳友好协会一行32人

2015年，拉克罗斯市交换学生及带队教师33人

2017年，UWL海外研修项目16人

2018年，拉克罗斯市交换学生及带队教师33人

2019年，UWL海外研修项目11人

友好来访

2002年，接待拉克罗斯市友好协会代表团

2006年，邀请娄根高中校长Scott Mihalovic到校考察访问

2006年，接待来自Viterbo大学生代表团

2009年，接待来自Viterbo大学生代表团

2010年，邀请拉克罗斯市教育局国际项目主管、北林国际小学校长Sandy Brauer来校考察访问

2011年，接待来自Viterbo的大学生代表团

2011年，接待拉克罗斯市友好人士John & Ardus Cleveland夫妇

2011年，接待UWL校务代表团并与UWL大学签合作交流备忘

2011年，邀请拉克罗斯市教育局副局长Troy Harcy到校考察访问

2017年，接待拉克罗斯市长及友好城市代表团并承办了洛阳-拉克罗斯友好城市20年庆典

第 21 章

培养领袖才能，造就世界公民

一直激励着我的是演讲台上面的那句话：

Today and here you speak, tomorrow and across the world your voice will be heard.（今天你在这里讲，明天世界听你讲。）

This is the cradle of diplomats. I sincerely hope your dreams start from here.（这是外交家的摇篮，诚望你们的梦想从这里起航。）

每一次站上演讲台，我都觉得自己离梦想更近了一步。

这是2016级国际18班的郭柳熙去洛一高读高一时给学弟学妹们的留言。

这里的"演讲台"，就是"二外之音"。演讲台虽然不大，却是全国首创，意在鼓励孩子们积极参加户外即兴演讲，从口才、胆识、思辨、举止等方面培养学生的领袖才能，为打造优秀的世界公民奠定基础。

无论是白校长的"这是外交家的摇篮，诚望你们的梦想从这里起航"，还是翟冠军老师的"今天你在这里讲，明天世界听你讲"，每一位同学从走进二外的那一天起，徜徉在二外的校园里，就已经被打上了二外的烙印，知道未来的自己要有什么样的心胸、具备什么样的能力、成为什么样的人。

▌"模联"："外交官"舌战"联合国"

2019年10月31日至11月1日，洛阳二外举行了校内第三届模拟联合国大会，学校模拟联合国社团的300多位小小"外交官"，男生西装革履、女生套裙正装，胸前佩戴着代表证，桌前摆着所代表的国家牌。代表们通过充分筹备，在会场上鲜明表达了"本国"观点，与"友好国家"密切沟通协作、达成共识，最终通过投票表决推动解决各热点、难点国际议题。

在此次校内模联中脱颖而出的优秀学生代表，又赴郑州参加了校际模拟联合国会议活动。

"模拟联合国"，亦称"模联"，是一种教育模拟和学术活动，通过对联合国进行仿真模拟，了解联合国系统，学习发言辩论、寻求妥协、谈判磋商和解决冲突等技巧。模联团组队员通过聚焦热点时事，学习全球外交的运作方式。学生通过这样的活动，可以学习提高辩论口才、公众演讲能力、国际事务知识、谈判技巧、解决冲突技巧、起草决议能力、策略谋划能力以及对联合国规则和程序的熟悉了解等，从中获得无限乐趣。

铁打的学校、流水的学生，每一次参加模联的学生都是"新手"，师生们需要进行近两个月的赛前培训。

第一阶段，让同学们初步了解联合国模拟大会，包括大会背景、组织构成、大会制度和基本要求。同学们利用中午或者下午自习课的时间，认真聆听老师们的讲解，积极思考。由于初次参与，同学们对于如此复杂的大会流程不是很清楚，但是他们不仅没有气馁，反而兴趣愈增；不仅

模联之决议投票

会向老师提问，还会利用课余时间自主查资料。

在第一阶段结束后，同学们开始真枪实弹地准备大会议题。此次大会分为两个会场。他们首先要吃透议题的基本介绍，二十多页，纯英语，陌生的单词、复杂的语法、各种专业名词、各种国际法规法则，对于十几岁

的孩子来说，这是多么不容易的事情啊！终于了解了议题，他们还要从自己所代表国家的角度出发，研究最佳方案，考虑如何才能最大限度地结成同盟，最大限度地争取国家利益，并完成立场文件的撰写……

在每一届校内模联大会上，学校领导都会悉数到场，为"各国代表"加油打气。在这一天半的时间里，"各国代表"争分夺秒，分工合作，密切关注自己所代表国家和地区的利益，从多方领域入手，积极发表意见，努力找寻

模联之颁奖

联盟。他们从刚开始的拘谨到放松大胆，再到游刃有余，流利地使用英语发言，跟其他国家代表磋商，向主席寻求意见——不仅要熟练地运用英语口语，还要熟练运用联合国书写格式，从立场文件到动议，再从工作文件到决议草案，环环相扣，逻辑严谨。

截至2020年6月，洛阳二外已经连续六年参加"模拟联合国大会"，涌现出了众多优秀的学生代表。

"模联"是一项健康积极、极富教育意义的学生活动，能够增强同学们对于联合国组织的结构、程序和功能的认识，促进他们对当前重大国际议题的理解，让他们以国际的眼光来看问题。模联活动的开展有利于提高同学们组织、策划、管理的能力，研究和写作的能力，公开发言和辩论的能力，解决冲突、求同存异的能力，运用英语的能力以及与他人沟通交往等多方面的能力。

青年是民族的未来，面对纷繁的国际事务纷争、国内多元思潮的存在，学子们未来所面临的时代课题、时代责任必将更为复杂，难度也更大。通

过实践来锻炼和培养同学们的组织、策划、管理能力，尤其是解决争端、与人交往、求同存异的能力，在今天的教育中越来越迫切、越来越重要。

▌ 跨文化沟通与领导力

2019年10月15日上午，洛阳市教育局中小学星级学校创建视导专家组一行6人，通过听取汇报、查看资料、教师座谈、专家座谈、学生问卷、巡课听课、实地考察等方式，就洛阳二外的星级创建工作进行了全面细致的检查和专项视导评估。在星级学校申报的基础上，白校长向专家组就学校星级创建工作进行了专题汇报。受学校委托，薛莲副校长从英语语言能力、小语种、跨文化沟通与领导力三个方面，就学校的外语特色向专家组进行了简要汇报……

在洛阳二外整个教育体系中，培养学生的"跨文化沟通与领导力"分量十足。

2017年3月11日，周六。上午，老城东校区、洛龙校区、西校区400多名教职工，在二号报告厅参加学习。周六学习日制度，是洛阳二外打造学习型团队的重大举措，借助这一平台，邀请专家、学者、名师作专题报告、展示优质课，传输新知识、传播新理念，不断拓宽教师视野、增长其见识、培养其能力，保持与时俱进、终身学习的进取精神，进而打造一支业务精进、思想敏锐、教学经验丰富的教师队伍，构筑洛阳二外教育的脊梁。

正是在这个学习日，白校长和大家分享了主题为《中美课堂教学制度差异》的思考，他说："我们国家为什么不容易出诺贝尔奖？最大的问题在于，诺贝尔奖不是一个人想出来的，而是智慧的结晶，出一个成果，实验室会有很多助手。所以我们提出来五个C，cooperation（合作），communication（交流），critical thinking（批判性思维），creating（创新），第五个是cross culture communication（跨文化交际）。"

这并不是白校长第一次和老师们沟通这个观点。重视学生"跨文化沟通与领导力"培养，从洛阳二外每学期的颁发奖学金活动中也能看出来。

颁发奖学金，是同学们每学期最盼望的隆重盛典之一。这场盛典让洛阳二外的同学们期待，不仅仅因为每期都会有近400名成绩突出、品学兼优的同学被表彰，还因为学校会同时着重表彰荣获"我身边的榜样"和"最佳领导力奖"殊荣的同学。此外，获一等奖学金的学生家长还会收到一个特制的"教子有方"精美证书。

这种表彰方式也非常"二外"。

参评"我身边的榜样"，基本标准是热爱祖国、拥护中国共产党的领导、践行社会主义核心价值观、模范遵守中学生守则，在日常学习生活和人际交往中品德高尚、事迹突出、师生公认；具体标准是在助人为乐、志愿服务、公益活动、见义智为、诚实守信、自强励志、孝老爱亲、尊师敬友等社会公德、个人品德、公民道德等方面事迹突出者。

参评"最佳领导力奖"，标准是认真践行社会主义核心价值观，诚实守信，团结协作，坚持原则，勇于创新，办事公道，求真务实，具有良好的道德修养和人格魅力；能认真完成学校老师教给的各项任务，工作积极主动，踏实肯干，认真负责，任劳任怨，不谋私利，热心为同学、班级服务；学习目的明确，认真刻苦，善于思考、勇于钻研，各学科成绩良好；心理健康，身体健康，注意仪表，坚持锻炼，达到国家规定的体育锻炼标准，能在德智体诸方面起表率作用；担任班干、团干、学生会干部一个学期以上。

▍所有的美好都彼此成全

美国马萨诸塞州圣名中央天主教高中，学生会主席竞选。

"So，what's your plan for high school?"（"你高中有什么计划？"）

穿黄色衣服的student mentor（学生导师）看着眼前这个长相陌生、英语发音却很标准的"Chinese boy"（"中国男孩"），脸上带着善意的微笑，仿佛胸有成竹，准备好了随时帮这个高一年级的亚洲小男孩解围。

"I'm going to be the class president, and make you my vice."（"我会成为学生会主席，你，做我的副职吧。"）

就像是在向这位高四学生宣战，高一年级的"Chinese boy"大声且自豪地说出了他的目标。

最终，这位名叫白景义的"Chinese boy"在当年参与竞选的学生中脱颖而出，成为该校的新一任学生会主席。

那一年，是2015年，是白景义离开故乡、离开母校洛阳二外的第一年。如今，5年过去，已就读美国波士顿大学的白景义在给母校老师的信中说："在这5年里，我蹉跎过、徘徊过，甚至走过弯路，但是我从来没有放弃过。我的动力，早在初中时候就已经被激发了……二外像一位母亲，在刚开始培养孩子学习习惯的时候，就孜孜不倦地鼓励他，并给予他压力，但从来不会打击他……"

也就是在白景义写此信前不久，2020年5月，一位蝉联美国威斯康星州立大学优秀学生榜（Dean's List）的中国学生毕业了。他很快入职Epic Software（艾匹克软件公司），并在与父母分享喜悦的同时，也把所有的好消息告诉了他远在国内的母校老师。

这位同学，就是2011年获中央电视台"希望之星"英语风采大赛全国第八名的李近平同学。他的母校，就是洛阳二外。

李近平2010年考入洛阳二外读初中。初一上学期的一天，班主任告诉他们，寒假有去美国交流学习的机会，因名额有限，需通过笔试和面试来选拔。一开始，李近平和班上的同学都没有报名，认为自己只是初一新生，一方面可能竞争不过学长们，另一方面还有两年的机会，不着急。班主任了解到他们的小心思之后，鼓励他们说："结果不重要，可以参与、锻炼一下嘛。"结果，不考不知道，一考吓一跳，李近平考上了！那年春节，他作为中国交流生，在美国拉克罗斯的寄宿家庭中居住了三个星期，并与住家的两个哥哥一起上学。在住家的帮助下，他的英语有了质的飞跃。初三，他前往美国读高中，获得了全美荣誉高中生的称号，并在毕业后考上威斯康星州立大学麦迪逊分校University of Wisconsin-Madison。

"回头想想，如果没有二外的基础知识教育和老师们的精神支持，我就不会去美国交流，更不会有今天的成绩……二外成就了我，我的支柱就是二外！"

在洛阳二外，白景义、李近平至今仍是学弟学妹们的榜样。这样的榜样，随着洛阳二外的发展，越来越多。

2019年11月27日，在西安交通大学2018—2019学年学生表彰奖励大会上，2014年毕业于洛阳二外的张若彤同学荣获"优秀学生标兵"殊荣。西安交通大学"优秀学生标兵"称号是学校授予学生个人的最高荣誉，每年评选一次，每次评选遴选10名本科生。

2019年张振波副校长在西安交大代表学校领奖

评选条件为在思想品德、学业成绩、科技创新、体育锻炼及社会服务等方面表现特别突出，得到师生的公认和好评，具有示范作用的优秀学子。

张若彤同学现在就读于西安交通大学电气工程及其自动化专业。截至2020年，二外已有29名学子成功考入西安交大少年班。

每年12月1日至15日，是俗称"西少班"的西安交大少年班网上报名时间。无须中高考，就能直接升入"双一流"大学，是西少班备受青睐的原因之一。西少班采用"预科—本科—硕士"贯通培养的模式，其中预科读两年：第一年所有学生会被分配到西安交大附中、江苏省苏州中学、天津南开中学、浙江省杭州高级中学读预科；第二年，学生到西安交大上课。

接下来，才是正式的本科四年、硕士两年。

和普通高中的学生相比，西少班的学生在读预科阶段，就开始建立理科的知识体系，而政治、历史等文科都变成辅助学科。每学期只有期中、期末考试，考前没有老师带着复习，也不画重点，他们不必再为了应付考试而反复练习，有更多时间去广泛地探究和实验。进入本科后，大一都要学数学、物理以及其他人文基础课程，数学和物理会比其他本科生学得更精细，单高数这门课就比其他本科生多学一学期。

从少年班升入本科的学生，一般会选择读工科、理科类专业，但在预科二年级结束时，有一部分学生会由于各种原因被分流出西少班，未被分流的学生在本科二年级时，才能选专业。学校会参考学生的意愿和综合表现，来决定学生的专业。虽然西少班的学生可以免试读研，但前提是不能挂科，且不能3门以上低于70分。

上西安交大的，大多是学习上的"天才型"选手，本科毕业后，他们的选择有很多，其中近一半学生会申请去国外读书。张若彤升入大三后，就开始向国外大学申请参加科学研究。暑假前，她成功申请到了去美国加州大学圣塔芭芭拉分校参加科学研究的机会，为期两个半月。暑假结束后，她又开始准备各类材料，申请到美国的大学硕博连读——想要申请到好学校，就必须有能够证明自己能力的成绩，西少班期间，张若彤已经连续三年综合及智育成绩位列电气少第一，保研智德育成绩98.43分；获得国家奖学金、西安交通大学特等奖学金、西安交通大学学术科研奖；获得国家（际）竞赛奖项6项等共计20项奖项，其中两项打破交大记录；参加过15项科研活动，发表论文三篇，在审论文两篇，公布期发明专利6项；任南洋青协行政部部长，积极参加志愿活动，累计工时100+。

也就是在西安交通大学2018—2019学年学生表彰奖励大会上，张若彤同学荣获"优秀学生标兵"殊荣那天，张若彤同学的母校、洛阳市第二外国语学校也荣获西安交通大学"卓越生源基地"称号。

从白景义、李近平到张若彤，越来越多优秀的二外学子，不断挑战自我、突破自我，成就更好的自我，与祖国共奋进、与时代同步伐，正一步步努力成长为担当民族复兴大任的时代新人，用实际行动不断证明"二外力量"、彰显"二外精神"、荣耀"二外品牌"。

高度造就品牌，品牌决定未来。因为"培养领袖才能，造就世界公民"的办学理念，学生与母校永远彼此成全！

洛阳二外考取西安交大少年班学生名录（2008—2020）

录取年份	录取学生	录取年份	录取学生
2008	杨思源	2018	潘子珩
	王宇宁		付雨林
2011	胡宝琪		崔静宇
	张奕璇		杨向哲
2012	刘丽璇	2019	李卓衡
2014	关键		樊凌熠
	邢飞凡		赵安澜
	张若彤	2020	陶泽睿
2015	贺继瑶		肖奕宁
	马云森		高畅
	钱荣凯		孔维艺
2016	陈子龙		李柳鸣
	李靖瑶		师瑞博
2017	潘翔宇		
	白灏阳		
	王若丹		

附录

我们都是二外人①

翟冠军

2002年，那是一个春天，

教育体制改革的春风，

催生了"公办民助"下线，

从此，二外人在三十二亩土地上，白手起家，扬起风帆。

转眼，时光来到2020年，

历经2011、2016和2020三次跨越式发展，

变身为一所学校，五个校园，

实现了二外的原子核裂变。

如今，占地面积是当初的十二倍，

教师超八百，学生逾九千。

我们都是二外人啊，

---

① 2020年7月中旬，翟冠军老师接薛莲校长电话，邀其为八月初即将举办的洛阳二外一校五区新教师培训写一首长诗，命题"我们都是二外人"。本诗初稿成于2020年7月17日，2020年7月29日二稿，2020年9月1日定稿。

我们是洛阳教育的万人军团！

二外的高速发展，

源于二外人执着追求，刻苦钻研。

下洋思，去巴蜀，赴衡水，访邗江，

我们学习，我们发展，我们扬弃，我们思辨。

为了引领潮流，探索教改，

我们出新招，比效果，优胜劣汰，

我们放眼未来，只为学生的终身发展，

从"学、钻、点、练、节"的五字教法，

开启到五环时代的"探究、互动、小结、反馈、拓展"。

我们发表论文、出版专著，追寻教育的本真，

我们开发校本课程，让教师的一专多能彰显，

我们热推社团活动，把学生的潜能点燃，

我们紧抓阳光课间，让疲惫的身影活力再现。

二外的高速发展，

离不开二外人的家国情怀，国际天眼。

我们接待加拿大、美国、土耳其、英国、

尼泊尔、法国、日本、印度、新西兰列国教育使团。

二外的贸易节，首开先河，

让学生感知市场规则，诚信经营，机动灵活，

谁能说，这不是创新创业意识的苏醒，

潜移默化着未来生活的召唤？

二外的中美教师交流，

让教育者亲眼看见外面的洞天。

二外的学生赴美、加、澳、日居家交流，

为未来的世界公民奠定世界观。

二外的高速发展，

归功于二外人追求卓越、敢为人先，

"今天你在这里讲，明天世界听你讲"，

"二外之音"演讲台，是外交家的摇篮！

二外学子，从小小的二外之音演讲台出发，

走向市级、省级、国家级，乃至世界级的舞台，

捧回大奖，声名鹊起，

激励青春，绽放笑颜！

二外学子，参加"模拟联合国"，

与高中生同台竞技，无所畏惧，

力挫群雄，展露实力，

最佳辩手，"战狼"名誉，捧杯凯旋。

二外的典范英语，英美文学戏剧课程，

纯正地道的发音，幽默夸张的表演，

是二外学子英语口语实力的助推器。

细致入微的刻画，口若悬河的表现，

奠定二外学子的素养、气质全面发展。

这一切的一切，都诠释着——

张口、落笔、登台便知二外人的实践！

流经二外的学子被润物细无声地赋予：

一口流利的英语，一手优雅的笔译，一身民族的豪气！

沁润着纯正三观！

二外的高速发展，基于卓有成效的管理经验。

千分考核制、教师荣誉制、后备干部制、

低职高聘制、立功评选制，

千制万制，都为教师成长、升迁推波助澜！

十九年艰苦卓绝的奋战，

成就了今天的"万人军团"，

我们都是二外人，

我们亲如一家，共享同一片蓝天。

我们都是二外人，

我们都有共同的理想与信念，

我们为教育而生，

我们为"理想的教育"流汗。

我们都是二外人，

我们都有共同的理念，

我们似水的年华有幸流经了二外，

共和国教育史诗的不朽交响，

理应留下我们精彩的乐段！

我们都是二外人，

我们的努力定能推进人文的改变。

我们的学生就是我们送给未来时空的礼物，

不管我们是否能够看见。

我们都是二外人，

共同呵护着我们的果园、学园、家园、乐园。

让一校五区的教育之花，

开放得更加绚烂、耀眼！

我们都是二外人，

我们的使命就是要为二外学子添隐形之翼，

让他们立民族之根，铸中华之魂，

赋领袖才能，成世界公民，志向高远。

我们都是二外人啊，

我们要让二外"敢为人先"的精神，

一脉相承，薪火相传，百尺竿头，再扬风帆，

初心不变，挽袖实干，用今天点亮明天！

大事记

2002年3月7日，经洛阳市人民政府批准，洛阳市第二外国语学校成立。学校是洛阳市教育局办学体制改革的试点单位。办学体制实行"国有民办"，即"学校国有、校长承办、经费自筹、办学自主"。白帆同志任校长。校址设在洛阳市老城区柳林南街98号。当年秋季共有在校生1 132人，初中三个年级共22个教学班，高中两个教学班。

2002年4月，学校接待美国威斯康星州拉克罗斯市友好协会代表团。

2002年6月，学校被确定为河南省"国有民办"办学体制改革试点学校。

2002年8月，学校开始参加教育部中国教育国际交流协会与美国人文学会组织的中美教师交流项目。当年参加教师：李彩霞。同年开始聘请Carmen Deyoe等外教。

2002年9月1日，学校招收高中2个教学班，学生96人。

2002年9月，学校党支部成立。书记：白帆；副书记：刘学鹏；支委：裴素青、韩小康、刘松林。

2002年10月，学校被洛阳市教育局确定为"办学体制改革试点学校"。

2002年11月，学校出台"文件职责制度汇编"。

2002年12月24日，学校举办第一届"迎新年联欢会"。

2003年1月，学校被中共洛阳市委、洛阳市人民政府授予"创建国家园林城市先进集体"。

2003年2月，学校被河南省教育厅授予"河南省办学规范化学校"。

2003年3月18日，学校首次颁发奖学金。

2003年6月，建校后首届毕业生6个班234人，参加洛一高"英才杯"选拔考试，12人被录取，名列全市学校第二。

2003年6月，学校被洛阳市中小学教研室确定为"洛阳市教改实验基地"。

2003年9月，学校开始举办三年一轮的"希望之星"（30周岁以下教师）、"青蓝杯"（30~45周岁教师）优质课、说课比赛，以及"名师风采"展示（45周岁以上教师）。

2003年10月，在全国英语能力大赛中，我校2名学生斩获全国二等奖。

2003年，学校组织深入开展学雷锋活动，向贫困地区捐书4 150册。开展救灾捐款活动，学校共捐款18 214.2元，捐棉衣273件。

2003年11月，我校学生张明代表洛阳市参加"河南省初中生英语演讲比赛"，获河南省第一名。

2003年12月22日，学校为在洛一高举办的市教育系统"晨光运动会"捐款50 000元。

2004年2月，学校党支部顺利举行换届选举工作。书记：白帆；支委：裴素青、刘松林、赵忠义、张国良。

2004年3月，学校把教师的所思、所想、所感汇编成册，取名"杏坛花絮"。

2004年5月，学校第二届毕业生27人被洛一高"英才杯"录取，名列全市学校第一。

2004年6月，我校初三学生在中招考试中上省重点学校洛一高分数线66人，名列市属学校第一。

2004年7月1日，学校荣获洛阳市教育局直属机关党委命名的"先进党支部"称号。

2004年8月，学校邀请"中美教师交流项目"原美国交流教师Ron Sakolsky来学校回访。

2004年9月，"中美教师交流项目"美方派出教师Gail Chou到学校任教。

2004年12月，美中关系全国委员会项目主任Margot Landman女士和中国教育国际交流协会美非事务部副主任沈雪松女士到学校评估、调研。

2004年12月，学校为洛阳教育的发展捐款500万元。

2004年12月，学校被河南省教育厅授予"河南省教育管理年先进单位"和"河南省依法治校示范校"。

2004年，学校开始实行学生奖学金奖励机制。

2004年，学校全部教室安装了多媒体，系洛阳市首家全部实现现代化教学的中学。

2005年1月，学校被国家基础教育中心外语教育研究中心评定为"国家基础教育实验中心外语教育研究中心外语实验学校"。

2005年5月，学校组织编写了一部20多万字的校本教材《校本教程》。同年，学校被河南省教育厅评为"省级以校为本教研制度建设基础学校"。

2005年6月，学校被评为全国少年儿童"争当小实验家"科学体验示范学校。

2005年6月，学校首届高中毕业生94人参加高考，二本线以上学生占50%。同年9月，高中部并入洛一高。

2005年8月，学校为美国宾夕法尼亚州匹兹堡高中捐赠"兵马俑"1∶1复制品一件和为美国威斯康星州拉克罗斯市建造中国花园捐赠月亮门龙石质雕塑，共计价值2 849.5美元。

2005年9月9日，学校成功举办首届"校园贸易节"，交易金额4 800元。

2005年10月，学校首次参加"争当小实验家"全国少年儿童体验活动，在全国决赛中，11名学生斩获金牌三块、银牌六块、铜牌两块，学校被中国少年科学院授予"争当小实验家科学体验示范学校"。

2005年10月，学校荣获洛阳市直机关党委"一个党员一面旗"活动先进组织奖、先进中学生业余党校、规范化党员教育活动室。

2005年10月，学校被洛阳市教育局评定为"洛阳市规范化初中"和"洛阳市实验性示范性学校"。

2006年3月，校本课程首次开课。

2006年5月，学校接待美国威斯康星州拉克罗斯市Viterbo大学学生代表团。

2006年5月，在全市初中毕业检测中，我校毕业生优秀率、平均分及体育加试平均分均居全市第一。

2006年9月9日，学校举办第二届校园贸易节，交易额4 534元人民币。

2006年10月18日，学校为发展洛阳教育捐款600万元。

2006年10月，学校教师自主编写的《校本课程》荣获河南省校本教材成果一等奖。

2006年10月，学校荣获洛阳市"境外人员管理工作先进单位"。

2006年11月，学校首次接待美国威斯康星州拉克罗斯市娄根高中交流学生Kate，Leah来学校居家交流。

2006年12月，美国威斯康星州拉克罗斯市娄根高中校长Scott Mihalovic来学校考察访问。

2006年，学校筹建校史馆。

2006年，特级教师刘松林等人探索总结出新课程教学模式："学、钻、点、练、结"五字教学法。

2006年起，学校斥资实行一年两次的学生奖学金发放制度。

2007年1月26日，学校为发展洛阳教育捐款200万元。

2007年4月9日，学校承办了由中共洛阳市委宣传部、洛阳市教育局主办的全市中小学生"小手拉大手，文明礼仪伴我行"主题教育活动启动仪式。同时，学校被命名为"德育教育基地"。

2007年4月，学校党支部召开了全体党员会议，选举产生了新一届党支部委员会。书记：白帆；支委会委员：赵忠义、张国良、刘松林、张振波。

2007年5月，学校确定"高情远致"为校训，"尚德笃学"为校风，"亲和育人"为教风，"乐学善思"为学风，校歌为《用今天点亮明天》——翟冠军老师作词。

2007年6月，学校接待美国优秀高中毕业生（总统奖）代表团居家交流。

2007年6月，学校参加中考447人，中招上洛一高录取线121人。首次突破百人大关。

2007年8月，中国教育国际交流协会副秘书长杨孟女士和美非事务部副主任傅博女士到我校指导"牵手行动"——中西部中小学英语教师培训项目的培训工作。

2007年8月，响应教育局要求接收洛阳五中寄宿班学生整体插班。

2007年9月10日，学校为发展洛阳教育捐款100万元。

2007年9月，"中美教师交流项目"美方派出教师Karen Wrolson到学校任教。

2007年10月，支委扩大会讨论深入推动课改事宜，开始试用刘松林老师提出的有效课堂"五环节"教学模式——"探究、互动、小结、反馈、延伸"，并在全校范围内强力推进，以点带面，人人过关。

2007年12月，美中关系全国委员会项目主任Margot Landman女士和中国教育国际交流协会美非事务部副主任傅博女士到学校评估、调研。

2007年12月，中共河南省委宣传部确定学校为全省思想道德建设先进典型。

2007年12月，学校确定的五环节教学模式在学校部分学科试行。

2007年，学校正式成立组织对外交流活动以及管理外籍教师事务的"外事办公室"。

2007年，学校荣获洛阳市"境外人员管理工作先进单位"。

2007年，学校教学仪器设备达到国家二类标准。

2007年，学校被河南省教育厅授予"河南省思想道德建设先进单位""河南省学校食堂建设工作先进集体"。

2008年1月5日全校召开教学改革研讨会，详解"五环节"课堂教学模式的内容，从2008年春季开始全校性广泛应用。

2008年4月，美中关系全国委员会项目主任Margot Landman女士和中国教育国际交流协会美非事务部副主任傅博士到学校评估、调研。

2008年5月，学校投资8万元落实了对洛宁城郊二中结对帮扶支教工作。

2008年5月，学校师生为汶川大地震捐款55 440元。

2008年5月，学校初三学生首次参加西安交大少年班考试，杨思源、王宇宁被录取。

2008年6月，学校党支部被评为"全省五好基层党支部"。

2008年7月，学校接待美国优秀高中毕业生（总统奖）代表团居家交流。

2008年9月9日，学校为发展洛阳教育捐款100万元。

2008年9月16日，学校举办第三届校园贸易节，交易额6 934.5元。

2008年9月27日，学校赞助新安县磁涧镇掌礼小学款50 000元。

2008年9月，学校成立双语教学实验领导小组，对首批九个学科20位教师进行了双语教学培训。

2008年12月，学校被评为全国少年儿童"争当小实验家"科学体验示范学校。

2008年，经市政府协调，学校得以扩建新增土地6.8亩改善办学条件，新建教学楼、学生宿舍楼各一栋。

2008年，学校成立了课改领导小组，随时推门听课，及时反馈，积极推进课改向深层次发展。

2008—2009年，学校受市政府委托，为嵩县、栾川、洛宁、汝阳等县区培训300余名教师。

2009年3月9日，学校捐助市教育局职工教育表彰经费20万元人民币。

2009年4月，学校接待美国威斯康星州拉克罗斯市友好协会代表团。

2009年5月17日，学校举办第四届校园贸易节，交易额6 452元人民币。

2009年5月，学校接待拉克罗斯娄根高中交流学生Addison到学校居家交流。

2009年6月，学校接待美国拉克罗斯Viterbo大学生代表团。

2009年7月，学校党支部被中共洛阳市教育局直属机关委员会授予"先进基层党组织"。

2009年7月，学校修订出台"制度职责法规汇编"。

2009年9月8日，学校捐助市教育局举办教师节颁奖晚会直播宣传费用60 000元。

2009年9月18日，学校为发展洛阳教育捐款110万元。

2009年9月18日，学校捐助市教育局机关党委太阳鸟摄影家协会费用60 050元。

2009年9月，"中美教师交流项目"美方派出教师Tracie Ann到学校任教。

2009年9月，学校获河南省教育系统先进单位、被河南省科教文卫体工会评定为"河南省模范教工之家"。

2009年10月，学校党支部召开了全体党员会议，选举产生了新一届党支部委员会。书记：白帆；支委会委员：赵忠义、张国良、张振波、黄根平。

2009年11月9日，学校捐助汝阳县柏树乡新农村建设帮扶资金款10 000元。

2009年11月，学校派出第一批5名优秀教师对洛宁县城郊二中进行对口支教，并出资10万元为该校建设一个公共厕所。

2009年12月14日，学校捐助洛龙区承办省阳光体育推进会会务费50 000元。

2009年12月，市委市政府投资1.1亿元建设洛阳市第二外国语学校洛龙校区。12月25日，洛龙校区开工典礼在新校址举行。

2009年，学校基于五环节课堂，教学模式，以《教师校本课程的开发策略研究》为题，申报省级课题并获一等奖。

2010年1月22日，学校捐赠市教育局办公楼用显示屏价值86 856元。

2010年4月28日，学校举办第五届校园贸易节，交易额9 200元人民币。

2010年6月，学校党支部被评为"全省五好基层党组织"。

2010年7月1日，学校为青海玉树地震捐款21 360元。

2010年9月，"中美教师交流项目"派出美国教师Benjamin MC Dermott到学校任教。

2010年9月，美国拉克罗斯市教育局短期项目交流教师Matthew Christen来学校进行为期3个月的教学交流。

2010年9月29日，学校派老师到洛宁县余庄中学支教，并捐助73 000元为该校建厕所。

2010年9月29日，学校为发展洛阳教育捐款110万元。

2010年9月，《五环节有效课堂教学模式实践与研究》一书正式出版，各学科全面推行五环节课改。

2010年10月，著名书法家欧阳中石先生为学校题写校名。

2010年10月，拉克罗斯市教育局国际项目主管、北林国际小学校长Sandra Brauer来学校考察访问。

2010年11月，美中贸易全国委员会前主席Bob Kapp到学校参观访问。

2010年11月，被联合国教科文组织评定为中国可持续发展教育项目"十一五"规划重点课题先进教科研单位。

2010年12月，美中关系全国委员会项目主任Margot Landman女士和中国教育国际交流协会美非事务部副主任余有根先生到学校评估、调研。

2010年，学校被河南省教育厅评定为"河南省义务教育课程改革先进单位。"

2010年，学校获2010年度中央电视台"希望之星"英语风采大赛"优秀组织奖"。

2011年1月，学校被河南省基础教育教学研究室评定为"河南省中小学心理健康教育实验学校"。

2011年1月，学校被评为"青少年走进科学世界·科学实验嘉年华"活动优秀组织单位。

2011年3月，加州大学教授Kevin Lordon到学校做学术报告。

2011年4月，美中关系全国委员会项目主任Margot Landman女士带领摄制组到学校拍摄美中交流30周年纪录片。

2011年5月18日，学校举办第六届校园贸易节，交易额30 526元人民币。

2011年5月，我校初三学生胡宝琪、张奕璇被西安交大少年班录取。

2011年5月，美国拉克罗斯Viterbo大学生代表团到学校交流访问。

2011年6月，学校党支部被中共河南省委授予"全省先进基层党组织"。

2011年6月，学校党支部被洛阳市教育局直属机关党委授予"2011年洛阳市教育系统先进基层党组织"荣誉称号。

2011年6月，学校参加中考680人，214人达到洛阳市第一高级中学录取线，首次突破双百，540人上省示范性高中录取线。

2011年8月，学校中学部租用并搬迁至洛阳市洛龙区龙和西街8号政府投资建设的校园办学，原老城区柳林路校区改为洛阳市第二外国语学校附属小学部。同年开始招生。

2011年9月1日，我校首届国际班开班，共招收学生27名。

2011年9月7日，学校为发展洛阳教育捐款110万元。

2011年9月，"中美教师交流项目"派出美国教师Theresa Bush到学校任教。

2011年9月，学校接待拉克罗斯学区短期项目交流教师Samantha Parkhurst，Cheri Sheehy到学校进行为期1个月的教学交流。

2011年10月，学校接待拉克罗斯市友好人士John & Ardus Cleveland夫妇到学校参观访问。

2011年10月，威斯康星州立大学拉克罗斯分校（UWL）校务代表团到学校调研、考察，并与学校签订教育合作交流备忘。

2011年10月，学校接待拉克罗斯市教育局副局长Troy Harcy到学校考察访问。

2011年11月，"汉语桥"美国中小学校长访华团到学校参观访问。

2011年11月，校党支部召开了全体党员会议，选举产生了新一届党支部委员会。书记：白帆；支委会委员：赵忠义、张国良、张振波、黄根平。

2011年12月25日，学校捐助市教育局高中工作会议费80 000元。

2011年12月，美中关系全国委员会项目主任Margot Landman女士到学校评估、调研。

2011年12月，学校荣获洛阳市"境外人员管理工作先进单位"。

2011年，李近平同学获中央电视台"希望之星"英语风采大赛全国第8名。

2011年，学校工会被评定为"全国科教文卫体系统模范职工之家"。

2011年，学校实施帮扶洛阳市37中合作办学，派出4名教师进行教学交流。

2011年，学校教学仪器设备达到国家一类标准。

2012年3月，学校被河南省教育厅、河南省高校工委授予"河南省2010—2011年度文明学校"。

2012年3月，学校党支部成立了基层组织建设年活动领导小组，选举刘应丽、李彦利、王西山、金颖慧四个党小组长，完善了基层党组织建设。

2012年4月，学校采用英国牛津大学出版社出版的《典范英语》（Good English）作为阅读教材，开始进行长篇文学阅读实验。

2012年4月，学校被确定为中国书法家协会洛阳市书法考级基地。

2012年4月，学校接待美国国家青年明星篮球队来校访问并与师生举行友谊比赛。

2012年5月3日，经洛阳市人民政府企事业单位改革领导小组批准，通过了《洛阳市第二外国语学校产权制度改革方案》和《洛阳市第二外国语学校教职工安置方案》。7月，学校顺利完成摘牌和教职工股权出资工作，自此学校由公办民营顺利转换为股份制民办学校。

2012年5月7日，学校举办第七届校园贸易节，交易额37 500元人民币。

2012年5月，我校初三学生刘丽璇同学被西安交大少年班录取（洛阳市共5人）。

2012年6月26日，学校捐赠中国教育国际交流协会50 000元。

2012年6月，学校党支部被中共洛阳市委评为2012年洛阳市"创先争优活动先进基层党组织"。

2012年7月31日，学校捐赠汝阳上店一中桌凳700套价值84 000元。

2012年7月，学校被教育部中国教师发展基金会评定为"全国特色学校"。

2012年8月，学校被全国妇联、教育部、中央文明办评定为"全国示范家长学校"。

2012年9月13日，学校为发展洛阳教育捐款150万元。

2012年9月，"中美教师交流项目" 派出美国教师Lawrence Mullin到学校任教。

2012年9月，学校举办建校十周年校庆活动。

2012年10月，学校接待尼泊尔教育代表团。

2012年10月，学校派遣5名骨干教师对汝阳县上店一中进行对口支教活动。

2012年11月，学校接待"汉语桥"美国校长访华代表团。

2012年12月，学校组织初中国际班学生首次赴郑州参加"模拟联合国活动"。

2012年12月，美中关系全国委员会项目主任Margot Landman女士、项目官员胡迪女士和中国教育国际交流协会北美事务部副主任余有根先生到学校评估、调研。

2012年12月，学校举办第一届"生命教育"阳光大课间展示活动。

2012年，受栾川县教育局委托，学校分两批对栾川县34名骨干教师进行了为期两个月的培训。

2013年2月，学校承办了中国教育国际交流协会—美中关系全国委员会"中美教师交流项目"中期评估会。

2013年3月，加拿大驻华使馆商务参赞Kenneth Wong黄汉强、加拿大不列颠哥伦比亚省教育与创新代表朱彬博士和加拿大驻华使馆商务专员张可先生到学校参观访问。

2013年4月27日，学校举办第八届校园贸易节，交易额36 319.5元人民币。

2013年5月，尼泊尔交流学生团一行9人到学校学习、交流。

2013年5月，学校举办首届"二外剧场"——心理剧、典范英语课本剧展演。

2013年6月，学校被河南省教育厅评定为"河南省中小学校一级食堂"。

2013年6月，拉克罗斯市交换学生及带队教师16人到学校居家交流。

2013年7月，学校被中国外语教育研究中心确定为"全国教育科学十一五规划教育部重点课题优秀实验基地"。

2013年9月10日，为中国教育国际交流协会"牵手行动——基层英语教师培训项目"捐款10万元。

2013年9月，"中美教师交流项目"派出美国教师Frances Zinder到学校任教。

2013年9月，学校开设开心农场，更好地让学生走进大自然，学习了解生物知识。

2013年9月，学校派遣一名骨干教师参加洛阳市教育局组织的"两区"支教活动，对嵩县第二实验小学进行了为期一年的定点支教工作。

2013年10月，学校派遣5名骨干教师对汝阳县上店一中进行对口支教活动。为该校捐赠价值10万元的课桌凳。

2013年10月，拉克罗斯学区短期项目交流教师Martha Jean Tymeson到学校进行为期一个月的教学交流。

2013年11月，学校与加拿大苏克教育局签订教育合作备忘。

2013年11月，学校党支部召开了全体党员会议，选举产生了新一届党总支委员会。书记：白帆；支委会委员：赵忠义、张国良、张振波、黄根平。

2013年11月，学校首次开展"冬日暖歌"送温暖活动，全校参与，共捐赠5400件冬衣。

2013年，学校开展新一轮市直属学校和农村学校"一帮一"结对支教帮扶活动，先后派遣12名党员教师先后到汝阳上店一中、洛阳48中进行支教活动，并接受3批嵩县教师对学校进行考察学习。

2014年4月1日，"二外之音"英语演讲台建成试播。

2014年4月8日，"二外之音"英语演讲台正式启用，为学生提供锻炼和展示英语口语的平台。

2014年4月，初三学生关键、邢飞凡、张若彤被西安交大少年班录取。

2014年4月，学校为来自嵩县城关一中的19名教师进行教育教学及学校管理的培训。

2014年5月4日，学校举办第九届校园贸易节，交易额53 788元人民币。

2014年5月，加拿大苏克教育局副局长Mark先生亲临二外为学生家长介绍加拿大教育体制。

2014年6月6日，学校为发展洛阳教育捐款150万元。

2014年6月，学校接待拉克罗斯市交换学生及拉克罗斯·洛阳友好协会一行32人。

2014年6月，学校毕业生参加中考916人，351人上洛一高录取线，首次突破300人大关。

2014年9月，学校在初一年级开设国学班、科技班、女子班、国际班，开启二外特色化教学先河。

2014年9月2日，学校为发展洛阳教育捐款150万元。

2014—2015年，学校根据教师综合表现，自下而上评选立功人员，实施低职高聘制度。

2014年11月，学校举办"青年教师职业生涯规划演讲比赛"，35岁以下教师参与。

2014年12月，学校被河南省教育厅评为"全省中小学心理健康教育示范校"。

2014年，王雨璇同学以7.0分的优异成绩斩获洛阳初中生雅思考试最高分。

2015年1月，美国Vermong Putney School代表团到学校参观访问。

2015年3月，英国Lucton中学校长David Styles到学校参观访问。

2015年4月28日，学校举办第十届校园贸易节，交易额65 752元。新增师生"拍卖会"。

2015年4月，初三学生何继瑶、马云淼、钱荣凯被西安交大少年班录取。

2015年5月11日，学校为发展洛阳教育捐款150万元人民币。

2015年5月，学校与洛阳市涧西区政府和鼎顺房地产开发有限公司签订"联合办学合作框架协议书"，共同打造洛阳市第二外国语学校涧西校区。

2015年6月，拉克罗斯市交换学生及带队教师33人到学校居家交流。

2015年7月13日，学校积极参与由北京外国语大学中国外语教育研究中心主持的全国教育科学"十一五"规划教育部重点课题——"中国基础英语素质教育的途径与方法"课题实验，承担子课题研究。因在子课题研究中所取得的卓越实验成果，被北外课题组授予"杰出贡献奖"。（子课题负责人及参与者：翟冠军、邓小蓉、姚臻臻、李跃民、徐珂、薛莲）

2015年8月，第一届北美国际高中1+2项目班成立。9月1日，国际高中部中加班开班。

2015年9月，北京京西国际学校师生代表团来我校参观交流。

2015年9月—2016年7月，学校派遣一名优秀教师参加洛阳市教育局组织的"两区"支教活动，对洛宁县第二实验小学进行为期一年的支教工作。

2015年9月—2016年7月，学校派遣4名优秀教师对汝阳县上店一中进行支教帮扶工作。

2015年11月，加拿大苏克教育局国际处副处长Amber O'Quinn女士到学校对中加项目进行中期评估、调研。

2015年12月，学校举办第四届"生命教育"阳光大课间展示活动。

2015年，学校与加拿大苏克学区公立教育局、上加拿大教育局以及美国圣玛丽中学合作，共同开设北美"1+2"国际高中项目。

2015年，学校确定吉祥物——Eric。

2015年，学校被教育部中国教育国际交流协会授予中美"千校携手"项目首批示范校（全国共21所，河南省2所，洛阳市仅1所）。

2015年，学校被确定为"中小学托福洛阳官方授权考点"。

2015年，学校全部落实编外教师的五险一金社保待遇，基本实现了双轨制向单轨制的转变。

2016年2月，学校与家鑫房地产开发有限公司合作在宜阳县凤凰山设立"综合实践活动基地"，为学生提供生活体验、培育能力的机会。

2016年3月，市区首家校园气象站落户学校。

2016年3月，学校与洛阳文兴置业有限公司正式签约，共同在宜阳打造洛阳市第二外国语学校西校区（宜阳分校）。

2016年4月29日，学校举办第十一届校园贸易节，交易额61 454元人民币，新增"学子音乐会"。

2016年4月，初三学生陈子龙、李靖瑶被西安交大少年班录取。

2016年5月19日，学校为发展洛阳教育捐款150万元。

2016年5月，学校被中国学生营养与健康促进会评定为"全国学生营养与健康示范学校"。

2016年5月，洛阳市民办教育协会一届二次会员大会暨教育专家报告会在我校成功举办。

2016年6月，加拿大苏克教育局国际处副处长Amber O'Quinn女士到校对中加项目进行中期调研。

2016年6月，美国拉克罗斯教师Martha Jean Tymeson回访学校。

2016年7月，第一届中西部"思源之星"英语能力大赛启动仪式在学校成功举办。

2016年7月，学校制定"家校联系手册"。

2016年8月，学校被中国人民解放军空军评定为"空军招飞优质生源中学"。

2016年8月，首批中加班学生顺利抵达加拿大开始留学生活。

2016年9月1日，洛阳市第二外国语学校西校区（宜阳分校）顺利开学。初一招收6个教学班，小学一年级招收6个教学班。

2016年9月，学校接待美国威斯康星州立大学拉克罗斯分校校务代表团。

2016年10月28日，学校为美国拉克罗斯-洛阳友好协会捐款67 495元，以筹备友好城市20年庆典。

2016年10月，学校与加拿大上加拿大教育局签署合作协议。

2016年12月，学校党支部召开了全体党员会议，选举产生了新一届党总支委员会。书记：白帆；支委会委员：赵忠义、张国良、张振波、黄根平。

2016年，张博芮同学以7.5分的优异成绩斩获洛阳初中生雅思考试最高分。

2017年3月2日，学校为发展洛阳教育捐款210万元。

2017年3月，江西上犹县委副书记、副县长余有根先生率该县教育小组考察团一行6人到学校参观学习。

2017年4月24日，学校举办第十二届校园贸易节，交易额94 500元人民币。

2017年4月，加拿大苏克教育局国际处国际生项目负责人Nancy Blundell女士到学校评估、调研。

2017年4月，在年级部内设教研组，变原来的学校学科教研组为年级设立自己的学科教研组，组长由年级主任聘用。

2017年4月，初三学生潘翔宇、白灏阳、王若丹被西安交大少年班录取。

2017年5月，美国威斯康星州立大学拉克罗斯分校（UWL）海外研修项目16人到学校交流并将学校定为UWL海外研修基地。

2017年6月，伊川农商银行为学校捐款200万，在三个报告厅上面加盖教师办公室，改善教师办公条件。

2017年6月，学校接待美国威斯康星州拉克罗斯市市长及友好城市代表团并承办了洛阳-拉克罗斯友好城市缔结20周年庆典活动。

2017年7月，书法教室、录播教室升级改造；学生宿舍、外教楼、教学楼维修升级。

2017年9月，学校在宜阳凤凰岭开辟了校外实践基地，研发、开设了一系列社会综合性实践课程。

2017年9月，新设国际教育交流中心，业务包括外事、国际交流及合作办学等。撤销外事办公室。

2017年9月，开设德、法、日小语种特色班。

2017年9月—2018年7月，学校派遣一名优秀教师参加洛阳市教育局组织的"两区"支教活动，对洛宁县第二实验中学进行为期一年的支教工作。

2017年10月，白帆、薛莲、李彩霞、吴荣珍代表洛阳市政府赴美国威斯康星州拉克罗斯市参加友好城市缔结20周年庆典。

2017年10月，拉克罗斯学区短期项目交流教师Carrie & Jason Harder夫妇到校进行为期一个月的教学交流。

2017年11月，加拿大歌摩士谷教育局Steve到学校访问。

2017年11月，学校首次举办第一届校内模拟联合国大会活动。

2017年12月，美国圣玛丽中学国际项目主任Ronda Sheffield女士到学校参观访问。

2017年，学校荣获"洛阳市教育系统学雷锋活动先进集体"荣誉称号。

2017年，学校修建数学大道、校园书简文化，营造良好的校园文化氛围。2017年，逐步更新提升食堂硬件设施设备及通风排烟系统。

2017年，学校建造小型动物园。

2017年，与美国圣玛丽中学签署合作备忘。

2017年，学校党组织由支部升为总支，下辖6个支部。

2018年3月19日，学校为美国威斯康星州拉克罗斯市国际花园建造中国元素雕塑捐款12 999.26元人民币。

2018年3月30日，学校承办了河南省教育学会外语教学专业委员会第六届理事会暨第八届学术年会。中国教育学会外语教学专业委员会理事长龚亚夫先生和北京外国语大学教授、全国基础外语（课程）教育研究中心常务副理事长张连仲先生到会做学术报告。

2018年3月，加拿大苏克教育局国际处副处长Amber O'Quinn女士到学校评估、调研。

2018年4月9日，学校为发展洛阳教育捐款150万元。

2018年4月28日，举办第十三届贸易节，交易额140 785元，首次增加"一带一路"国家场馆。

2018年4月，初三学生潘子珩、付雨林、崔静宇、杨向哲被西安交大少年班录取。

2018年5月，美国法拉古特海军上将中学的中国校区校长Justin Poupart先生到学校访问。

2018年6月，学校首届国际高中毕业生以优异成绩全部进入世界知名大学就读。

2018年6月，美国威斯康星州拉克罗斯市交换学生及带队教师33人到学校居家交流。

2018年8月，学校正式启动人才培养工程，实施系列培训计划。

2018年9月，新设"人力资源中心"，负责组织员工招聘、调配使用及其培训工作。

2018年9月，中国教育国际交流协会职业教育与培训部主任余有根、中国文物信息咨询中心主任仇岩一行赴学校调研研学旅行。

2018年9月—2019年7月，学校派遣一名优秀教师参加洛阳市教育局组织的"两区"支教活动，对洛宁县回族镇第二初级中学进行为期一年的支教工作。

2018年9月，增设"安全办公室"，全面负责学校安全教育、管理工作。

2018年9月，学校实施千分考核和教师荣誉制度。

2018年10月，拉克罗斯学区短期项目交流教师Suzanna Barnhart & Leah Justin到学校进行为期一个月的教学交流。

2018年11月，美国圣玛丽中学国际部主任Ronda Sheffield女士来学校作主题报告。

2018年11月，经上级批准，新建了东、西校区党支部，形成了"1个总支、6个支部"的组织架构。

2018年12月29日，学校第十七届"迎新年·庆元旦"文艺汇演首次采用网络直播。

2019年2月6日，学校为发展洛阳教育捐款200万元人民币。

2019年3月，学校开始实施《教师积分制管理办法》《服务保障人员绩效等级量化考核评定办法》。

2019年3月起，校园升级改造工程全面铺开。在校园动物园旁边小河上建设钢木结构跨桥；校园中心花园建立朗读亭；图书馆室内升级装修；餐厅前面绿地修建防腐木栈道和座椅；运动场塑胶跑道和人造草皮整体翻新；学校餐厅安装中央空调，改善师生就餐环境。

2019年3月，日本东京帝京中学铃木先生一行莅临学校访问交流。

2019年4月26日，举办第十四届校园贸易节，交易额161 570.8元人民币。

2019年4月，突尼斯、越南、塞舌尔、古巴等四国"驻华使馆官员中国文化行"代表团一行6人到学校参观访问。

2019年4月，法国图尔市市长Christophe Bouchet一行到学校参观访问。

2019年4月，初三学生李卓衡、樊凌熠、赵安澜被西安交大少年班录取。

2019年4月，学校与信阳浉河中学缔结姊妹学校。

2019年5月，美国威斯康星州立大学拉克罗斯分校海外研修项目11人到学校研修、交流。

2019年6月16日，由洛阳市教育局主办，洛阳市第二外国语学校、校长派·校长智库教育研究院承办的"开放·人文·多元——2019年基于核心素养的中小学课程建设专题研讨会"在洛阳二外举行。

2019年6月，学校举办首届"中国传统课程"之端午节诗词大会。

2019年9月，七年级开设文史班、数学班。

2019年9月，新设外语教育教学研究中心，负责外语教学的课程开发、管理等工作。

2019年10月，加拿大苏克教育局国际处副处长Amber O'Quinn女士到学校进行中期评估、调研。

2019年10月，拉克罗斯学区短期项目交流教师Rebecca Elizabeth Brueggen和Hannah Marie Deyoung到学校进行为期一个月的教学交流。

2019年11月18日，学校与洛阳市老城区教育体育局、洛阳市增凯房地产开发有限公司签订"联合办学合作框架协议书"，共同打造洛阳市第二外国语学校兰溪校区。

2019年11月28日，捐助洛阳市教育奖励基金会困难教师资助奖励500 000元。

2019年11月，学校国际高中学生与洛宁县下峪镇初级中学学生结对共同帮扶。

2019年11月，学校党总支召开了全体党员会议，选举产生了新一届党总支委员会。书记：白帆；支委会委员：赵忠义、张振波、黄根平、薛莲。

2019年12月31日，为支援冷水沟教育，学校带头与市民办教育协会共同捐款20万元，为栾川县冷水镇建设乡村文化广场。

2020年3月，学校全体党员为抗击疫情捐款，共计16 206元。

2020年4月，学校与吉利区实验中学建立合作办学关系。

2020年5月9日，学校为栾川县扶贫捐赠80 000元。

2020年5月，初三学生陶泽睿、高畅、孔维艺、李柳鸣、师瑞博、肖奕宁（西校区）被西安交大少年班录取，取得历史性突破。至此，学校已有29人考入西安交通大学少年班。

2020年6月，小学部操场整体翻新改造。

2020年8月24—29日，七年级新生国防夏令营在洛龙校区举行。

2020年9月1日，洛阳二外兰溪校区和涧西校区正式启用。至此洛阳二外已形成一校五区格局。

2020年9月2日，学校校长杯足球赛、篮球赛开赛。

2020年9月3日，学校师生集会纪念中国人民抗日战争暨世界反法西斯战争胜利75周年。

2020年9月3日，洛阳市第二外国语学校与济源市太行路学校签订"合作办学协议"。

2020年9月22日，市教育局来我校检查评估星级创建工作。

2020年9月28日，洛阳市第二外国语学校与济源市太行路学校合作办学揭牌仪式在济源市太行路学校举行。

2020年9月30日，学校举办"追梦新时代，奋斗致青春"庆祝新中国成立71周年诵读比赛。

2020年10月3日，经上级批准，学校成立了兰溪小学、涧西小学党支部，支部由6个扩大为8个。

2020年10月16日，学校举办"光盘兑换蛋糕，倡导光盘行动"的活动，以增强学生节约意识。

2020年10月22日，济源市太行路学校领导、教师一行访问我校。

2020年10月22日，校团委组织学生到洛龙区王山村慰问抗战老兵。

2020年10月27日，济源市太行路学校中层领导一行访问我校。

2020年10月27日，我校教工代表队在洛阳市教育局主办的2020年教育系统教职工运动会篮球比赛中，荣获第一名。

2020年10月29日，我校教工代表队在洛阳市教育局主办的2020年教育系统教职工运动会足球比赛中再次夺冠！从而实现了该项目自开设以来的"七连冠"。

2020年10月30日，信阳浉河中学老师来我校研讨交流。

2020年11月，校长白帆当选为河南省民办教育协会监事会副主席。

2020年11月3—5日，政教处组织重阳节感恩系列活动之"冬日暖歌"——为嵩县和洛宁县山区师生及家长募捐10 839件冬衣，并捐赠电热水器两台。至此，该活动已连续坚持8年，累计募捐165 079件衣物。

2020年11月7日，学校组织全体党员赴济源学习愚公移山精神党性教育实践活动。

2020年11月19—20日，第四届洛阳市第二外国语学校·蔚蓝国际东北地区中学生模拟联合国大会在校内举行。

2020年12月2日，澳门青年教师国情交流团赴我校参观交流。

2020年12月2日，洛阳市初中语文课堂教学成果展示暨洛阳市第二外国语学校李文铮名师工作室教研活动在我校举办。

2020年12月14日，河南省鹤壁市淇滨区校长团来访。

2020年12月16日，洛阳市实验小学来我校参加多学科联合教研活动。

2020年12月18日，学校举办二外北美高中国际项目五周年暨新项目发布会。

2020年12月18日，全市中小学教师课堂教学实训启动仪式暨首次观摩交流活动在我校隆重举行。

2021年1月6日，洛阳市第二外国语学校与洛阳高新技术产业开发区文化旅游体育教育局签订"合作办学协议"。高新区文旅体教局委托我校深度托管高新区外国语学校。

2021年1月8日，The World Has Your Say世界听你说——NSDA英语演讲辩论社团举行期末汇报活动。

2021年1月13日，河南省教育厅基教处副处长王丽霞来我校调研。

2021年2月26日，在洛阳市召开的2021年全市教育工作视频会议上，我校荣获"2020年度民办教育工作先进单位""2019—2020学年洛阳市义务教育工作教学创新先进单位"和"2019—2020学年洛阳市义务教育工作优秀生源培养先进学校"三项殊荣。

2021年3月1日，由我校深度托管的洛阳市高新区外国语学校新入职教师来我校洛龙校区进行为期一个学期的跟岗实习。

2021年3月3日，学校校长杯足球、篮球赛开赛。

2021年3月17日，学校领导到济源太行路学校交流调研并举行德育讲座。

2021年3月17日，洛龙区教育体育局领导一行来我校调研。

2021年3月23日，洛阳市旭升学校来我校听课交流。

2021年3月25日，学校领导带领部分老师到信阳市浉河中学进行教研交流学习。

2021年3月26日，学校举行北美高中国际项目说明会。

2021年4月2日，洛阳市教育局教研室在我校聚贤堂报告厅举行了2021

学年洛阳市历史学科中考备考及教学研讨会。

2021年4月6—8日，洛阳市初中历史学科优质课大赛在我校举行。

2021年4月9日，洛阳市2021年初中生物学科教学研讨会在我校举行。

2021年4月9日，深圳诺亚舟教育控股集团（广州外语外贸大学附属外国语学校）来我校访问交流。

2021年4月12—14日，洛阳市初中数学学科优质课大赛在我校举行。

2021年4月13—15日，洛阳市初中英语学科优质课大赛在我校举行。

2021年4月15—17日，洛阳市初中生物学科优质课大赛在我校举行。

2021年4月17日，学校领导参加"河南省民办教育协会基础教育工作委员会理事会换届暨年度工作会议"。

2021年4月22日，在第52个"世界地球日"，学校政教处牵头，举办宣传讲座。

2021年4月26日，我校与偃师区教育体育局、泽京铂宸万达广场在偃师举行办学合作签约仪式。

2021年4月28日，举办二外NSDA英语演讲与辩论校内赛。

2021年4月30日，举行2020—2021学年第一学期奖学金颁奖仪式。

2021年5月5日，校长白帆被评为河南"两新"人物——河南省优秀党务工作者。

2021年5月6日，校领导赴宜阳县赵保镇参加洛阳市教育局市属学校与宜阳县教育局赵保镇中心校的结对共建签约仪式。

2021年5月8日，举办第15届校园贸易节，交易额创历年新高，达17.9万元。

2021年5月10日，向宜阳县赵保镇一中捐赠价值26.56万元的教学办公用品。

2021年5月17日，洛阳市教育局（洛教基〔2021〕66号）批准由洛阳市第二外国语学校东校区、洛阳市第二外国语学校宜阳分校、洛阳市第二外国语学校涧西小学、洛阳市第二外国语学校兰溪校区和洛阳高新区外国语学校组建成立洛阳市第二外国语学校教育集团，并按照教育集团管理模式运作。

2021年5月20日，二外少年模拟法庭展示。

校歌、校徽及其他

校歌

用今天点亮明天

词 翟冠午
曲 张一兵
制谱 酒应霄

我是一粒 希望的种子，植入 二外
我是一束 金色的阳光，去探索 未来

肥沃的土壤，历经三载 茁壮成长，撒向 四海 放飞理 想。
发展的方向，乐学善思 奋发向长，用今天把 明天点 亮。

年华似水 有幸流经二 外，岁月如

歌 当然精彩有我有 我。年华似水

有幸流经二 外，岁月如歌 当然精彩有我有

我。 当然精彩 有我有 我。

校徽

　　校徽为圆形，上下分别环列中英文校名，中间内层由四片心型花瓣组成花朵图案，每片花瓣都代表着一颗心，最上端蓝色心形花瓣代表学生，红色花瓣代表学校，绿色花瓣代表社会，黄色花瓣代表家庭。寓意多方合作，共同努力，才能形成真正意义上的教育，才能灌溉出真正美丽的花朵。

其他

校训　高情远致　　校风　尚德笃学　　教风　亲和育人　　学风　乐学善思

以温度成就速度、深度、高度

2020年5月5日，受白帆校长郑重委托，已退休四年的翟冠军老师领命，带领李彩霞老师、赵爱红老师组建《二外扬帆　千里追梦》校书编委会。白校长说："二外成立近十九年了，学校准备写一本书回顾一下来路，素材已搜集完毕，初稿已经写出来了，现亟须人来审校稿件。想来想去，你们是最佳人选。"他讲了三个原因：首先，我们都是二外最早的创业者之一，是学校创业发展、成长壮大的亲历者，目睹了全程；其次，当年他和翟冠军老师一起参加赴美教师交流项目时，在美国曾多次讨论中美教育的差异以及对教育的理解和憧憬；最后也是最重要的，大家对二外的感情及贡献有目共睹，对学校的发展历程了如指掌。

"你们就是二外的'活典籍'！"在这份期待和信任下，我们和写作组专家何晓老师、刘艳静老师一起成立了洛阳二外特别队，并由此开启了半年有余的史料整理、写作对接、审稿校稿事宜。

不干不知道，一干才发现，书稿编写真不是一件简单的事！虽然是不到二十年的发展历程，很多事实和史料已经得要大量依靠人的记忆来查证落实。为此，我们多次到各处室、职能部门查阅各种资料，约谈各路精英、教坛新秀，只为某个细节的准确、某个数据的精准，或某段史料的真实。

进入审校阶段后，工作量更是陡增，除了正常的早八晚五"上班"，我们还经常需要随时沟通、协调，甚至在半夜核对稿子。除去写作环节的沟通，成稿之后我们核校的版本就多达22个，每一次都是热烈讨论，一字不落，反复推敲，字斟句酌，也是在这样一个过程中，我们进一步意识到，史料、档案的记录、整理、归类何等重要，需要何等的细心。

书稿编写过程中，我们联系上了一些失联许久的老同事、老朋友。谈起当年的创业经历，大家或激昂激动，或感慨感恩，或欢声笑语，或热泪盈眶，或怀念旧情，或放眼远方……

"年华似水，有幸流经二外，岁月如歌，当然精彩有我。"

确实，每一个二外学子、每一位二外教职工，都见证了二外的发展，都是二外历史长河中非常重要的"浪花"，都为二外取得的成就添过砖、加过瓦，成了二外发展史上重要的注脚，都会为这个"有幸"而幸福感爆棚，都会为自己当初的选择而庆幸。

我们无数次地讨论和反思，究竟是什么成就了二外的今天？使得学校在近二十年的时间内发展如此快、规模如此大、社会效应如此好。在书中，我们以速度、深度、高度为点，回溯了一段创业旅程、记录了一群可爱的人、呈现了一个有爱的校园。

我们一致认为，贯穿始终的，是"温度"。作为教育工作者，我们深知教育是一门温暖的功课，温暖自己，温暖孩子，师生相互温暖。这就是教育的特殊性。教育的对象是人，是有思想与情感的人。正所谓"无爱的温度冷冰冰，有爱的温度暖融融"，教育是爱的艺术、爱的事业，而爱就是恰到好处的温度。是因为"爱满校园"，有了爱的温度，才有了和谐的师生关系、同事关系，并作为推动力促使师生形成向心力和凝聚力。

洛阳二外决定编写《二外扬帆　千里追梦》的初衷，并非向世人炫耀过往的辉煌或昔日的荣誉，更不敢一叶障目、沾沾自喜而停滞不前，而是为了总结经验，以便再战，迎难而上，奋然而前行！

更准确地说，是和所有教育工作者一起，不忘初心，坚守本真，跳出小圈子，胸怀大格局，立足本土教育，放眼世界及全球未来，强化民族精神，融合外来能量，做大做强国际公民的孵化器；是和所有二外人一起，脚踏实地，能够大处着眼，小处着手，借由爱的温度、务实的精神、力行的作风、坚强的意志、创新的理念，胸怀宽广，处世容人，知情达理，文质彬彬，不管今后身在何处，都饱含家国情怀，勤学赋能，富有全球思维，能用外语讲好中国故事，共同开创整洁清新、正量浸染、生活缤纷的未来世界。

感谢白帆校长，因为他的勇敢和执着，在他的扬"帆"领航下，洛阳二外一众人更加坚定地坚守、坚持了下来；感谢每一位在图书编写过程中给予我们支持和帮助的人，是因为有大家，才有了这样一份诚意之作；感谢每一位关心、关注洛阳二外发展的朋友。本书如有不当之处，敬请大家批评指正。

《二外扬帆　千里追梦》编委会

庚子年冬献于洛阳二外洛龙校区